Museumsführer
Museumsdorf Cloppenburg
Niedersächsisches Freilichtmuseum

MUSEUMSFÜHRER

mit Anhang

zur Vor- und Nachbereitung

des Museumsbesuches

sowie mit einem

Farbbild-Report

MUSEUMSDORF CLOPPENBURG

NIEDERSÄCHSISCHES FREILICHTMUSEUM

Herausgegeben von Helmut Ottenjann im Auftrage der

„Stiftung Museumsdorf Cloppenburg“

Text und Gestaltung:

Hermann Kaiser und Helmut Ottenjann

Verlag, 49643 Cloppenburg, Postfach 13 44
Gesamtherstellung: Druckerei Friedr. Schmücker GmbH, Löningen
ISBN 3-923 695-14-3

Museumsdorf Cloppenburg Niedersächsisches Freilichtmuseum

Freilichtmuseen wurden schon gegen Ende des 19. Jahrhunderts in Skandinavien errichtet. Das schwedische Freilichtmuseum „Skansen" in Stockholm, gegründet im Jahre 1891, wurde Ausgangspunkt für alle anderen europäischen Freilichtmuseen. Das erste zentrale Freilichtmuseum Dänemarks wurde 1901 in Lyngby bei Kopenhagen und das der Niederlande 1912 in Arnheim gebaut. Der erste deutsche Versuch zur Gründung eines größeren Freilichtmuseums wurde in Königsberg im Jahre 1909 unternommen, doch die in diesem Museum erstellten Bauernhäuser waren keine translozierten Originalgebäude, sondern nur Rekonstruktionen aus verschiedenen Landschaften Ostpreußens und Litauens. Im Jahre 1940 wurde dieses Museum wieder demontiert und nach Hohenstein gebracht, wo es heute als Bestandteil des dortigen Polnischen Freilichtmuseums wieder aufgebaut wurde.

Erfolgreicher dagegen verlief im Jahre 1934 der großangelegte Plan für ein Freilichtmuseum zu Cloppenburg, in dem wesentliche Bautypen des niederdeutschen Hallenhauses und des ostfriesischen Gulfhauses auf einem Gelände von 15 ha originalgetreu erstellt wurden. Damals wurde diesem neuen Museumstyp der Name „Museumsdorf" zu Cloppenburg gegeben. Dieses Museum, gegründet von dem im Jahre 1961 verstorbenen Museumsdirektor Dr. Heinrich Ottenjann, gilt heute als das *älteste Freilichtmuseum Deutschlands* und wird jährlich von ca. 250.000 Personen besichtigt; es hat entsprechend der nunmehr gültigen Benennung als *Niedersächsisches Freilichtmuseum* die Aufgabe, die ländlichen Baudenkmäler des Bundeslandes Niedersachsen zu erforschen und in den wichtigsten Beispielen wirklichkeitsgetreu zu dokumentieren. 50 Originalgebäude vom 16. bis zum 19. Jahrhundert konnten inzwischen in diesem Freilichtmuseum erstellt werden.

Im Bundesland Niedersachsen finden sich noch heute zahlreiche, einst landschaftsprägende Denkmäler ländlicher Baukunst. Auch in diesem Lande ist das Bauernhaus nach Alter, Größe und Standort zwar höchst unterschiedlich geformt, dennoch lassen sich in Niedersachsen drei wesensverschiedene Bauernhaustypen unterscheiden: das niederdeutsche Hallenhaus, das ostfriesische Gulfhaus und das mitteldeutsche Gehöft.

Das Verbreitungsgebiet des *niederdeutschen Hallenhauses* – in der Vergangenheit wegen vermeintlicher Bindung an ein niedersächsisches Volkstum fälschlicherweise auch Niedersachsenhaus genannt – erstreckt sich von der niederländischen Nordseeküste bis zur Danziger Bucht und vom südlichen Westfalen über Niedersachsen bis nach Schleswig-Holstein. Wenngleich dieses Bauernhaus auch den in Niedersachsen am weitverbreitesten Haustyp darstellt, so befinden sich im äußersten Nordwesten sowie im Südosten des Landes jeweils noch andere, grundverschiedene Bauernhausgestaltungen: in Ostfriesland und in den sich anschließenden friesisch-oldenburgischen Marschen begegnet seit dem 16. Jahrhundert das aus mächtiger Gulfscheune und anschließendem Wohnteil bestehende *Gulfhaus*, eine Bauernhausform, die im frühen 19. Jahrhundert aufgrund ihres neuzeitlicheren Baugedankens auch noch in die südlich angrenzenden Gebiete des niederdeutschen Hallenhauses vorgedrungen ist. Dagegen ist im Gebiet südlich der Linie Hannov./ Münden – Braunschweig – Helmstedt – also im Südosten Niedersachsens, nicht das niederdeutsche Hallenhaus anzutreffen, sondern das *mitteldeutsche*, von der Traufseite her aufgeschlossene, stets quergeteilte *Gehöft*. Die Dokumentation und Aufbauarbeit am niederdeutschen Hallenhaus Niedersachsens ist im Cloppenburger Freilichtmuseum bisher am weitesten vorangeschritten. Ganze Gehöftanlagen mit samt allen Neben- und Wirtschaftsgebäuden und dem dazugehörigen Hausrat und Möbel (Quatmannshof, Haakenhof, Hoffmannshof, Wehlburg) sowie Kötter- und Heuerlingshäuser, die die Lebensweise der unteren Sozialschichten im ländlichen Bereich repräsentieren, sind in entsprechend großer Zahl vertreten. Diese einerseits monumentalen und andererseits sehr bescheidenen Gebäude verdeutlichen die Wohn- und Wirtschaftsgewohnheiten im Verlauf der Jahrhunderte; sie sind aber auch ein eindrucksvolles Zeugnis eigenständiger Bauleistung im ländlichen Bereich; gerade die Vielzahl der in Freilichtmuseen zusammengetragenen Originalgebäude unterstreicht, daß auch sie den gleichen Denkmalswert repräsentieren wie die Dokumente aus dem bürgerlich-höfischen oder aus dem sakralen Bereich.

Es ist aber nicht nur die Absicht des Niedersächsischen Freilichtmuseums zu Cloppenburg, die wesentlichen Haustypen Niedersachsens darzustellen und deren Geschichte zu dokumentieren, gleichzeitig sollen auch in möglichst vollständiger Reihe die verschiedensten Arten des alten Handwerks im ländlichen Raum gesammelt, erforscht und demonstriert werden. Ebenso wie die alte ländliche Bau- und Wohnkultur ist auch das Handwerk alter Prägung vom Untergang bedroht, und auch aus diesem Grunde bemüht man sich in Cloppenburg, viele und typische Beispiele alter Handwerksbetriebe in möglichst geschlossener Einheit zu sammeln und betriebsfertig einzurichten. Hervorheben möchten wir dabei auch die Absicht, all diese Handwerke wenn möglich im Arbeitsverlauf dem Besucher vorführen zu können. Vor einigen Jahren schon konnte z. B. eine Töpferei wiedererstellt und vollständig eingerichtet werden, in der täglich der Töpfer arbeitet und den Besuchern dieses interessante Handwerk demonstriert. Folgende Beispiele des ländlichen Handwerks wurden bereits errichtet oder in die Magazine aufgenommen: eine Drechslerwerkstatt, eine Zinngießerwerkstatt, eine Huf- und Wagenschmiede, eine Kupferschmiede, eine Lederschuhmacherwerkstatt, eine Holzschuhmacherwerkstatt, eine Tischlerei, eine Zimmermannswerkstatt, ein Brauhaus, eine Böttcherei, eine Blaufärberei, eine Sattlerei, eine Töpferei sowie eine Gold- und Silberschmiede.

Zur Baukultur des ländlichen Raumes zählen aber auch die sog. technischen Kulturdenkmale, Mühlen und Kraftmaschinen. Die ältesten technischen Vorrichtungen, mit denen sich die Menschen eine Naturkraft zur Verrichtung mechanischer Arbeit dienstbar gemacht haben, sind die *Wassermühlen*. Erst einige Jahrhunderte später als die Wassermühle tritt in Nordeuropa die *Windmühle* auf. Im niedersächsischen Freilichtmuseum zu Cloppenburg werden die Haupttypen der Windmüllerei bereits durch Originalwindmühlen dokumentiert, und zwar durch die Errichtung der Bockwind-, Koker- und der Kappenwindmühle. In den nächsten Jahren soll dies Mühlenprogramm noch durch den Aufbau einer Wassermühle erweitert werden. Alle Mühlen sind betriebsfertig und eindrucksvolle Beispiele aus vorindustrieller Zeit, da der Mensch sich schwere Arbeit nur mit Hilfe der Wasser-, Wind-, Tier- und Handmühle erleichtern konnte.

Auch wenn in naher Zukunft der Wiederaufbau von 70 insgesamt geplanten größeren und kleineren Originalgebäuden im Niedersächsischen Freilichtmuseum zu Cloppenburg verwirklicht sein wird, ist damit noch keineswegs die eigentliche Museumsarbeit erschöpft. Stets bedürfen die ausgewählten Beispiele und die zusammengetragenen Sammlungen intensiver Erforschung. Deren Ergebnisse sind nicht nur durch Veröffentlichungen vorzulegen, sondern in einem Museum vor allem auch durch Ausstellungen aufzubereiten und museumsdidaktisch umzusetzen sowie einem interessierten Publikum anzubieten. Diesem Auftrag versucht das Freilichtmuseum Cloppenburg bereits jetzt durch Sonderausstellungen in den zusätzlichen Ausstellungsgebäuden, der „Burg Arkenstede“ sowie der „Münchhausen-Scheune“, gerecht zu werden. Volkskundliche, agrargeschichtliche und kulturhistorische Themen überregionaler Art wurden und werden hier behandelt und in begleitenden wissenschaftlichen Katalogen dokumentiert. Auf diese Weise beabsichtigt „die Stiftung Museumsdorf Cloppenburg“ das Niedersächsische Freilichtmuseum zu verwalten, zu unterhalten und auszubauen, damit es ein kulturgeschichtlich möglichst geschlossenes Bild alter ländlicher Bau- und Volkskultur Niedersachsens bieten und eine lebendige Stätte der Forschung und Volksbildung sein kann.

1

1 Ausstellungshalle „Münchhausen-Scheune"

Zehntscheune des Amtes Aerzen, 1561, Pfandbesitz derer von Münchhausen

Scheunen sind größere Wirtschaftsbauten mit unterschiedlichen Nutzungsmöglichkeiten; sie sind auf hochmittelalterlichen Herrensitzen, Gütern und Klöstern ebenso verbreitet wie auf landreichen Bauernhöfen. Zwar sind die Scheunen in erster Linie Erntebergungsräume, dienten aber bis in die jüngste Neuzeit hinein auch als Stallgebäude sowie als Unterstellplätze für landwirtschaftliches Großgerät. Die bäuerliche Scheune hatte ihren Platz als Einzelgebäude auf dem Feld oder auf dem Hofplatz; die Burg- oder Gutsscheune stand auf der Vorburg oder auf dem Vorwerk und wurden dann kurz als „Vorwerkscheune" bezeichnet. Charakteristisches äußeres Kennzeichen der Scheunen sind die hohen, mit einem beladenen Erntewagen zu durchfahrenden Toreinfahrten.

Die „Münchhausen-Scheune", am neuen Eingang des Freilichtmuseums wiedererrichtet, diente den Inhabern des Amtes Aerzen bei Hameln seit 1561 als Zehntscheune, nämlich im Erdgeschoß als Stallgebäude für Rindvieh und Pferde und im Dachgeschoß als Getreide-„Speicher". Hierhin hatten die Einwohner des Amtes Aerzen ihre „Natursteuern" (Getreide und Vieh) abzuliefern.

Eingangs- und Ausstellungshalle „Münchhausen-Scheune“, 1561

Ausstellungsraum im 1. Obergeschoß der „Münchhausen-Scheune“

1

Im Museumsdorf Cloppenburg wird dieses monumentale Denkmal herrschaftlicher, landwirtschaftlich orientierter Bauweise Niedersachsens als Ausstellungshalle genutzt und ist der neuen Aufgabe entsprechend zu einer „Kultur-Scheune“ umfunktioniert worden.

Die satzungsgemäße Aufgabe der „Stiftung Museumsdorf Cloppenburg“ ist es, nicht nur das Niedersächsische Freilichtmuseum zu verwalten, zu unterhalten und auszubauen, sondern auch eine lebendige Stätte der Forschung und Volksbildung zu sein. Die weiträumige Ausstellungshalle „Münchhausen-Scheune“ bietet die großartige Chance, diesen Stiftungsauftrag nun auch durch umfängliche Ausstellungen und museumsdidaktische Medien in die Tat umzusetzen.

Die Vorwerkscheune des Gutes bzw. der Domäne Aerzen bei Hameln wurde im Jahre 1561 erbaut. Diese Jahreszahl ließ der Bauherr, der zu seiner Zeit berühmte Söldnerführer Hilmar von Münchhausen, zusammen mit seinem Wappen und seinen Initialen und denen seiner Ehefrau Luci von Reden über dem Einfahrtstor in den Verschlußstein des Sandsteinbogens einmeißeln. Zusätzlich, wenngleich in verschlüsselter „Form“, verewigte sich hier der Baumeister Cord Tönnies mit seinem Steinmetzzeichen. Von ihm, der als einer der begabtesten Gestalter großartiger Weserrenaissancebauten in Niedersachsen gilt, sind noch viele Bauwerke überliefert. Er konstruierte auch den überaus repräsentativen, mehrfach vorkragenden Stichbalken-Schaugiebel der Münchhausen-Scheune, dessen Holzwerk durch Fächerrosetten und Flechtbandmotive verziert und der in der Stilauffassung der Renaissance betont horizontal gegliedert ist. Insbesondere die Kühnheit der Dachstuhlkonstruktion - drei Geschosse! - dokumentiert die meisterliche Baukunst des Erbauers.

Bis zum Jahre 1966 war die Domäne Aerzen bei Hameln eines der größten Staatsgüter des Landes Niedersachsen, dessen 400 Hektar damals in acht Bauernhöfe aufgeteilt wurden. Ein „Rest“ von 14 Hektar blieb bei dieser Aufteilung zurück, den die Gemeinde Aerzen einschließlich der Altgebäude als Dotation vom Land Niedersachsen mit der Auflage zugesprochen erhielt, für die Erhaltung der Baulichkeiten Sorge zu tragen. Da aber schon die Restaurierung der mächtigen Schloßanlage Münchhausen die Finanzen der Gemeinde erheblich belastete, war diese froh, daß sie für die ebenfalls in ihren Besitz übergegangene und unter Denkmalschutz stehende Vorwerk-Scheune eine Abbruchgenehmigung bekam. Durch Vermittlung der zuständigen Behörden Niedersachsens erhielt dann aber das Niedersächsische Freilichtmuseum zu Cloppenburg die Möglichkeit, dieses Gebäude, das im anderen Fall total vernichtet worden wäre, als zukünftige Ausstellungshalle zu übernehmen und zu translozieren. Diese Umsetzung von Aerzen nach Cloppenburg geschah im Jahre 1969. Zehn Jahre später konnte der Wiederaufbau gelingen. Übrigens: Um eine Begehbarkeit des Dachstuhls zu erreichen, mußten aus statischen Gründen die Ständer und Balken des Erdgeschosses durch eine Betonkonstruktion ersetzt werden.

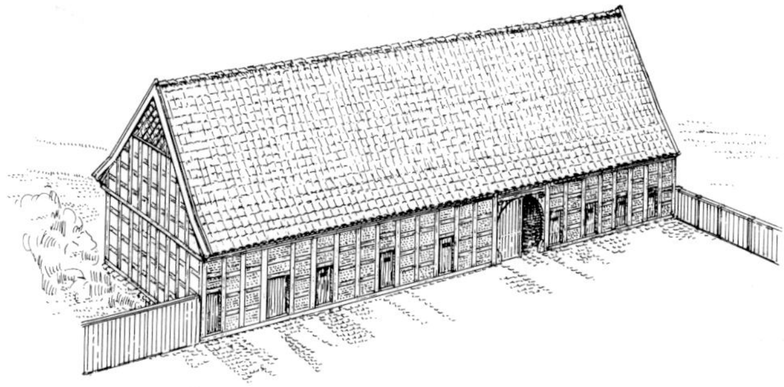

2 Scheune

Hof Grönloh zu Grönloh, Altkreis Bersenbrück, Landkreis Osnabrück

Unmittelbar neben der gutsherrschaftlichen Scheune steht ein bäuerliches Scheunengebäude vom Hof Grönloh zu Grönloh aus dem Artländer Kirchspiel Badbergen, laut Torsturzinschrift erbaut durch den Zimmermeister Johann Gerhard Kerkhoff, aufgerichtet am 30. April 1850.

Inschriften: Johann Heinrich Grünloh geb. Seegemann und
Christine Marie Grünloh geb. Lÿra. Eheleute
M. (meister) Joh. Gerh. Kerkhoff d. 30ten April 1850

In der Zeit nach 1700 erlebte der Scheunenbau auf den Höfen im nordwestlichen Niedersachsen, vornehmlich im Osnabrücker Artland, in Gestalt mächtiger erdlastiger „Bansen-Scheunen" geradezu einen Bauboom. Die Raumgliederung dieser Scheunenbauten verrät deutlich, daß wir es hier mit mächtigen Getreidescheunen zu tun haben, aber die Grönloher Scheune hat zusätzlich einen ausgedehnten Pferdestalltrakt.

Während sich in anderen Regionen des Weser-Ems-Gebietes schon im 19. Jahrhundert der Übergang zur ausschließlichen Ziegelbauweise vollzog, wurde im Artland noch bis um 1900 traditionell im Fachwerkstil weitergebaut. Nicht weniger beachtenswert für diese Region ist die Anordnung der Scheunengebäude innerhalb der Hofanlage, denn im Artland gruppieren sich stets alle Scheunen in rechtwinkliger Anordnung um den Hauptgiebel des Bauernhauses, so daß ein von Wirtschaftsgebäuden umschlossener, burghofähnlicher Innenhof entsteht.

Die Grönloher Scheune übernimmt auch hier im Museumsdorf wieder eine den Innenhof flankierende Raumfunktion und ist außerdem das Torgebäude für den Besucherausgang. – Zur Ausstellung Ödlandkultivierung durch Dampfpflügen s. S. 143

3

3 Bockwindmühle

Essern, Ldkr. Nienburg

Als sich im 18. Jahrhundert im Weser-Ems-Gebiet und an der Nordseeküste die holländische Art der Kappenwindmühle als modernste Mahlmühle bereits durchgesetzt hatte, wurde im – von Holland aus gesehen – weit entfernt liegenden Kurfürstentum Hannover immer noch die altertümliche Form der Bockwindmühle gebaut, und zwar bis ins 19. Jahrhundert hinein.

Ein klassisches Beispiel einer Bockwind- oder Ständermühle ist die Mühle aus Essern, Landkreis Nienburg, die nach Angabe der Inschrift am Hausbaum (Ständer) vermutlich im Jahre 1638 errichtet wurde und damit eine der ältesten Windmühlen Niedersachsens überhaupt darstellt.

Die Esserner Bockwindmühle mit den An- und Umbauten des 19. Jahrhunderts

Archivalische Angaben sprechen allerdings von einer Esserner Bockwindmühle schon im Jahre 1598. Zuletzt – ehe sie ins Museumsdorf wanderte – war sie im Besitz der Müllerfamilie Fullriede.

Ursprünglich stand diese Mühle einige Kilometer außerhalb der Ortschaft Essern in der Esserner Heide. Dort war sie vom Amtmann Johann Anton Schröder zu Diepenau erbaut worden, um dann zu mahlen, wenn die Diepenauer Amts-Wassermühle unter Wassermangel litt. Im Jahre 1749 mußten an dieser Mühle auf Anordnung der Behörde bauliche Veränderungen vorgenommen werden: Da das Gelände in der Esserner Heide Gemeinbesitz war und die Anlieger dort, somit auch um die Mühle herum, Hüterecht besaßen, mußten die fast bis zum Boden reichenden Flügel verkürzt werden, um die *„Schafe nicht totzuschlagen"*. Erst 1870 wurde diese Windmühle in den Ort Essern versetzt und von dieser Stelle aus 1966 in das Freilichtmuseum überführt, wo sie dann – ein drittes Mal gerichtet – betriebsfertig wieder erstellt wurde.

Nach 1870 hatte man zum Schutz gegen die Witterung das hölzerne Bockgestell mit einem achtkantigen Häuschen umgeben und den Mahlkasten beiderseits durch angehängte Kästen beachtlich erweitert. Auch wurde im 20. Jahrhundert ein zweiter Feinmehl-Mahlgang eingebaut. Diese späteren Zutaten wurden wieder zurückgenommen, so daß das mächtige, fast gleichhohe Flügelkreuz wie das der Bokeler Kappenwindmühle nur wieder wie einst einen einzigen, aber äußerst großen und schweren Schrotgang zu drehen braucht.

(Zum Arbeits- und Mahlvorgang s. S. 98. Zur Geschichte der Bockwindmühle s. S. 130)

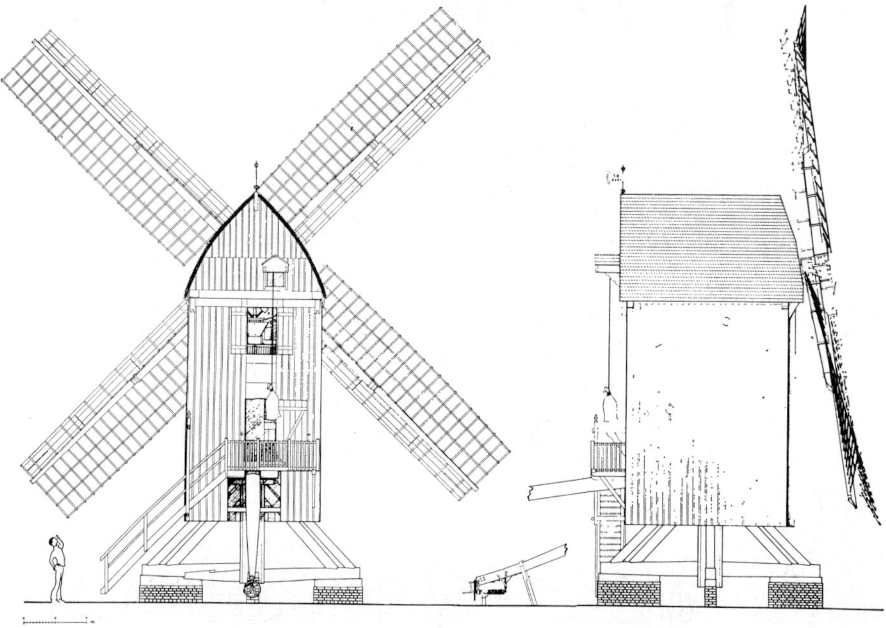

Rück- und Seitenansicht der Esserner Mühle

3

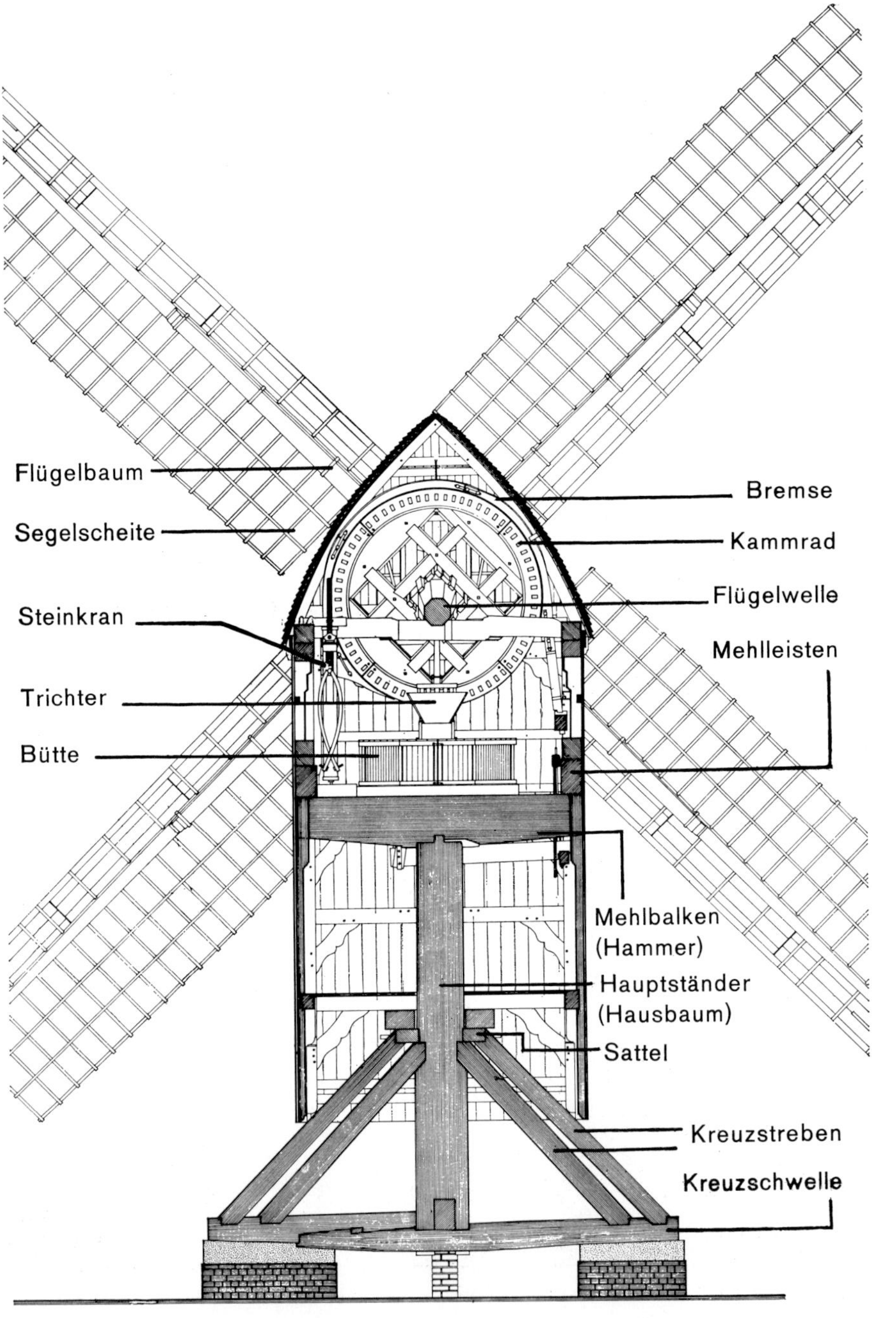
Flügelbaum
Segelscheite
Steinkran
Trichter
Bütte
Bremse
Kammrad
Flügelwelle
Mehlleisten
Mehlbalken
(Hammer)
Hauptständer
(Hausbaum)
Sattel
Kreuzstreben
Kreuzschwelle

3

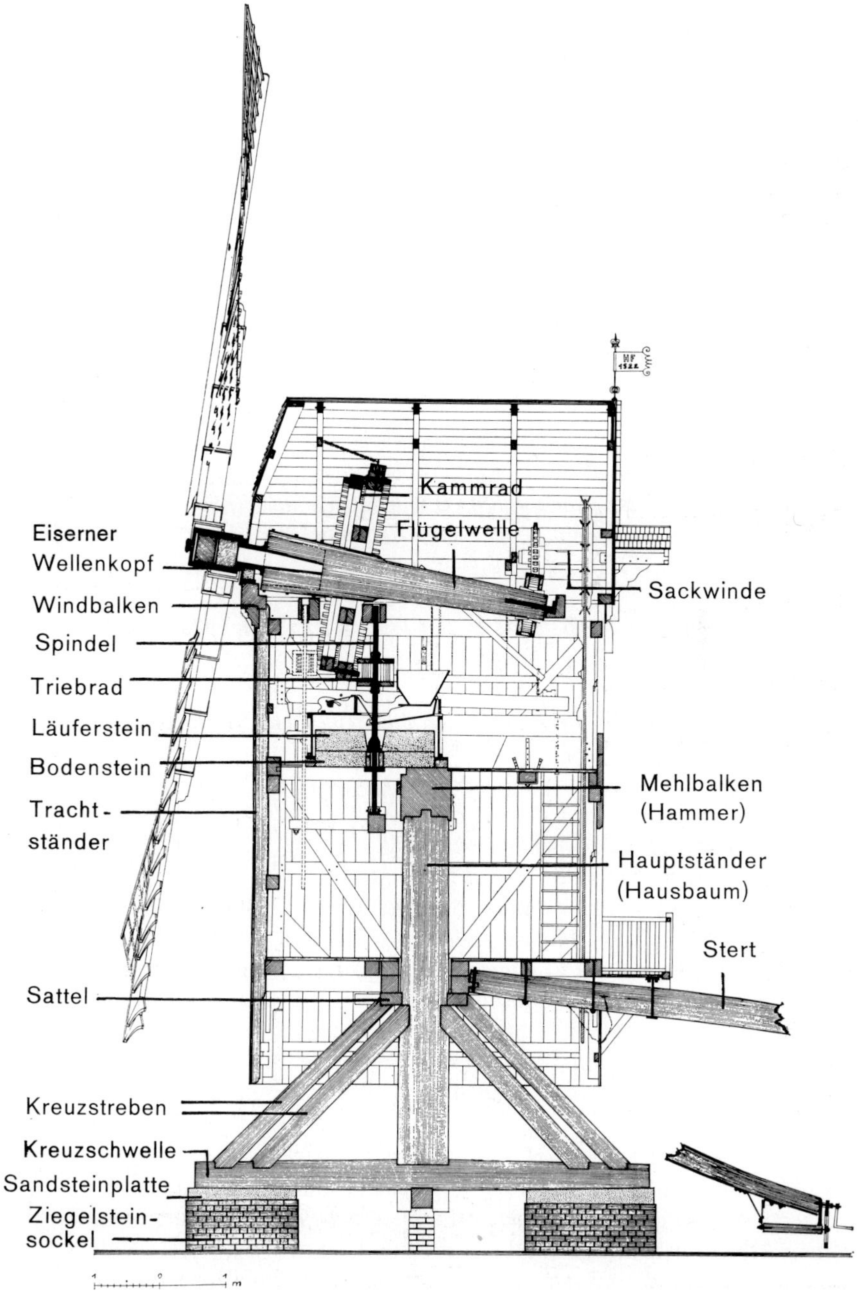

Kammrad
Flügelwelle
Eiserner Wellenkopf
Sackwinde
Windbalken
Spindel
Triebrad
Läuferstein
Bodenstein
Mehlbalken (Hammer)
Tracht-ständer
Hauptständer (Hausbaum)
Stert
Sattel
Kreuzstreben
Kreuzschwelle
Sandsteinplatte
Ziegelstein-sockel

4
10

4 bis 10 Hofanlage „Wehlburg"

Hofanlage „Wehlburg", Wehdel, Altkreis Bersenbrück, Ldkr. Osnabrück

Die Hofanlage besteht aus folgenden Gebäuden: Erbwohnhaus (1750), Torscheune (1760), Backhaus (1761), Schweinestall mit Remise (vor 1870), Getreide- und Dreschscheune (1888), Remise (nach 1888), Holzschuppen und Toilette (um 1900). Zur Hofanlage zählten ursprünglich auch drei Heuerlingshäuser aus dem 17., 18. und 19. Jahrhundert.

Betriebsgröße Wehlburg: 1667 = 11,22 ha, 1723 = 25,38 ha, 1972 = 53,4 ha, davon 21,4 ha Ackerland und 32 ha Grünland.

Erbesqualität des Bauern Wehlburg: freier, nicht eigenbehöriger Erbkötter.

Zur Bau- und Kulturgeschichte der Wehlburg

Es kann als besonders glücklicher, als Idealfall, gewertet werden, daß der Artländer Hof „Wehlburg" in seiner an Ort und Stelle gewachsenen Einheit in das Freilichtmuseum überführt werden konnte; denn außer dem Erbwohnhaus selbst wanderten auch (bis auf die Heuerlingshäuser) alle Neben- und Wirtschaftsgebäude der Hofanlage sowie die *Originaleinrichtung* nebst allem alten landwirtschaftlichen Gerät mit ins Cloppenburger Museum. Wieder wie einst durchschreitet der Wehlburg-Besucher eine auf die Hofanlage axial ausgerichtete Eichenallee. Nur auf den unnachahmlichen Landschaftseindruck des an der Wehlburg in Wehdel vorbeifließenden Wrau-Flusses muß er im Freilichtmuseum verzichten.

Der Name Wehlburg (Wehdel-Borg) erklärt sich aus der Geschichte des Hofes. Im Jahre 1444 kaufte die Bauernfamilie Raderd eine in der Bauerschaft Wehdel gelegene Burgstelle nebst Ländereien aus dem Besitz derer von Dinklage. Aus dem „Adelshof" wurde also ein Bauernhof, und die neuen Besitzer wurden alsbald nicht mehr Raderd, sondern als Eigentümer der alten Burg zu Wehdel auch

„Wehdelborger", kurz „Wehlburger", genannt. Seit dem Jahre 1444 ist Wehlburg ein freier Bauer in der Erbesqualität eines Erbkötters.

Der 1750 im Osnabrücker Nordland erbaute und in den Jahren 1972 – 1975 in das Niedersächsische Freilichtmuseum zu Cloppenburg umgesetzte Bauernhof Wehlburg repräsentiert den Typ des niederdeutschen Hallenhauses (siehe Seite 113). Alle für diesen Haustyp zutreffenden Charakteristika vereinigt in sich der Hof Wehlburg, und zwar anerkanntermaßen in unübertrefflicher Art und Größe.

Über die eigentliche Baugeschichte des Erbwohnhauses Wehlburg berichten in knapper Form die Inschriften in den beiden Torsturzbalken am Hauptgiebel. Demnach wurde dieses Bauernhaus im Jahre 1750 von Henrich und J.(ungfer) Adelheidt Wehlburg unter der Bauleitung des Zimmermeisters Hermann Wehage erbaut. Der eigentliche Richtvorgang, die Haushebung, begann am 20. Mai 1750.

Es ist erwiesen, daß ein Bauernhaus von der Größe der Wehlburg in einem Zeitraum eines halben Jahres abgezimmert und gerichtet werden konnte; der Vorgang der sog. Haushebung („vorgefertigtes" Haus) war in gut acht Tagen zu bewältigen. In diesem Zeitraum waren täglich mehr als zwölf Zimmerleute und Bauholzsäger mit dem Zurichten des Holzes und dem Abbund des Fachwerks sowie des Holzgerüstes beschäftigt. Die eigentliche Haushebung erfolgte nicht nur durch die Zimmerleute, sondern unentgeltlich in Nachbarschaftshilfe vor allem durch die Männer der Bauerschaft selbst. An dieser mühsamen und nicht ungefährlichen Arbeit waren oft 60 bis 300 Hilfskräfte beteiligt. Wenngleich das Erstellen des „Holzhauses" auch in erstaunlich kurzer Zeit erfolgte, dauerte es aber dennoch fast drei Jahre, bis ein Haus dieser Größenordnung endgültig bezugsfertig war. Entsprechend konnten Henrich und Maria Wehlburg den zu Beginn des Jahres 1750 begonnenen Bau auch erst gegen Mitte des Jahres 1752 beziehen.

Obwohl im 18. Jahrhundert im ländlichen Raum niedrige Löhne gezahlt wurden, kostete das Wehlburg-Haus von 1750 doch über 3.500 Rt (zu dieser Zeit kostete ein gutes Pferd 30–40 Rt). Die aufwendige Bauausführung sowie ein beachtlicher Schuldenstand aus früherer Zeit brachte den Hof Wehlburg in arge finanzielle Bedrängnis. Um 1860 war die Finanzkrise des Hofes Wehlburg jedoch wieder vollauf gemeistert.

Als Henrich Wehlburg das Erbwohnhaus durch den Zimmermann Hermann Wehage auf einer wurtähnlichen Anhöhung (über 25.000 cbm Sandaufschüttungen) mit ringsum laufender Gräfte unmittelbar neben der Wrau erstellt hatte, fehlten als wichtigste Gebäude zur Erntebergung und zur Brotherstellung nur noch eine Scheune und ein Backhaus. Laut Inschrift wurde die erste in Längs- und Querrichtung durchfahrbare Tor-Scheune am 10. November 1760 im Auftrage der Eheleute Henrich und Maria Wehlburg durch den Zimmermeister Johann Hamcke erbaut. Derselbe errichtete im darauffolgenden Jahre, am 1. Juli 1761, ein großes Backhaus mit Backofen.

4
10

Durch die siedlungsarchäologischen Ausgrabungen auf dem Hof „Wehlburg“ konnte nachgewiesen werden, daß die Torscheune von 1760 wegen der Raumenge auf der Wehlburg-Wurt ursprünglich nur 11 m vom repräsentativen Giebel entfernt gestanden hatte. Die imponierende und die Architektur des Hauptgiebels steigernde Anordnung der niedrigen Nebengebäude zum Hauptgebäude konnte also zu dieser Zeit noch nicht verwirklicht werden.

Die zweite Ausbauphase der Gehöftanlage „Wehlburg“ setzte nach 1800 ein. Aufgrund archivalischer Überlieferung kann festgestellt werden, daß die Scheune von 1760 im Jahre 1802 in Richtung Wrau versetzt wurde. Seit dieser Zeit ist die Wehlburg-Wurt vor allem in Richtung des Flusses Wrau wesentlich erweitert und die Einfahrtscheune um weitere 8 Meter zurückversetzt (fortgezogen) worden; sie steht seit der Zeit also 19 Meter vom Hauptgiebel entfernt.

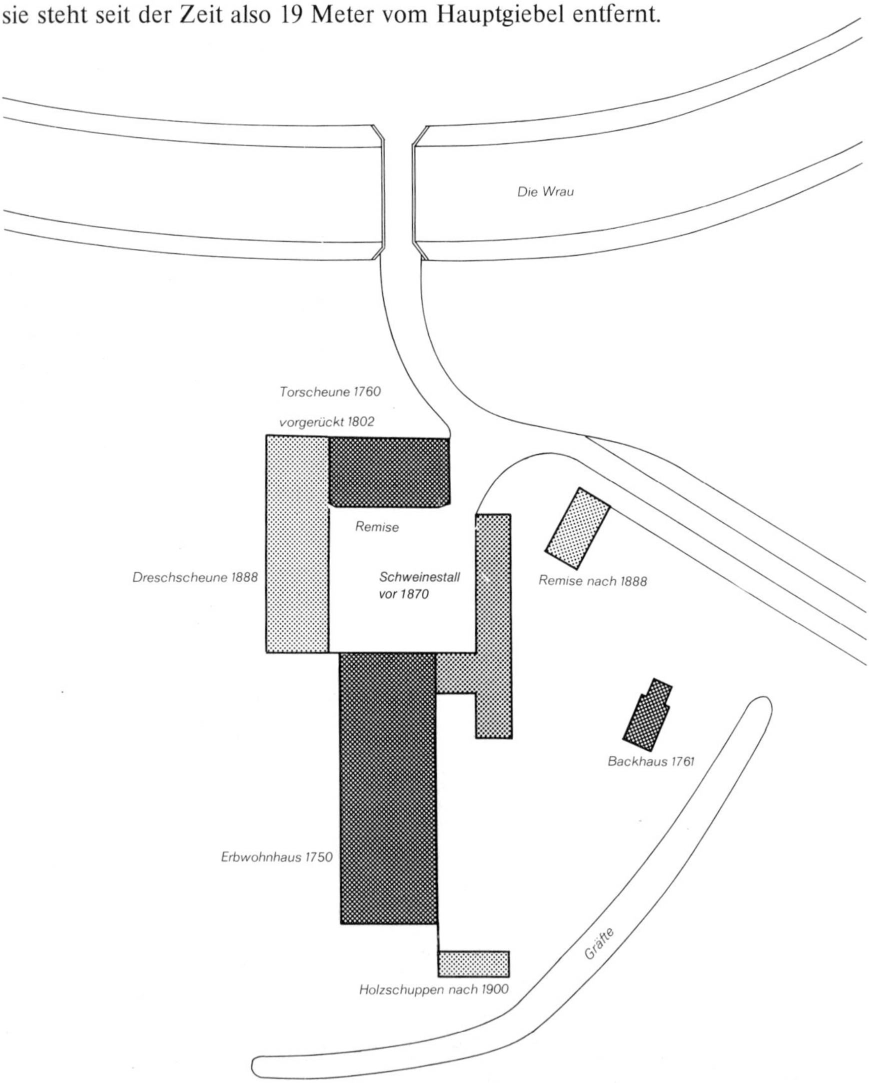

Die letzte größere Bauphase vollzog sich unter dem Hofbesitzer Gerhard Diederich Wehlburg, dem die Abrundung der Hofanlage gelang, denn nun konnte durch Zimmermeister Heinrich Brickwehde im Jahre 1888 die große Dresch- oder Fruchtscheune erbaut werden, so daß endlich eine allseitig geschlossene Innenhofanlage (genannt „vaolt") geschaffen wurde. In späteren Jahren ordnete man nur noch kleine Nebengebäude dem Hof zu.

Die einschneidendsten Umgestaltungen im Inneren des Wohnhauses vollzogen sich erst unter Gerhard Diederich Wehlburg, denn er war es wohl, der den mittelalterlichen Wohnzustand des Hauses beendete, also das offene Feuer in der freiumschreitbaren Herdstelle des Rauchhauses beseitigen und stattdessen den gefliesten Kamin mit Schornstein und Rauchfang im Herdraum einbauen ließ. Bei der Hausdemontage war deutlich zu erkennen, daß nach dem Einbau des Kamins gegenüber der Aufkammer im Wirtschaftsteil zunächst eine zweite Kammer im Stallteil aufgebaut wurde, und erst danach – mehrere Jahre später – der Aufbau der Scherwand erfolgte. Nunmehr war der Wohnteil vom Wirtschaftsteil endgültig getrennt.

Mehr als verwunderlich war der Befund, daß die Scheune des Vorhofes, der prachtvolle Torgiebel wie auch der gesamte Dielen- und Wirtschaftsteil, im Verlauf von über 220 Jahren keine grundlegenden Veränderungen erfahren hatten. Bedeutungsvoll für das „Phänomen Wehlburg" erweist sich u. a. auch die Fragestellung nach dem Zeitpunkt der verschiedenen Bauphasen sowohl des Erbwohnhauses (um 1750) als auch der Neben- und Wirtschaftsgebäude dieser Hofanlage: Torscheune 1760, Backhaus 1761, Schweinestall / Wagenremise nach 1800, Heuerhaus 1836, Getreide- und Dreschscheune 1888. Demnach entsteht und wächst

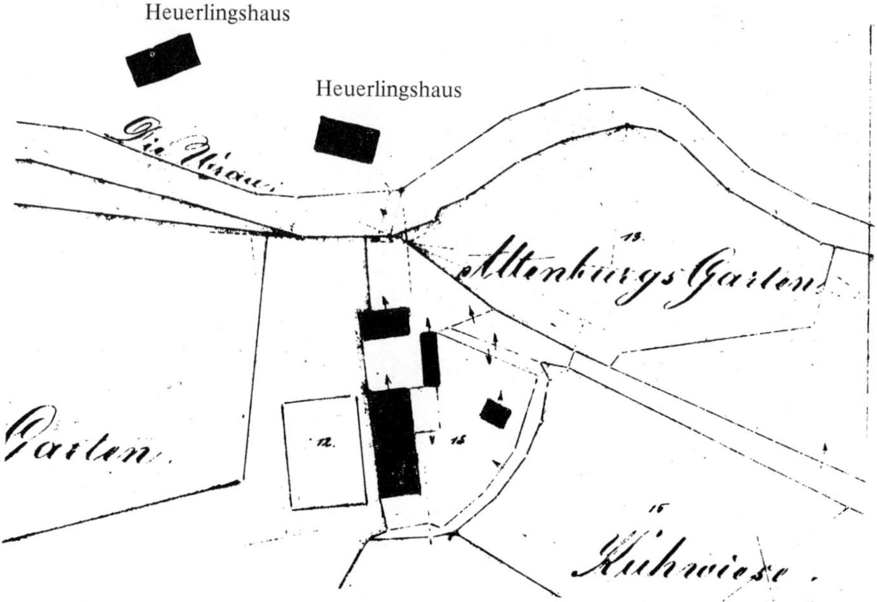

Lageplan der Hofanlage Wehlburg vor 1870: im Teilstück „Altenburgs Garten" lag die archäologisch ergrabene und 1444 geschleifte alte „Borg to Wehdele".

das Gehöft „Wehlburg“ in der zweiten Hälfte des 18. sowie zur Mitte und gegen Ende des 19. Jahrhunderts.

Eine detaillierte Analyse aller Baudaten im ländlichen Raum des Osnabrücker Nordlandes zwischen den Jahren 1700 und 1900 läßt klar erkennen, daß in diesem Gebiet drei mit der Aufbaugeschichte des Hofes „Wehlburg“ im wesentlichen zeitgleiche Konjunkturphasen feststellbar sind. Die erste Phase beginnt sprunghaft um 1730 und steigt weiter an bis um 1800 (Erbwohnhaus Wehlburg 1750), die zweite noch bedeutendere Phase setzt nach 1815 ein und hält an bis um 1865 (Wehlburg-Ställe und Heuerhaus) und die letzte Phase erreicht ihren Höhepunkt um 1890/1900 (Wehlburg: Dresch- und Getreidescheunen 1888).

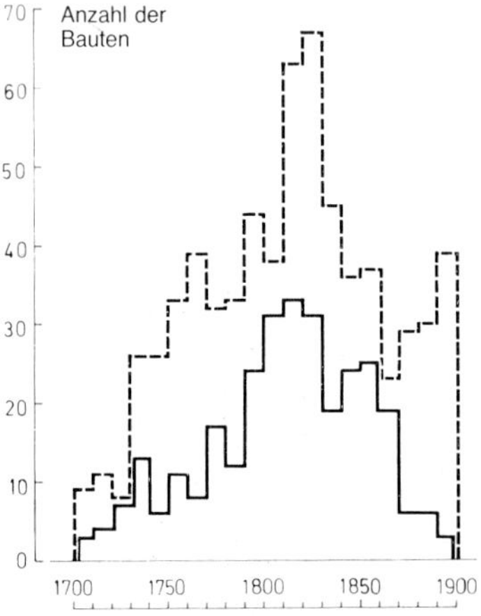

Baukonjunkturverlauf im Scheunenbau: Alt-Ldkr. Bersenbrück

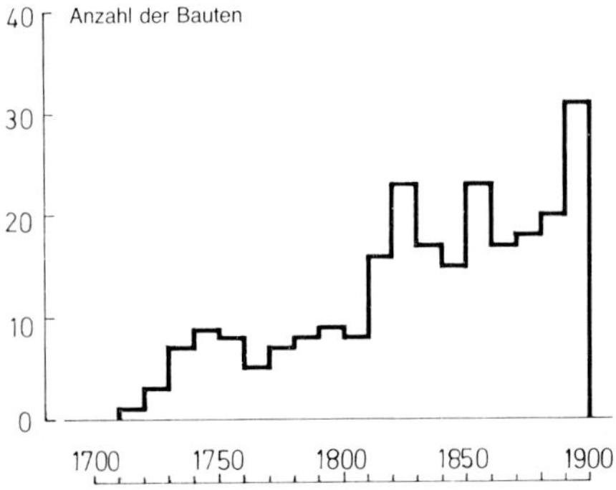

_ _ Baukonjunkturverlauf im Bauernhausbau: Alt-Ldkr. Bersenbrück
___ Baukonjunkturverlauf im Bauernhausbau: Südoldenburg

Die Agrarhistoriker haben nun nachgewiesen, daß für die deutsche Landwirtschaft in der zweiten Hälfte des 18. Jahrhunderts eine besonders günstige Preis-Kosten-Relation vorhanden war (allgemeiner Getreidepreisanstieg von 1750 - 1800 um ca. 35 %, ein Anstieg der Löhne aber nur um 9 % und weniger, eine Zunahme der Preise für gewerbliche Erzeugnisse nur um 13 %). Die zweite Bauphase (1830 - 1860) im ländlichen Raum des Osnabrücker Nordlandes fällt zum größten Teil in die „goldenen Jahrzehnte der kontinentalen Landwirtschaft“ (1830 - 1870), wieder gekennzeichnet durch eine für den Bauern vorteilhafte Preis-Kosten-Relation; denn zu dieser Zeit stiegen die Getreidepreise um etwa 50 %, die Preise für tierische Erzeugnisse sogar noch wesentlich stärker. Der dritte und letzte Bauboom im Osnabrücker Nordland tritt gegen Ende des 19. Jahrhunderts auf, er ist vor allem durch Errichten neuer großer Fruchtscheunen gekennzeichnet und wird durch die Erfindung des Handelsdüngers, die Intensivierung der Landwirtschaft und die daraus resultierende Steigerung der Ernteerträge erklärt.

Dieser Vergleich zur Baugeschichte des Wehlburg-Umlandes im 18. und 19. Jahrhundert sowie zur allgemeinen Agrargeschichte verdeutlicht, daß die Baugeschichte der Wehlburg auch ein deutbares Spiegelbild der Wirtschaftsgeschichte der damaligen Zeit darstellt.

4 Remise (Wagenschauer)

Hof Wehlburg, Wehdel, Ldkr. Osnabrück.

Mit zunehmender Mechanisierung der Landwirtschaft gegen Ende des 19. Jahrhunderts bedurfte auch Wehlburg einer weiteren Unterstellmöglichkeit für Wagen und Ackergeräte, erst nach 1888 wurde dieses Gebäude errichtet. Untergestellt wurden hier ein typisch Artländer *„Kippkarren"*, ein neuer Wagentyp, der sich in dieser Region erst in der zweiten Hälfte des 19. Jahrhunderts durchzusetzen vermochte, sowie einst *„modernes"* Ackergerät des 20. Jahrhunderts. Die kurze, nicht sehr tiefe Remise, hat zusätzlich einen kleinen Stall, der dazu diente, die Hofgänse (als Fleisch- und Bettfedernlieferanten) aufzunehmen, ein guter Nebenerwerb im wasserreichen Artland.

Artländer Kippkarren, 2. Hälfte 19. Jahrhundert

Ackerwagen (dat. 1888) mit Festtagsringsen (18. Jahrh.)

5 Torscheune

Hof Wehlburg, Wehdel, Ldkr. Osnabrück

Bereits die Inschrift am Torsturz der Querdurchfahrt deutet an, daß diesem Gebäude auch ursprünglich (1760) eine Tordurchfahrtsfunktion zugedacht war. *(„Thuet auf die Tore der Gerechtigkeit, ich will da hin eingehen und dem Herrn danken." Ps 118 V 19).*

Da der Großteil der Ernte, vor allem der Getreideernte, auf dem Dachboden des Bauernhauses selbst eingelagert wurde, reichte für den Wirtschaftsbetrieb des Erbkötters Wehlburg im 18. Jahrhundert (nur 25,38 ha Nutzfläche) noch ein einziges Scheunengebäude voll und ganz aus.

Die „Torscheune" ist in Querrichtung von beiden Seiten, in Längsrichtung jedoch nur von einer Seite zu befahren. Die Wandständerkonstruktion schafft einen weitüberspannten, freien Innenraum. Diese Scheune ist für erdlastige Erntestapelweise, aber auch zum Unterstellen großer landwirtschaftlicher Geräte wie Ackerwagen usw. bestens geeignet. Die eine Seite der Scheune ist durch kleinere Kammern unterteilt, die als „Timmerkammer" (Werkstattraum) und als Schlafraum für Gesinde gebraucht werden konnten. An dieser Seite ist auch – wie einst – die Wehlburg-Kutsche untergestellt, die 1889 (ein Jahr nach Wehlburgs Hochzeit) vom Wagenbauer C. Detering zu Quakenbrück als „neue Halbchaise" für 600 Rt gefertigt wurde. Für seine „alte Halbchaise" als „Gebrauchtwagen" erhielt Wehlburg damals 300 Rt auf die Kaufsumme (von 900 M.) angerechnet. Neben der Kutsche steht eine schwere zimmermannsmäßig in „Ständerbohlenbauweise" zusammengefügte sog. „Kornkiste" aus dem Jahre 1671. Dieser Getreidevorratsbehälter ist bis zum 18. Jahrhundert charakteristisch für die Osnabrücker Nordlande. Derselbe Kornkistentyp in etwas kleinerer Ausführung steht - aus dem Bestand der Wehlburg - auf der Diele des Erbwohnhauses.

6 Wagenschauer/Stallhaus

Hof Wehlburg, Wehdel, Ldkr. Osnabrück

Im rechten Winkel zum Hauptgebäude und mit diesem durch einen kleinen Pferdestall-Trakt direkt verbunden und zugänglich, befindet sich zur Ostseite des Innenhofes ein langgestrecktes, niedriges Wagenschauer-Stallhaus. Es trägt zwar keine Jahreszahl, durch alte Karten ist aber zu belegen, daß man es kurz vor 1870 errichtet hat.

Das Wagenschauer, auch Remise genannt, hat zum Innenhof zwei weitgeöffnete Einfahrten, so daß insgesamt vier große Wagen nebeneinander aufgestellt werden können. Dort befinden sich Wagen und landwirtschaftliche Geräte aus dem Wehlburgbesitz, die gegen Ende des 19. Jahrhunderts angeschafft wurden: ein Ackerwagen mit Festtagsringsen, in dieser Art in früheren Generationen auch als Hochzeitswagen genutzt; ein bemalter Federwagen für kleine Lasten, ferner ein Ackerwagen von 1889, der als Leiterwagen zur Erntebergung diente sowie allerlei landwirtschaftliches Gerät: Reste von Gespannpflügen, Häufelpflüge, hölzerne Eggen, Wagenheber; „Plaggenpflüge". (Diese Plaggenpflüge, die in der ersten Hälfte des 19. Jahrhunderts entwickelt wurden, dienten dazu, größere Plaggen, d. h. Gras- oder Heidesoden abzuschälen, die mit Tiermist gemischt, zur Düngung des Getreideackers auf den Esch gefahren wurden. Dieser Pflugtyp war im Artland weitverbreitet, auch im angrenzenden Dinklager Raum, nicht jedoch im übrigen Weser-Ems-Gebiet. In Wehdel wurde er schon vor 1834 gebraucht (Zum Thema Düngung s. S. 139).
An die Wagenremise in gleicher Dachneigung schließt sich ein Stallgebäude an, in dem mehrere Schweineställe und Kälberställe sowie eine Futter- und Waschküche untergebracht sind. Die Vielzahl der Schweineställe sowie die Art der Stalleinrichtung verweisen auf die 2. Hälfte des 19. Jahrhunderts. Im Winter des Jahres 1806 hatte Wehlburg nach eigenen Angaben z. B. nur zwei junge Schweine. Während im südlichen Oldenburg die Schweinezucht bereits gegen Ende des 19. Jahrhunderts rapide zunahm, geschah dies im Artland erst um 1900.

Artländer Plaggenpflug, 1. H. 19. Jh.

7

7 Dresch- und Getreidescheune

Hof Wehlburg, Wehdel, Ldkr. Osnabrück

Spätestens seit den 20er Jahren des 18. Jahrhunderts ist eine Zunahme an privatisierten Ländereien in bäuerlichem Besitz durch sog. „Zuschläge“ aus der Mark, dem Gemeinbesitz, zu registrieren. Die dadurch vergrößerte Anbaufläche erbrachte höhere Ernteerträge. Nicht verwunderlich, daß auch ab 1730 im Osnabrücker Nordland eine deutliche Zunahme im Scheunenbau bei der besitzbäuerlichen Oberschicht zu registrieren ist (s. S. 20). Der Scheunenbau-Boom erreichte in dieser Region einen weiteren Höhepunkt zwischen 1815 bis 1835, also zur Zeit der völligen Auflösung der Marken. Verbunden damit war die Ablösung von der grundherrlichen Abhängigkeit, die „Bauernbefreiung“ oder „Agrarreform“. Der dritte Höhepunkt im Scheunenbau liegt zwischen 1845 bis 1865, der Zeit der „goldenen Jahrzehnte der kontinentalen Landwirtschaft“; während der letzte Bauboom für Scheunen gegen Ende des 19. Jahrhunderts erreicht wurde. In diesem Zeitabschnitt, das genaue Datum ist der 8. Juni 1888, erstellte auch Wehlburg seine zweite große Scheune, eine Getreide- und Dreschscheune mit drei Durchfahrtstoren, mächtigen Bansenräumen und reichlich Platz für den „Dreschmaschinen-Göpel“. Erbaut wurde dieses Gebäude von dem im Artland vielbeschäftigten Baumeister Heinrich Brickwehde aus Grönloh, der wie sein gleichfalls als Baumeister erfolgreicher Vater anfänglich zur Sozialschicht der Heuerleute zählte und auch noch in einem Heuerhause wohnte.

Große Fachwerkscheunen mit Wandständergefüge für erdlastige Stapelweise und mit zwei oder drei Durchfahrtstoren kennt das Artland bereits im ausgehenden 18. Jahrhundert (z. B. der *Hof Krümberg in Rüsfort 1797).* Wie das Beispiel der Wehlburg aber zeigt, wurde im Jahr 1888 dieser Typ eines Wirtschaftsgebäudes noch immer im gleichen Baustil und nach gleichem Raumteilungsprinzip erstellt; wohingegen andere Landschaften (z. B. das Ammerland) zu dieser Zeit bereits zum reinen Ziegelbau übergewechselt waren.

Dort, wo die Torscheune von 1760 und die Getreidescheune von 1888 winklig aneinanderstoßen, ist der „eiserne Göpel“ wieder aufgebaut (s. S. 46). Über die drei Durchfahrten der Scheune konnten nacheinander die vom Boden bis ins „offene Dach“ vollzustapelnden Bansenräume mit Getreide gefüllt werden, eine Stapelweise wie im ostfriesischen Gulfhaus. Im Winter konnte das eingefahrene Getreide seitlich oder über die Durchfahrten zur Dreschmaschine geschafft werden. Da diese Arbeit unter „Dach und Fach“ geschah, konnte man auch unabhängig von der Witterung im Winter dreschen.

Mit der Errichtung der Getreidescheune von 1888 hatte der Hof Wehlburg auch endlich den angestrebten geschlossenen Innenhof, den „Vaohlt“, erhalten.

Zum Thema Dreschen s. S. 148

8 Erbwohnhaus

Hof Wehlburg, Wehdel, Ldkr. Osnabrück

Giebelinschriften:
Erbwohnhaus – äußere Dielentoreinfahrt: *Henrich Wehlborg, Maria Queckemeyers, Ehl. J: Adelheid Wehlborgs Anno 1750 den 20. May*
Innere Dielentoreinfahrt (Inschrift des Sturzbalkens im Wamm): *Der Herr behüte unsern Ausgang und Eingang von nun an biß in Ewigkeit Ps. 121. V. 8. M: Hermann Wehage*
Vordergiebel – oberster Giebelbalken (Spruchbalken des dritten Geschosses): *Bewahr uns Herr fur allem Leyd Du Vater der Barmhertzigkeit*
Vordergiebel – mittlerer Giebelbalken (Spruchbalken des zweiten Geschosses): *Gelobet sey Gott der mein Gebeth nicht verwirfft noch seine Güte von mir wendet Psalm. 66. V. 26.*
Vordergiebel – unterster Giebelbalken (Spruchbalken des ersten Geschosses): *Gelobet sey der Herr täglich, Gott leget uns ein Last auf, aber er hilfft uns auch, wir haben einen Gott der da hilfft, und den Herrn Herrn, der vom Tode erretet. Psalm 68 V. 20*

Giebel des Erbwohnhauses der Wehlburg in Wehdel

8

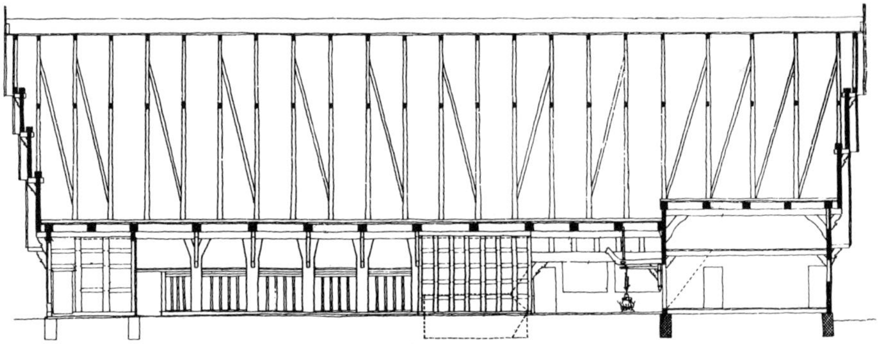

Längsschnitt durch das Erbwohnhaus der Wehlburg

Das 14 m breite und 36 m lange Haupthaus der Wehlburg schmückt ein 9 m hoher, viermal vorkragender Torgiebel, eine der Glanzleistungen auf der Wehlburg und zugleich absoluter Höhepunkt Artländer Giebelzier.

Nur mit „List und Tücke" sicherten Bauherr und Baumeister die Einmaligkeit dieser Giebelgestaltung. Die Demontage des Hofes im Jahre 1972 bestätigte nämlich den mündlich überlieferten Wettstreit zwischen dem benachbarten, gleichzeitig bauenden *Wohnunger- (Berner) Hof* und dem *Wehlburg-Hof* des Jahres 1750/51, als es darum ging, den holzreichsten Giebel zu erstellen. An der heute noch sichtbaren ursprünglichen Bohrlochzahl und an der bei der Demontage entdeckten Zahl abgeschnittener Zapfen in den Zapfenlöchern läßt sich die vom Meister Wehage zunächst konzipierte, wenngleich nicht als endgültig gedachte Giebelgestaltung analysieren. Danach wurde das Brustwerk des Wehlburg-Giebels zunächst nur mit dreifacher Riegelung und je sechs Ständern neben der Toreinfahrt ausgeführt, aber nach erfolgter Haushebung des konkurrierenden Wohnunger-Hofes das bis dato geheim gehaltene Konzept durchgeführt, nämlich fünffache Riegelung und je acht Ständer im Brustwerk. Damit war Wehlburg der Sieger im Wettstreit um den repräsentativsten Giebel. Seit dieser Zeit zeigt der Wehlburg-Giebel von unten nach oben regelmäßig abnehmend 6, 5, 4 und 3 Ziegelgefache übereinander; die oberen Giebelgeschosse werden von stark geschweiften Holzknaggen getragen. Das erste Geschoß ist zusätzlich durch Ziegelziersetzung in Rautenanordnung hervorgehoben.

Es ist für das Osnabrücker Nordland charakteristisch, daß das große Dielentor nicht direkt an den Brustwerkständern des Vordergiebels, sondern um ein Fach zurückspringend und auf diese Weise ein Vorschauer, einen „Wamm" bildend, an den Pferdestallständern angebracht ist. Der „Dörboom", in anderen Landschaften auch „Düssel" (Torsäule) genannt, dient als Anschlag für die große vierflügelige Tür und ist herausnehmbar, damit man mit dem beladenen Erntewagen ins Innere des Hauses fahren kann. Um 1750 war die Wehlburg noch ein schornsteinloses Rauchhaus mit balkenlastiger Erntestapelung (z. Thema Rauchhaus und niederdeutsches Hallenhaus s. S. 120 u. 113).

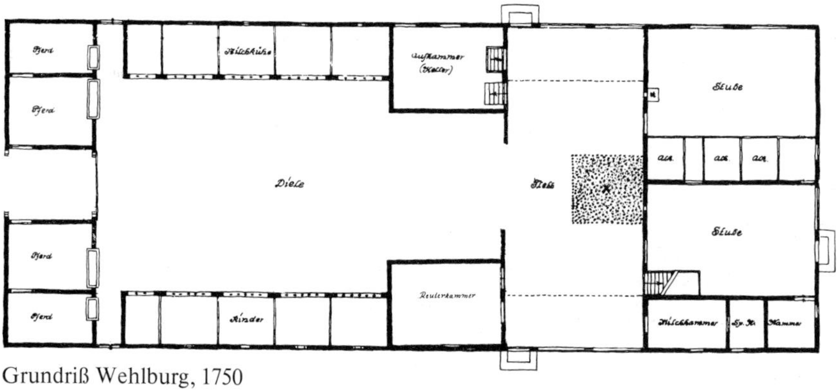

Grundriß Wehlburg, 1750

Klassifiziert man die Wehlburg nach der tragenden Gerüstkonstruktion, dann ist sie als Zweiständer-Dachbalkenhaus in der speziellen Ausformung des Unterrähmgefüges mit Sparrenschwelle anzusprechen (s. S. 115).

Vom Vorschauer aus sind die vier Pferdeställe der Wehlburg zugänglich. Als Wehlburg im Jahre 1806 die Hälfte seiner Ländereien verpachtet hatte, besaß er dennoch „vier Pferde, lauter Stuten". Über den Pferdeställen befinden sich die sog. Knechtekammern, im Artland auch „Kloppenborg" (Kloppen = schlagen der Pferde, borg = hoch und geborgen) genannt. Sie sind von der Diele aus über eine Leiter zu erreichen. Obwohl hier vier unterteilte Räume vorhanden sind, dürfte es sich um insgesamt nur zwei Knechtekammern gehandelt haben, denn mehr als einen Groß- und Kleinknecht pflegte der Artländer Bauer im 18. Jahrhundert nicht zu halten, da die Heuerlings-Familien als zusätzliche Arbeitskraft reichlich zur Verfügung standen.

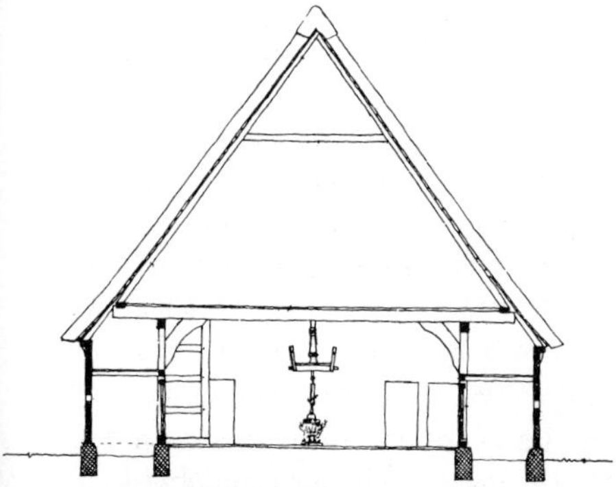

Schnitt durch Stallteil

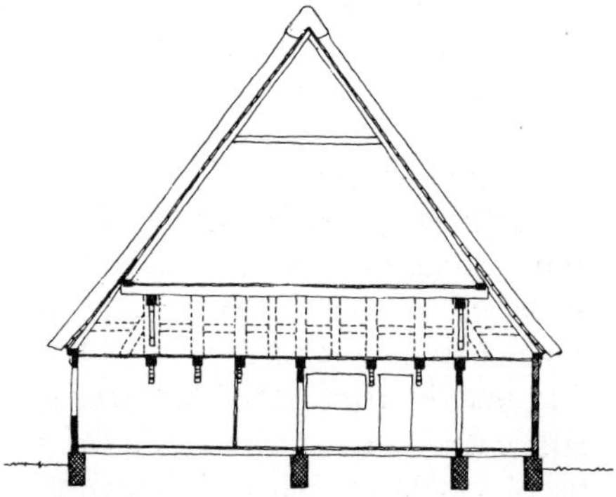

Schnitt durch Wohnteil

Auf der Diele steht ein Ackerwagen aus dem Ende des 18. Jahrhunderts, dessen Holzräder ohne eiserne Reifen nur zum Fahren auf Sandwegen geeignet waren und dessen hölzerne Achse nur über Eiseneinlagen verfügte. Da Ackerwagen aus dieser Zeit höchst selten überliefert sind und sich nur noch vereinzelt in diesem vorzüglichen Zustand befinden, ist er ein wertvolles Dokument aus der Arbeitswelt des 18. Jahrhunderts. An der gleichen Seite bei der Fachwerkwand steht ein vom Hofhund zu betreibender „Hundegöpel mit angeschlossener Butterkarne", ein frühes Beispiel der Mechanisierung der Landwirtschaft um die Jahrhundertwende, angefertigt von der Landmaschinenfabrik Hedemann in Badbergen und im Artland häufig noch bis zum Ersten Weltkrieg in Gebrauch. An der gegenüberliegenden Fachwerkwand steht die bereits auf Seite 22 erwähnte Kornkiste der Wehlburg aus dem 17./18. Jahrhundert.

An der Diele lagen im 18. Jahrhundert an der rechten Seite 8 Rinderställe und 1 Bullenstall, an der linken Seite 4 Kuhställe und 1 Bullenstall; im 19. Jahrhundert wurde der Rinderstall wegen des Einbaues einer zusätzlichen Kammer um eine Einheit vermindert. Es ist keineswegs zwingend, im 18. Jahrhundert die Anzahl der Ställe mit der Zahl der Kühe und Rinder gleichzustellen; eher war der Viehbestand geringer als die Stallzahl. Wehlburg gab für das Jahr 1806, als er die Hälfte der Ländereien verpachtet hatte, folgenden Viehbestand an: 4 Pferde, 3 Kühe, 3 Rinder und 1 Kalb, 2 junge Schweine. Die Ernte, die er für das Jahr 1807 erwartete, schätzte er folgendermaßen: 6 Scheffel gedroschenen Weizen, 11 Malter gedroschenen Roggen, 2 Malter gedroschene Gerste, 14 Malter gedroschenen Hafer, 3 Scheffel Saat, 2 Scheffel Leinsamen und 10 Fuder Heu.

in Wehdel — Blick auf das Dielentor der Wehlburg — im Museumsdorf

in Wehdel — Blick auf die Scherwand der Wehlburg — im Museumsdorf

Blick auf Kaminwand und Unterschlag

Durch eine zweiflügelige Tür in der Scherwand betritt man das Flett (Herdraum). Die Glasscheiben der Fenster und Türen in dieser Wand, die erst in der zweiten Hälfte des 19. Jahrhunderts gezogen wurde, werden im Artland ab und zu nach alter Gepflogenheit auch heute noch mehrere Male im Jahr mit einem Gemisch aus Bittersalz und abgestandenem Bier getupft, so daß sich ein eiskristallähnlicher, fast undurchsichtiger Scheibenbelag mit „Gardinenwirkung" bildet.

Fast alles Mobiliar im Herdraum und im anschließenden Kammerfach stammt aus Wehlburg-Besitz und wirkt dementsprechend komplett. Es sei aber auf folgendes aufmerksam gemacht: Die Anordnung des Mobiliars und auch der Raumeindruck im Herdraum während des 18. Jahrhunderts waren wesentlich anders als in der zweiten Hälfte des 19. Jahrhunderts, als z. B. der Kamin mit Rauchfang die einstmals freiumschreitbare Herdstelle mit Funkenflug abgelöst hatte, und die Mehrzahl der Möbel, die als unbemalte Naturholzmöbel überliefert wurden, waren einstmals bemalt wie der Kleiderschrank, die Truhe und der Koffer in der großen Kammer. Die Bleiglasfenster in Herdraum und Stube sind noch in der Art des 18. Jahrhunderts überliefert, im 19. Jahrhundert wurden sie zugunsten von hochformatigen Sprossenfenstern ausgewechselt, ein Vorgang, der im Artland schon für das frühe 19. Jahrhundert belegt ist. Der Kamin mit den holländisch-friesischen Fliesen dürfte im 19. Jahrhundert eingebaut worden sein; einige Jahre später folgte der Einbau der Scherwand zwischen Wohnteil und Diele.

In den dreifachigen hohen Luchten (Seitennischen) mit Türen zum Garten oder zum Backhaus sind auf der einen Seite der Arbeitsraum für die Hausfrau mit Geschirrbank und dreibeinigem Tisch und auf der anderen Seite *(Mansedel)* der lange Eßtisch mit Sitzbänken für die Familie und das Gesinde untergebracht. Sitzbänke mit umklappbarer Rückenlehne wie hier im Herdraum sind auch schon im Mittelalter (15. Jahrhundert) für Kirchen, Bürger- und Bauernhäuser in Nordwesteuropa belegt. Vom Mansedel aus führt eine Tür zur Mägdekammer sowie zum halbtiefen Vorratskeller.

Die Stube wird beherrscht von der Durk- oder Alkovenwand mit ihren drei dahinterliegenden mehrschläfrigen Betten und den beiden Türen. Getäfelte Bettkastenwände sind im Artland schon für das 17. Jahrhundert belegt. Hier sind sie im Zierstil des Barock mit sog. Spitzkissen gegliedert. Die erste Tür führt in die große Kammer, während hinter der zweiten Tür ein Kleiderschrank eingerichtet war. Das Mobiliar der Stube entstammt größtenteils der Brautaussteuer von 1819, die Adelheid Kahmann aus Wehdel als Mitgift auf die Wehlburg brachte. Der gußeiserne Fünfplatten-Ofen macht diesen Raum zu einer rauchfreien, beheizbaren Stube, einem Aufenthalts- und Empfangsraum für die bäuerliche Familie, nicht jedoch für das Gesinde. (Zum Thema Stube s. S. 117)

Über dem Kammerfach, das aus Stube, großer Kammer, Flachskammer, Milch- und Vorratskammer besteht, liegt mannshoch der Zwischenboden als trockene Lagerstätte für das gedroschene Getreide. Einen Kornboden dieser Art übernahm das Artländer Bauernhaus seit der Zeit um 1700, wodurch der mittelalterliche Kornspeicher (spicarium = Ährenbehälter) seine ureigenste Funktion verlor. Da die neue Wehlburg von 1750 von Anbeginn an über einen Kornboden verfügte, wurde bei dieser Hofanlage auch kein Speichergebäude errichtet.

Vor 1811 wurde eine weitere Kammer an der Rinderstallseite errichtet; es ist die *„Reuterkammer"*, die als Webkammer diente. In ihr wurde zu dieser Zeit noch haushandwerklich gewebt, allerdings nicht von der Wehlburg-Familie selbst, sondern von einem Heuerling.

Aufrichten der Wehlburg

Holzgefüge der Wehlburg

Wehlburg mit ausgemauerten Gefachen

Hofanlage Wehlburg aus der Vogelperspektive

9 Backhaus

Hof Wehlburg, Wehdel, Ldkr. Osnabrück.

Die ab 1750 neuerstellte Hofanlage Wehlburg erhielt kein Speichergebäude mehr, und auch das einstöckige Backhaus diente nicht mehr zusätzlich zur Kornlagerung, sondern ausschließlich dem Backen und später, nach dem Einbau des Kamins im Bauernhaus, auch dem Räuchern. Der außen angebaute und von innen her zu beheizende Backofen ruht auf einem Schwellenkranz (typisch für das Artland); ein mit Hohlziegeln gedecktes Satteldach schützt die Lehmkuppe des Ofens vor Witterungseinflüssen. Das Backhaus hat auffallenderweise keinen Schornstein, aber ein großes Rauchloch in der Balkendecke, so daß der Qualm über das luftdurchlässige, mit Strohdocken unterlegte Hohlziegeldach abziehen kann. In dem im Jahre 1761 errichteten Wehlburg-Backhaus sind noch als Originalausstattung aus damaliger Zeit der große Backtrog in der Ausführung des Einbaumes sowie der Teigstecher überliefert. (Zum Thema Brotbacken s. S. 161)

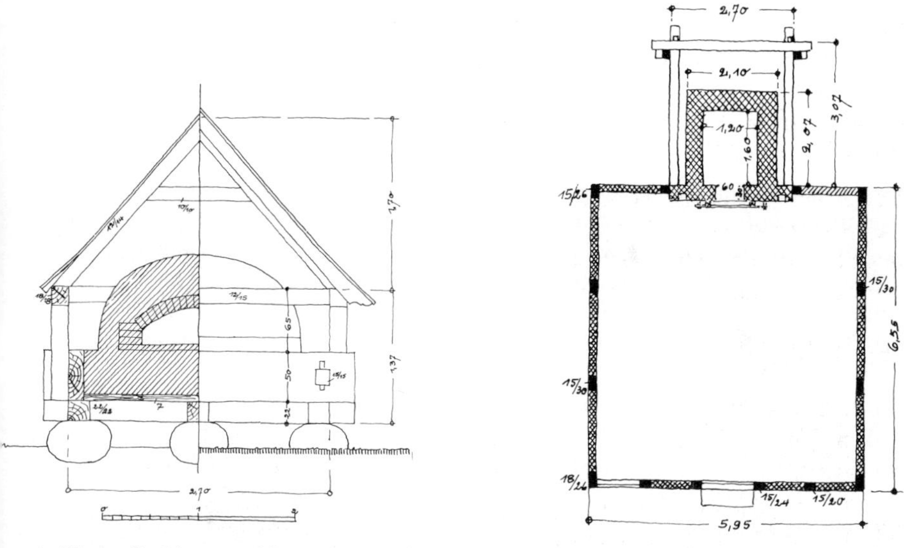

Artländer Backhaus und Backofen, 18. Jahrhundert

10 Holz- und Torfschuppen mit Toiletten

Hof Wehlburg, Wehdel, Ldkr. Osnabrück.

Durch eine kurze Fachwerkwand mit dem Haus verbunden ist hinter dem Wohngiebel an der Bauckhausseite ein kleines Gebäude mit Pultdach und eingebauter Toilette aufgestellt (nach 1900). Die Toilette ist auf dem Bauernhof im allgemeinen relativ spät eingeführt worden, zumal der Bauer reichlich viel Platz in und um den Bauernhof herum für dies „Bedürfnis“ hatte. Vom Bauern ist auch sprichwörtlich überliefert, daß er sich „in die Nesseln“ zu setzen pflegte. Dies Gebäude diente ansonsten in erster Linie zur Lagerung von Brennmaterial, also von gespaltenem Holz und handgestochenem Torf.

11 Tischlerwerkstatt 12 Zimmerei-Lager

aus der Artländer Bauerschaft Andorf, Kirchspiel Menslage, Ldkr. Osnabrück

Beide Werkstatt-Gebäude – erbaut im Jahre 1840 und genutzt bis zum Jahre 1895; demontiert im Jahre 1983 und anschließend im Freilichtmuseum wiedererrichtet – waren Bestandteil einer kleinen Artländer Hofanlage (9 ha) in der Bauerschaft Andorf, angekauft im Jahre 1839 durch den Zimmermeister Johan Heinrich Lürding. Diese Fachwerkgebäude, die Tischlerwerkstatt und das Zimmerei-Lager, sollen im Freilichtmuseum später ergänzt werden durch eine für diese Zeit und Region des öfteren belegbare „Handwerker-Hofanlage"; es fehlen also das Wohn- und Wirtschafts-Haupthaus in der Bautradition des niederdeutschen Hallenhauses sowie weitere einzeln stehende Wirtschaftsgebäude.

Tischlerwerkstatt Lürding: (ausführliche Beschreibung im Raum-Inneren)

Zimmerei-Lager Lürding: (ausführliche Beschreibung im Raum-Inneren)

Hofanlage Voßhamm

Die im Aufbau befindliche Hofanlage Voßhamm wird aus folgenden Gebäuden bestehen: „Erbwohnhaus" Voßhamm aus Nortrup, Altkreis Bersenbrück, Ldkr. Osnabrück, und Lehmspeicher Donstorf, Ldkr. Diepholz.

Im Jahre 1977 erhielt das Museumsdorf Cloppenburg von Christian Frhr. von Hammerstein-Loxten ein in seiner baukulturellen Bedeutung bislang unbeachtetes Hausdokument geschenkt, den Hof Voßhamm aus Nortrup. Gefügekonstruktion, Stärke des Bauholzes und Grundrißgestaltung lassen darauf schließen, daß es sich um ein Bauernhaus aus dem Ende des 16. Jahrhunderts handelt. Dieses Bauwerk wird im Niedersächsischen Freilichtmuseum in naher Zukunft zusammen mit dem Donstorfer Speicher (um 1480) als Gehöft des 16. Jahrhunderts wiedererstehen und damit den spätmittelalterlich-frühneuzeitlichen Typ des niederdeutschen Hallenhauses repräsentieren.

Die historische Überlieferung weiß zu berichten, daß der Grundherr Johann von Voß zu Deiche gegen Ende des 16. Jahrhunderts die Umwandlung dieser Hofstelle - zuvor grundherrliches Eigentum der Bischöfe zu Osnabrück - in ein Adelsgut anstrebte; dies gelang ihm im Jahre 1598, als er das „Erbe zu Hammel discutiren oder äußern ließ und so fort, bis es zum adeligen Sitz wurde". Auch wird von ihm berichtet, daß er das „Erbe zu Hammel zum Sitz gemachet und darauf gewohnet".

Es ist mit Recht zu folgern, daß Johann von Voß zu Deiche auf der Stelle Hammel bei Nortrup gegen Ende des 16. Jahrhunderts ein neues Wohn-Stall-Speicherhaus im Stil des niederdeutschen Hallenhauses - also nicht in der Bauweise eines Adelsgutes - errichten ließ. Im Jahre 1677 gelangte dieses Anwesen in den Besitz derer von Hammerstein. Der Umfang dieses ländlichen „Adelssitzes", seit Generationen in Zeitpacht an Bauern ausgegeben, betrug im Jahre 1788 rund 44 Hektar, aber nach der Teilung der Nortruper Markt (1828), in der das Gut als Vollerbe nutzungsberechtigt war, sogar 70 Hektar.

Gefüge des Hauses Voßhamm, 1540

13b Lehmspeicher

Hof Helmsmüller, Donstorf, Ldkr. Diepholz

Der Lehmspeicher vom Vollmeierhof Helmsmüller in Donstorf, auch kurz „Lehms" oder „Lehmhus" genannt, stellt in vielfacher Hinsicht ein Kleinod unter den übrigen Gebäuden des Museumsdorfes dar. In der Literatur zur Hausforschung ist er oftmals abgebildet und gilt dort dem Typ nach als umgräfteter bäuerlicher Wehrspeicher aus der Zeit um 1480; der Konstruktion nach wird er als ein einzigartiges Beispiel spätgotischer Zimmerungstechnik angesehen (angeblattete Längsschwertung, die wie Andreaskreuze das gesamte Außenfachwerk umspannen, ähnlich wie bei städtischen Geschoßbauten des 15. Jahrhunderts).

Die nach dem Abbruch des Lehmspeichers durchgeführten archäologischen Ausgrabungen des Museumsdorfes aber ergaben, daß dieser Speicher niemals von einer Graft umgeben gewesen ist, also weder Wasser- noch Palisadenschutz gehabt hat. Eine Verteidigung konnte höchstens vom obersten Geschoß herab erfolgen, das wegen der allseitigen Dachauskragung einen gewissen Ausblick sowie ein begrenztes Schußfeld bot. Die kreisrunden und sehr kleinen Gucklöcher in den Lehmwänden sind auch nicht als „lehmgemäße runde Schießscharten", sondern einzig als Entlüftungslöcher zu deuten. Es konnte ferner nachgewiesen werden, daß dieser Speicher einst ein doppeltes Dach gehabt haben muß. Das unterste Dach war aus Gründen der Feuersicherheit innen und außen mit einer dicken Lehmschicht abgestrichen, darüber wurde als Regenschutz ein zweites Dach aufgehängt, das mit Stroh abgedeckt worden ist. Auf Grund dieser Doppelsicherung konnte ein Feuer zwar das Strohdach abbrennen lassen, das darunter befindliche Lehmdach aber hielt dem Feuer stand.

Der Donstorfer Speicher gilt als eines der letzten noch völlig erhaltenen Beispiele feuersicherer Vorratsspeicher spätmittelalterlicher Bautradition.

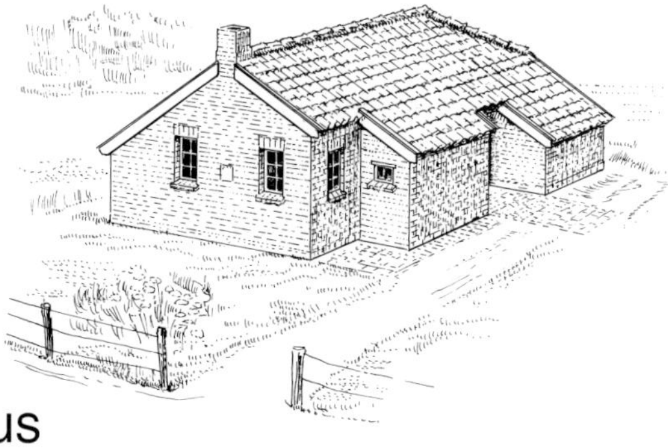

14 Landarbeiterhaus

Familie Hinderks, Stapelmoorerheide, Ldkr. Leer

Dieses ostfriesische Landarbeiterhaus wirkt durch seine äußeren Merkmale wie eine verkleinerte Ausgabe des Gulfhauses: eingezogene Seitenwände im Wohnteil und niedrige Traufe beim Wirtschaftsteil.

Auch das innere Gerüst, das Stapelwerk, entspricht dem der bäuerlichen Großbauten. Darin spiegelt sich aber nicht allein die regionale Bautradition und ein regionaler Bautyp, sondern auch der Versuch wider, sich dem bäuerlichen Vorbild anzupassen.

Auf ein bestimmtes Baujahr kann das Haus nicht festgelegt werden. Wie fast alle Häuser dieses Typs erlebte es mehrere grundlegende Bau- und Umbauphasen, die zwischen 1850 und 1930 liegen. Wie aus den Quellen hervorgeht, wurde 1930 der alte, kleinere und nur verbretterte Stallteil abgerissen und erhielt seine jetzige Gestalt. Die wichtigste Neuerung damals: ein Plumpsklosett.

Der Erbauer des Hauses und Gründer der Siedlungsstelle war Geerd Hinderks, geb. 1817, der um 1850 ein gut 1 ha großes Moorgrundstück pachtete und, nachdem er eine entsprechende Fläche abgetorft hatte, eine Behausung errichtete. Die Pacht für dieses Ödland, von dem Ostfriesland zu dieser Zeit noch riesige Flächen aufwies, erarbeitete er als Landarbeiter im Rheiderland und auch in

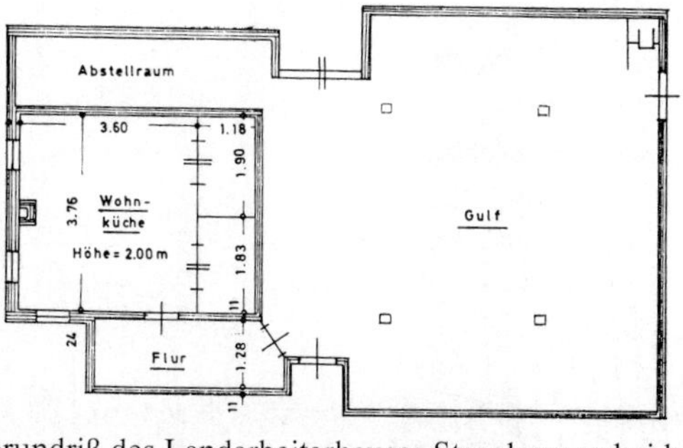

Grundriß des Landarbeiterhauses Stapelmoorerheide

Holland. 1868 erwarb er einen weiteren Hektar Moor hinzu und wurde 1883 Eigentümer des schmalen, über 800 m langen und nur 28 m breiten Grundstücks. Der Torf wurde von den Bewohnern langsam bis auf den sandigen Untergrund abgebaut, doch reichte der Ertrag des dürftigen Ackers nicht einmal zur Selbstversorgung der Familie. Zwei Schafe, ein Schwein und einige Hühner sowie das im Garten gezogene Gemüse brachten aber genug, um die in der zweiten Hälfte des vorigen Jahrhunderts in den Moor- und Heidegebieten Ostfrieslands verbreitete Not der kleinen Kolonisten in Grenzen zu halten.

Dennoch waren die äußeren Lebensumstände der Familie ungewöhnlich hart, auch an damaligen Verhältnissen gemessen.

Da war die Enge der Wohnung, ein Raum mit zwei Wandbetten und einer offenen Feuerstelle, an deren Stelle seit 1900 der Herd gerückt wurde, von gleicher Größe, wie er sich noch jetzt zeigt.

1890 teilten sich darin der verwitwete Erbauer und die Familie seines Sohnes, zusammen sechs Menschen. Aber schon ein Jahr später raffte der Tod die beiden Mädchen, 7 und 5 Jahre alt, innerhalb von 11 Tagen hinweg und einige Monate später auch den Großvater.

Diese Daten beleuchten aber in besonders greller Weise die räumliche Enge, denn während die Toten im Zimmer aufgebahrt lagen, mußte weiter dort gekocht, gegessen und geschlafen werden, eine Intimität des Verhältnisses der Menschen untereinander im Leben und Sterben, die uns heute wie Jahrhunderte zurückliegend erscheint.

Noch drei Kinder wurden in dem kleinen Raum geboren, trotzdem wurde es nicht zu eng, denn spätestens mit 14 Jahren nahmen sie Stellen auf Höfen im Reiderland an.

Die letzte Bewohnerin des Hauses starb 1975. Mit dem gesamten Inventar wurde dann 1979 das Haus in das Museumsdorf übertragen, Zeugnis und Dokument der Lebensbedingungen eines großen Teils der Bewohner Ostfrieslands im 19. und frühen 20. Jahrhundert.

(Siehe auch das Kapitel: Von den freien Ostfriesen, s. S. 137)

Blick in die Wohnküche, vor der Demontage 1979

15 Gulfhaus

Hof Awick, Scharrel, Saterland, Ldkr. Cloppenburg

Zur Betriebsgröße des Hofes Awick: Bis 1960 111 ha; davon 26 ha kultiviertes Land = ca. 9 ha Eschland (Getreide) und 17 ha Grünland an der Saterems auf abgetorftem Land (Moor und Heide) und ca. 5 ha Nadelwald. Nach der Aussiedlung aus dem Dorf, nach 1960: 106 ha; davon 60 ha kultiviertes, tiefgepflügtes Land = 45 ha Ackerland und 15 ha Weideland (Hochmoorweide), ferner ca. 5 ha Wald. Viehbestand 1804: 2 Pferde, 5 Kühe, 1 Kalb, 1 Hund, 3 Schweine, 9 Schafe, 8 Bienenkörbe.

Erbesqualität: freies Erbe (s. a. *Saterhaus* Nr. 41)
Arbeitskräfte um 1804: 1 Knecht und 1 Magd.

Das über 38 m lange und 18 m breite Gulfhaus aus dem Saterland, einer an das ostfriesische Gebiet angrenzenden Reliktlandschaft, in der noch heute das altfriesische *„Satersch"* gesprochen wird, bildet den Auftakt zum Ostfrieslandteil im Niedersächsischen Freilichtmuseum zu Cloppenburg. Weitere Beispiele ostfriesischer Gulfhäuser aus der Marsch und Geest, aber auch kleinere ostfriesische Landarbeiterhäuser, sind für das Aufbauprogramm bereits fest eingeplant.

Bis zum Jahre 1821, als der große Brand in Scharrel wütete, wurde hier wie auch im übrigen Saterland ausschließlich im Baustil des niederdeutschen Hallenhauses gebaut *(s. S. 84 Saterhaus)*. Nach 1821 begann im Saterland die große Wende im Hausbau, denn von nun an wechselte man gänzlich zum modernen Gulfhaustyp über. (Zur Geschichte des Gulfhauses s. S. 122)

Das erste außerhalb Ostfrieslands und Frieslands in Südoldenburg errichtete Gulfhaus ist dies des Bauern Awick in Scharrel.

Alle Charakteristika eines ostfriesischen Gulfhauses der Geest sind in diesem Haus vereinigt, bis auf den Tiefstall, der im klassischen Gulfhaus durch einen Vieh-Hochstand ersetzt ist. Der Tiefstall ist eine Reminiszenz an das dem Saterländer Bauern besser geläufige niederdeutsche Hallenhaus und mit Bedacht beibehalten worden, da die altüberlieferte Tiermist-Plaggendüngung für den Getreideacker zu dieser Zeit noch nicht aufgegeben werden konnte. (Zum Thema Plaggendüngung s. S. 139)

15

Die asymmetrische Giebelfront mit der großen und kleinen Tür wird nur durch die Maueranker-Jahreszahlen (1822) sowie die kleinen buntbemalten und mit Inschriften versehenen Sandsteinplatten verziert. Da die Inschriften sich weder auf Geburtsdaten, noch auf Ehedaten oder auf das Baudatum des Hauses beziehen, geben sie offensichtlich das Jahr der jeweiligen Inbesitznahme des Hofes durch die nächste Generation an; sie sind also später eingefügt. Diese Gepflogenheit findet sich im Saterland bei ostfriesischen Gulfhäusern häufiger.

Die Fortschrittlichkeit des Gulfhauses gegenüber dem niederdeutschen Hallenhaus dokumentiert sich einmal in den mächtigen, erdlastigen kubischen Erntestapelräumen, den hintereinander gereihten Gulfen, sowie in dem großräumigen, vom Wirtschaftsteil getrennten Wohnteil. In einer der Gulfe ist ein vom Pferd gezogener *„Dreschblock"* vorübergehend untergebracht (Erklärungen dazu s. S. 149). Er wird später aber in einem Marschenhof seinen endgültigen Platz finden.

Der Wohnteil ist mit großen Schiebefenstern versehen. Dieser Fenstertyp gelangte von England gegen Ende des 17. Jahrhunderts in die Niederlande und von dort nach Ostfriesland. Kennzeichnend für ostfriesische Wohnkultur ist ferner der Wandkamin mit Rauchfang in Gestalt des eisernen *„Englischen Kamins"*. Während der Kamin im niederdeutschen Hallenhaus hierzulande erst im 19. Jahrhundert von der bäuerlichen Oberschicht übernommen wurde, ist er für Ostfriesland schon im 16. Jahrhundert belegt.

Auch die bemalten Balken und Balkendielen sowie die Bettkastenwand aus Weichholz sind ostfriesische Kulturmerkmale. Ferner ist das Mobiliar dieses Hauses bezüglich der Farbgebung vor allem ostfriesisch beeinflußt. Von der Wohnküche mit dem langen Eßtisch für die bäuerliche Familie und das Gesinde – die Knechtekammer liegt im *„Scheunenteil"* des Gulfhauses – gelangte man in die umliegenden Kammern und Stuben und auch in die Milchkammer, die mit mancherlei Gerät zur Butterbereitung ausgestattet ist (weitere Erklärungen hierzu s. S. 163).

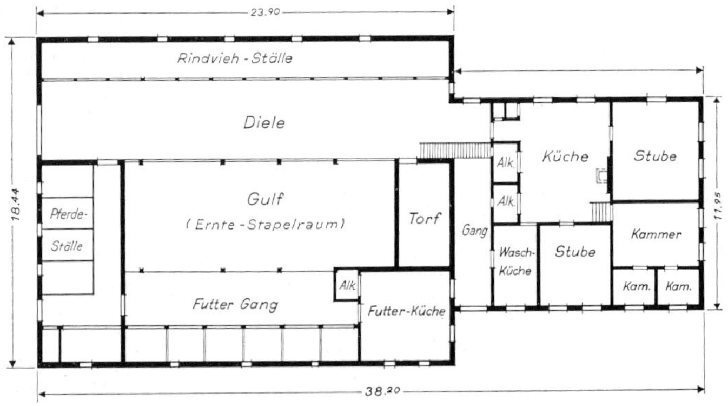

Grundriß des Gulfhauses mit Umbauten

16 Schmiede

Hof Thole, Dalvers b. Berge, Ldkr. Osnabrück

Das Gebäude stand ursprünglich in Dalvers, Altlandkreis Bersenbrück. Zusammen mit einer gleichgroßen Scheune und einem kleinen Anbauernhaus umfaßte es das Anwesen eines Schmiedes mit landwirtschaftlichem Nebenerwerb.

Der 4,70 m breite und 13,65 m lange Wandständerbau wurde 1815 errichtet. Seitliche Sturmstreben geben dem Längsverband größere Stabilität. Raumbestimmend ist die Esse, zu der ein großer Blasebalg gehört. Nur der Zuggriff an der Decke ist davon sichtbar, der Blasebalg selbst ist auf dem Dachboden eingebaut. Der Fußboden ist mit Stirnholz gepflastert, aufrecht stehenden Rundhölzern. Diese haben die Festigkeit von Steinen, sind aber wärmer und vor allem rutschfester, ein Vorteil, der beim Hufbeschlag wichtig war.

Die *Inneneinrichtung* stammt aus der *„Huf- und Wagenschmiede Schrader", Platjenwerbe bei Bremen.* Sie zeigt einen Werkzeugbestand, der für die Jahre des Beginns des 20. Jahrhunderts typisch ist. Neben der Vielzahl verschiedener Hämmer, Zangen und Scheren, die seit dem Mittelalter ihre Form wenig verändert hatten, sind die frühen Maschinen vertreten. So z. B. kleine und große Bohrmaschinen, die durch Fliehkraft das Handkurbeln unterstützten. Das Nebeneinander von altem Handwerkszeug und „neuen" Handmaschinen ist typisch für die Zeit 1900 bis 1950.

Esse der Schmiede Thole aus Dalvers

16

Blick in die Kupferschmiede

Abgeteilt von der Grobschmiede ist die Werkstatt eines Kupferschmiedes eingerichtet. Auch hier ist der zaghafte Beginn eines Einsatzes von Maschinen sichtbar. Die alten Handwerksgeräte bestimmen aber die gesamte Einrichtung. Sie konnte komplett von der *„Klempnerei, Kupfer- und Messingschmiede J. Janssen – Ufen", Dornum (Ostfriesland),* übernommen werden. Die ältesten Geräte stammen aus der Zeit um 1850. Die Vielzahl der Hämmer und Treibeisen, der Feilen und Stichel verstellt etwas den Blick für das, was hier wie bei allen Handwerken ausschlaggebend war: Geschick und Erfahrung derjenigen, die mit diesem Werkzeug arbeiteten.

WER FLEISSIG IST IN SEINER ARBEIT
DEM HILFT GOTT MIT SEINER HAND
AM 3. JUNI ANNO 1815

Hufbeschlag

17 Töpferei

Fam. Ahaus, Hellern, Kreis Osnabrück

Im Jahre 1966 erwarb das Museumsdorf die letzte Töpferei des Osnabrücker Landes. Sie gehörte den Gebrüdern Ahaus und stand in *Hellern bei Osnabrück.* Die Werkstatt war 1864 von Dietrich Ahaus (1800–1900) gegründet worden. Aus ihr stammen die Drehscheiben, die steinerne Glasurmühle, Werkzeuge für die Tonzubereitung, Malhörner und Gipsformen für plastische Verzierungen. Der hohe farbige Kachelofen entstand um 1880 in dieser Werkstatt.
Der Ofen der Werkstatt Ahaus (3,40 m breit und 5 m lang), der neben dem Wohnhaus stand, ist z. Zt. noch eingelagert. Bis kurz nach dem Zweiten Weltkrieg wurde er im herkömmlichen Verfahren mit Holz beheizt.

Bei den Produkten dieser Töpferei handelt es sich um glasierte Irdenware. Sie wurde größtenteils auf der Scheibe geformt und nach der Lufttrocknung bei 800–900 Grad gebrannt.

Die Grundfarbe – rot, braun oder grau – war abhängig von dem verarbeiteten Ton. Durch eine durchscheinende Bleiglasur gewann die Grundfarbe Leuchtkraft, und das Gefäß wurde wasserundurchlässiger. Deckend waren Zinnglasuren. Die fertige Bemalung geschah mit Hilfe des Malhorns. Der mit Farbstoffen (meistens Metalloxyden) getönte feingeschlemmte Ton floß aus einem durch eine Federpose gebildeten Ausguß.

Bis in das 20. Jahrhundert hinein stellte die Irdenware den größten Anteil am Gebrauchsgut der ländlichen Haushalte. Ihre große Zerbrechlichkeit sicherte den Töpfereien einen beständigen Absatz und ermöglichte die Entstehung einer Vielzahl von Töpferarten. Diese lagen in der Nähe ergiebiger Tonlager.
Mit den Produkten ihrer Arbeit in der Rückentrage oder auf dem Wagen suchten die Töpfer ihre Absatzgebiete auf. Das Oldenburger Münsterland und das Emsland waren dabei das Ziel vieler Lieferanten.

Einer der wichtigsten nordwestdeutschen Töpferorte war *Wildeshausen.* Hier bestand eine 1670 gegründete Zunft, zu der um 1700 vierzehn und zu Beginn des 19. Jahrhunderts noch 8 Meister gehörten. In Ostfriesland besaß *Wittmund* als Töpferort eine größere Bedeutung. Als Konkurrenz der Bremer Töpfereien spielte *Dwoberg* bei Delmenhorst eine wichtige Rolle. Hier wurde bis 1895 Irdenware gebrannt.

Viel Irdenware stammt aus dem „Pottbäckerland", dem *nördlichen Westfalen,* vor allem aus dem Raum um Ochtrup. Aber auch aus weiter entfernten Gegenden wurde Irdenware in das Oldenburgische gebracht, aus dem Marburgischen und den Töpferorten des Oberwesergebietes.

17

Die großen Vorratsgefäße, aber auch die Einmachtöpfe und Ölkrüge, waren in der Regel nicht aus Irdenware, sondern aus dem wesentlich härteren Steinzeug. *Steinzeug* wurde seit dem 14. Jahrhundert in *Siegburg* und *Köln* hergestellt. Durch die hohe Brenntemperatur (1400° C) sinterte der Ton, und die Gefäße wurden so auch ohne Glasur wasserdicht. Häufig aber wurde zusätzlich glasiert. Während des Brennvorganges wurde Salz in den Ofen geworfen, das bei den hohen Temperaturen verdampfte und sich an den Gefäßen als Glasur niederschlug.

Das graue Steinzeug mit blauer Bemalung, das sich in vielen Bauernhäusern findet, stammt vornehmlich aus dem Westerwald. Aber auch im Emsland gab es eine Steinzeugtöpferei, die Firma *Anton Heyl – Fabrik von Chamottesteinen, Coblenzer Steingut-Waren* in Haselünne. Den Ton bezog man hier aus dem Gebiet von Koblenz. Sie stellte um 1880 ihre Produktion ein.

Neben dem grauen Westerwälder Steinzeug wurde auch braunes aus den rheinischen Töpferorten Raeren, Frechen und Langerwehe importiert und braune Steinzeug-Krüge aus dem niedersächsischen Duingen.

Neben Irdenware und Steinzeug gehörten Fayence, Porzellan und Steingut zu dem keramischen Hausrat. Ihre Produktion lag aber nicht in den Händen ländlicher Handwerker, sondern von Manufakturen und Fabriken. Porzellan und Steingut wurde in den Nordwesten generell eingeführt, und auch die Ansätze eigener Fayenceherstellung in Wittmund, Telgte und Osnabrück blieben ohne Auswirkung. Einzig *Bremen-Lesum* hatte mit seinen Fayencen und Fliesen größeren Erfolg.

Blick auf die zwei Drehscheiben der Töpferei Ahaus; Aufn. vor 1930

18 bis 21 Hofanlage „Hoffmann“

Zu der Hofanlage „Hoffmannshof“ gehören das Erbwohnhaus, verbunden mit einem Dreschhaus, ein Speicher und eine Zaunscheune.

18 Zaunscheune

Hof Windberg, Schwaneburg, Ldkr. Cloppenburg

Die Zaunscheune gehörte ehemals zum Hof Windberg in Schwaneburg bei Friesoythe. Ihre Außenwände wurden innerhalb der einzelnen Gefache nicht mit Lehm ausgefüllt, sondern lediglich gezäunt, d. h., die in den einzelnen Gefachen senkrecht stehenden Staken wurden nur mit Weiden oder Ginster durchflochten. Derartige Scheunen führen auch wohl den Namen Heuscheunen. Der Wind pfiff durch das Geflecht hindurch und trocknete das im Innern lagernde Heu. Besonders altertümlich wirken an der Zaunscheune die oben sich gabelnden Ständer, die in den Längswänden zu sehen sind.

Auf einem der Balken, die die Durchfahrt abgrenzen, steht eine kulturgeschichtlich interessante Inschrift zu lesen:

O GOT ERFVL DESEN HAUS MIT VI/DIESER SCHEVREN MIT FVTER/1759 GELT EINTAVSENT PVNT HEU SIEBEN REIGESTALER.

Im übrigen scheint diese Scheune 1760 gerichtet zu sein. Die weitere Inschrift, die auch die Namen der Erbauer nennt, lautet nämlich:

GW - TG 1760 DEN 29 MAIVS DETERT WINDBERG - HELENA WRESMAN.

Die Ständer der Zaunscheune ruhen nicht auf Grundhölzern, sondern unmittelbar auf Findlingen; auf den Findlingsmauern aber liegen Riegel, die zwischen die Ständer gekeilt und durch Holznägel mit diesen verpflockt sind.

19

19 Erbwohnhaus

Hof Hoffmann, Goldenstedt, Ldkr. Vechta

Das in zwei Bauabschnitten errichtete Erbwohnhaus stellt mit seinen Nebengebäuden den Typ des mittelgroßen Hofes dar. Zum Hoffmannshof in Goldenstedt gehörten vor der Markenteilung 18 ha Land, das durch die Markenzuschläge im 19. Jahrhundert auf 36 ha vergrößert wurde. Der Viehbestand war entsprechend gering: 1545 waren es zwei Pferde, 3 Milchkühe, 2 Rinder und 4 Schweine. Im 17. Jahrhundert schrumpfte der Bestand noch zusammen und erreichte erst im 18. und 19. Jahrhundert den alten Bestand. In dem Goldenstedter Gebiet spielte aber die Viehzucht allgemein bis in das vorige Jahrhundert hinein nur eine untergeordnete Rolle. Noch 1834 schrieb z. B. der Amtmann aus Vechta: „Der Betrieb der Landwirtschaft im hiesigen Amte beschränkt sich fast lediglich auf Ackerbau . . . Die Viehzucht ist von keinem Belang. Den Beschlag auf das Hornvieh beschränkt der Bauer auf das Nöthigste, was er für seine Haushaltung und zur Bedüngung seiner Ländereien bedürfe . . .“. So waren denn auch die acht Rinderställe bis in unser Jahrhundert hinein ausreichend, doch würde heutzutage keine Kuh mehr in diese kurzen Stände passen.

Die Giebelgestaltung mit Krüppelwalm und senkrecht darüber stehendem Dreieck aus Brettern ist typisch für den nordöstlichen Teil des Oldenburger Münsterlandes. Die Inschrift über dem Einfahrtstor nennt die Erbauer des Hofes:

Berend Hinr. Hoffmann, Johann Diedrich Hoffmann,
geb. (orener) Vallan & Cath. Marg. Elisabeth Hoffmann.
d. 3. Juni 1835.
Meister H. H. Brand.

Hier wird u. a. der Brauch deutlich, den Hofesnamen über den Familiennamen zu stellen, so daß der einheiratende Mann seinen Namen gegen den des Hofes eintauschte.

Im Jahre 1835 wurde aber nicht das gesamte Haus gerichtet. Die endgültige Fertigstellung erfolgte fünf Jahre später. Erst 1840 wurden zusammen mit dem Wohngiebel, gebaut von einem anderen Zimmermann, das Kammerfach mit seiner Stube und den Kammern gerichtet. Die Inschrift dieses Giebels lautet:

In allen meinen Thaten laß ich den Höchsten rathen, der Alles kann und hat. Er muß in allen Dingen, solls andern wohl gelingen, selbst geben Segen, Rath und That.
Johann Diedrich Hoffmann, geb. Vallan und Catharina Marg. Elisabeth Hoffmann
Meister Hermann Friedrich Janzen. 18. Juli 1840

Das Haus, ein Zweiständerbau mit unmittelbar auf den Balkenenden stehenden Sparren, stand längere Zeit leer und besaß bei seiner Demontage im Jahre 1936 noch keinen Kamin, war also stets ein Rauchhaus. Als solches bildete es

Wirtschaftsgiebel des Hoffmannshofes in Goldenstedt; Aufn. 1936

jedoch selbst um 1900 noch keine Ausnahme, denn in einer Statistik aus dem Jahre 1897 heißt es von den Häusern in der Landgemeinde Goldenstedt, sie seien „vielfach schon mit abgetrenntem Küchenraum, Sparherd und Schornstein versehen, doch bei den Häusern der kleinen Leute herrscht offener Herd und freier Rauchzug noch vor". Der vom Herdfeuer aufsteigende Rauch wurde durch den Herdrahmen oder -schlitten, der in zwei Pferdeköpfen endigt, verteilt, räucherte die unter dem durch Nut und Feder abgedichteten Balkenbelag hängenden Würste, Speckseiten und Schinken und zog durch den weniger dichten Belag über der Diele durch Erntestapel und Strohdach oder durch das große Dielentor nach außen.

Rauchfrei blieb die Stube, deren zweistöckiger Beilegeofen seinen Qualm auf die Diele blies. Die zwischen Stube und Kammer eingebauten beiden Durke für die bäuerliche Familie konnten vom Ofen gleich mitgeheizt werden. Weniger warm wird es in dem Mägdedurk gewesen sein, der im rechten Unterschlag liegenden Schlafstelle, und auch in der Knechtekammer, die, da oberhalb der Pferdeställe zu wenig Platz für einen Schlafraum blieb, neben dem linken Pferdestall eingerichtet wurde. Bei der geringen Wärmedämmung der dünnen Wände war es dort innen kaum wärmer als draußen im Freien. Die kleine Außentür neben der Kammer führte früher zu dem Ziehbrunnen, aus dem das Wasser für das Vieh geholt wurde. Der Brunnen für das Trinkwasser befand sich mitten unter der Schwelle des „Waskeortes". Hier befand sich auch die Pumpe, wie sie im 19. Jahrhundert allgemein üblich wurde.

Herdstelle mit Funkenfang im Hoffmannshof

20 Göpelhaus

Hof Wulfert, Gr. Mimmelage, Ldkr. Osnabrück

An den Hoffmannshof ist ein sog. Dreschhaus (Göpelhaus) angelehnt. Ursprünglich war dies monumental wirkende hölzerne Antriebssystem in einer Getreide- und Dreschscheune von der Größenordnung der Wehlburgscheunen auf dem Hofe Wulfert in Gr. Mimmelage (Artland) eingebaut. Innerhalb der Scheune war es sodann vor Witterungseinflüssen geschützt.

Da für diese hölzerne „Maschine" vor allem die Pferdekraft als Antrieb diente, führte ein solches Räderwerk die Bezeichnung „Roßmühle". Es diente von jeher dazu, eine Dreschmaschine zu treiben, ferner wurde damit auch von Anfang an eine Schrotmühle betrieben. Das gewaltige Getriebe mit all seinen hölzernen Kamm- und Zahnrädern (Raddurchmesser 6 Meter) erweckt den Eindruck, daß es uralt sei; tatsächlich sind hölzerne Göpel schon während des Mittelalters vielfach genutzte, Arbeitskraft sparende „Maschinen". Aber es dauerte lange, ehe sie im hiesigen ländlichen Raum zur Mechanisierung der Landwirtschaft eingesetzt werden konnten. Die im Hoffmannshof erstellte Roßmühle vom Hof Wulfert ist ein Werk des Mühlenbaumeisters Abeln aus Duderstadt bei Löningen, erbaut im Jahre 1868; sie ist das einzige Werk dieser Art, das sich hierzulande bis auf den heutigen Tag erhalten hat.

„Roßmühle“, Pferdegöpel des Hofes Wulfert, 1868

Die Übersetzung mußte von Mühlenbauer Abeln exakt errechnet werden. In seiner überlieferten Bescheibung dieser Roßmühle heißt es u. a.: „So geht die Maschine 284 mal rund, wenn das Pferd einmal rundgeht.“ Das Getriebe war so eingerichtet, daß die Pferde rechts und links herum gehen konnten, je nachdem, wie die Dreschmaschine gestellt wurde. Abeln nannte das ganze eine Roßmühle zum Dreschen und zum Mahlen.

Abgesehen von der Windfege wurde bekanntlich als erste Maschine, die die schwere und zeitraubende Arbeit des Dreschens auf dem Hof erleichterte, die Dreschmaschine mit Göpelantrieb um 1850 im südlichen Weser-Ems-Gebiet eingeführt. Pferdegöpel mit Dreschmaschine und Schrot-Mahlgang kosteten damals zur Mitte des 19. Jahrhunderts gut 400 Rt. Hölzerne Roßmühlen als Antriebssysteme für Dreschmaschinen wurden von 1850 bis ca. 1890 in großer Zahl von den Mühlenbauerfamilien Abeln in Duderstadt, Abeln in Wieste bei Werlte sowie Dierkes in Hüven (Hümmling) gebaut. Ihr Absatzgebiet reichte vom Emsland über das südliche Oldenburg bis ins Osnabrücker Nordland.

Es erscheint verwunderlich, daß im hiesigen ländlichen Bereich bis um 1890 immer noch der hölzerne Göpel als Antriebssystem diente, der im letzten Drittel des 19. Jahrhunderts auch mit der neuen Erfindung des eisernen Göpels konkurrieren mußte. An dieser Entwicklung der späten Mechanisierung der Landwirtschaft war aber auch die konservative Gesetzgebung nicht ganz unschuldig; denn erst nach Einführung der Gewerbefreiheit (nach 1850) war es den Bauern überhaupt möglich, sich für eine solche Maschine eine Konzession einzuhandeln. Um 1800 gab es im Amt Cloppenburg z. B. nur 25 Roßmühlen, die in der Zeit ausschließlich als Antriebssystem für einen Mahlgang dienten, im Amt Meppen sogar nur 9. Gegen Ende des 19. Jahrhunderts wurde die hölzerne Roßmühle immer mehr durch den eisernen Göpel ersetzt.
Zum Thema Dreschen s. S. 148

21

21 Speicher

Hof Zurhake, Emstek, Ldkr. Cloppenburg

Der einstöckige Speicher stimmt in seinem Gefüge weitgehend mit dem Backhaus des Quatmannshofes überein. Beide zeigen nämlich noch die Ankerbalkenkonstruktion. Die Ständer des Speichers wurden mit je einem Schlitz (Zapfenloch), die Balken an beiden Enden mit je einem Zapfen versehen und mittels dieser Zapfen durch die Ständer gesteckt; außen wurden sie mit zwei starken Holznägeln verpflockt. Der Emsteker Speicher hat nur einen Schüttboden; er stammt aus dem Jahre 1687 und trägt folgende Inschrift:

WER GOT VERTRAUWET HAT WOL GEBAUWET
IN HIMMEL V. AUF ERDEN

Es folgen die Namen der Erbauer und die Jahreszahl:

GERDT ZUR HACKE MARIA VAN SCHNELTEN 1687 11. JUNI

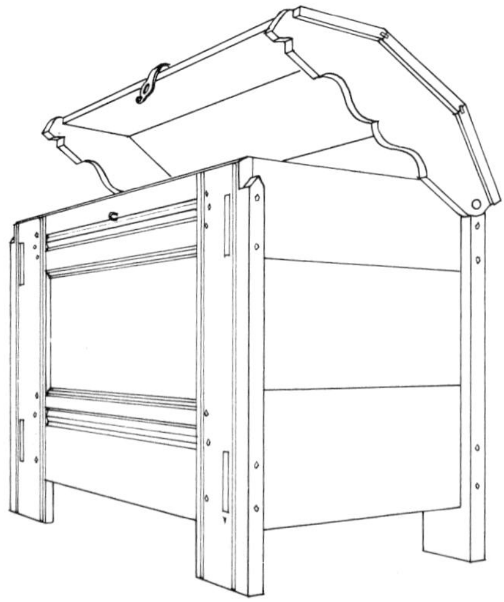

Artländer Kornkiste
17./18. Jahrhundert

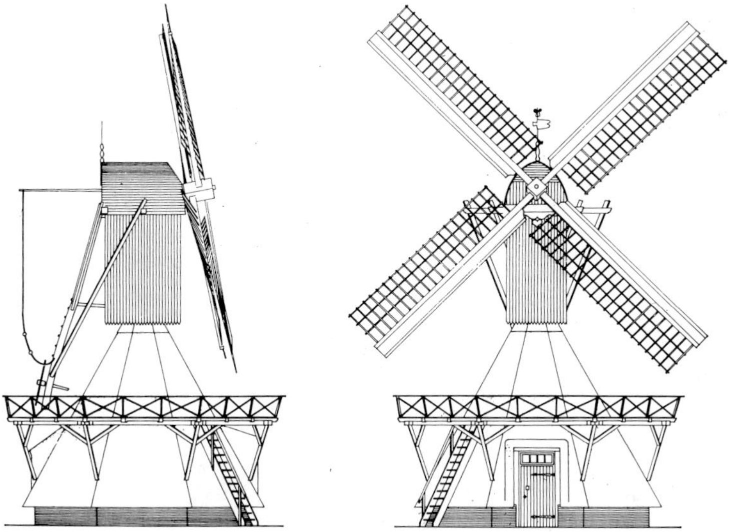

22 Kokerwindmühle

Edewecht, Ldkr. Ammerland

Eine kulturhistorische Kostbarkeit unter den technischen Denkmalen der Windmühlen ist diese getreidemahlende Kokerwindmühle. Sie wurde 1879 erstmalig unter der Bauleitung des Zimmermanns Johann Hilje in Edewecht *„Im Vieh“* gerichtet, offensichtlich unter Beteiligung holländischer Experten für Kokerwindmühlen. Im Lande Niedersachsen existiert heute nur noch ein vergleichbares Gegenbeispiel: die wasserschöpfende Kokerwindmühle (dort noch hölzerne Achse) mit archimedischer Schraube zu Riepe in Ostfriesland.

Obwohl dieser Mühlentyp bereits im 16. Jahrhundert von holländischen Mühlenbauern als Wasserschöpfmühle konzipiert und in erstaunlich großer Zahl gebaut wurde, fällt der Bau dieser Kokerwindmühle von Edewecht in die Endphase der Windmüllerei überhaupt. Denn die nach Einführung der Gewerbefreiheit (1850) enorm gestiegene Eigenkonkurrenz der Windmühlen sowie neue Techniken der Arbeitssysteme leitete nach 1900 das *„Sterben“* der Windmühlen ein.

Die Kokerwindmühle von Edewecht wurde im hiesigen Raum zu dieser Zeit aber noch durchaus als attraktiv angesehen, denn im Jahre 1904 wurde sie von Edewecht nach Altenoythe, Ldkr. Cloppenburg, verkauft und dort vom Bauern M. Schrand *„Im Felde“* wieder aufgebaut.

Im Jahre 1956 – inzwischen zu einer Ruine geworden – konnte sie vom Freilichtmuseum erworben und zum dritten Male neu erstellt werden.

22

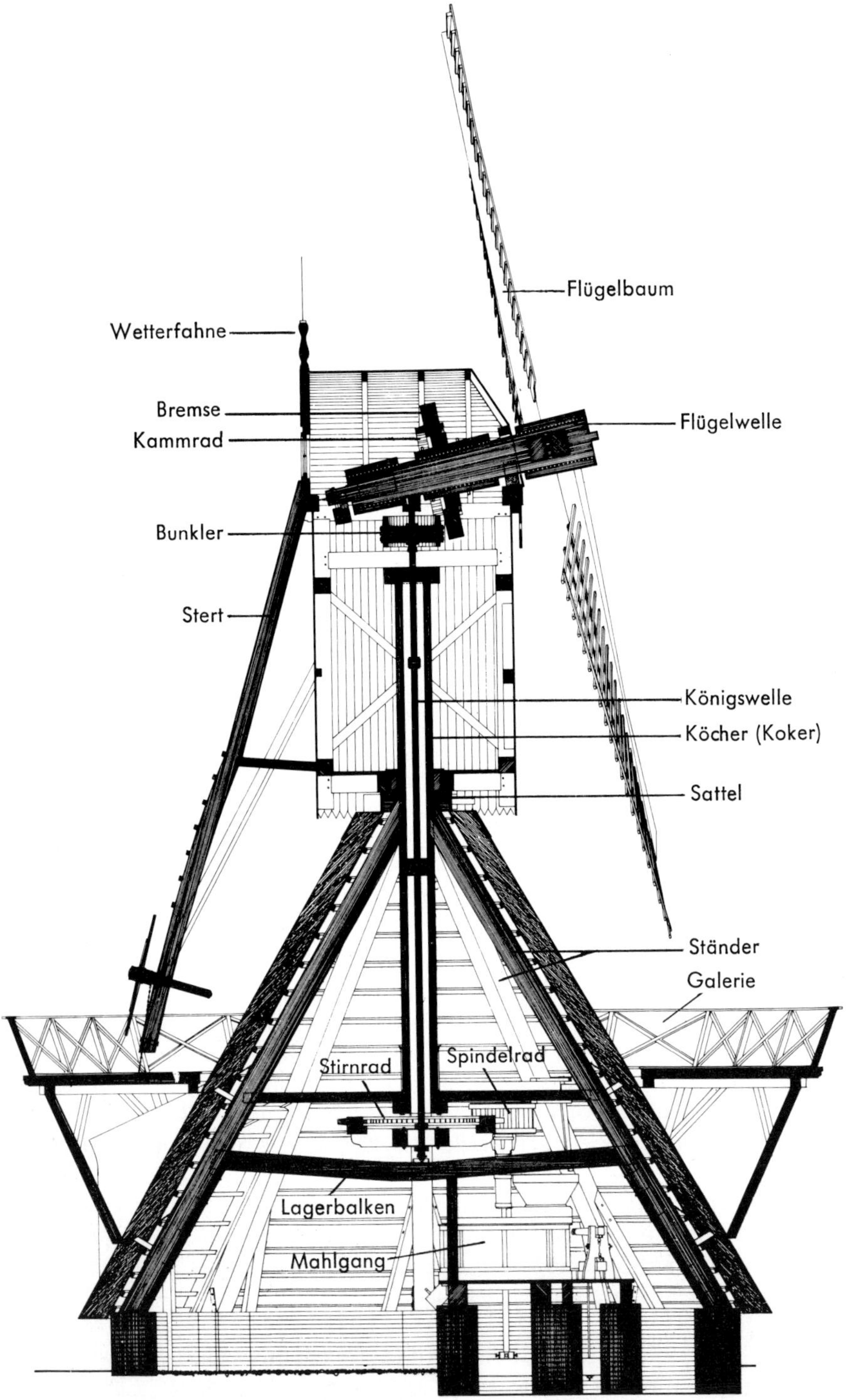
Flügelbaum
Wetterfahne
Bremse
Kammrad
Flügelwelle
Bunkler
Stert
Königswelle
Köcher (Koker)
Sattel
Ständer
Galerie
Stirnrad
Spindelrad
Lagerbalken
Mahlgang

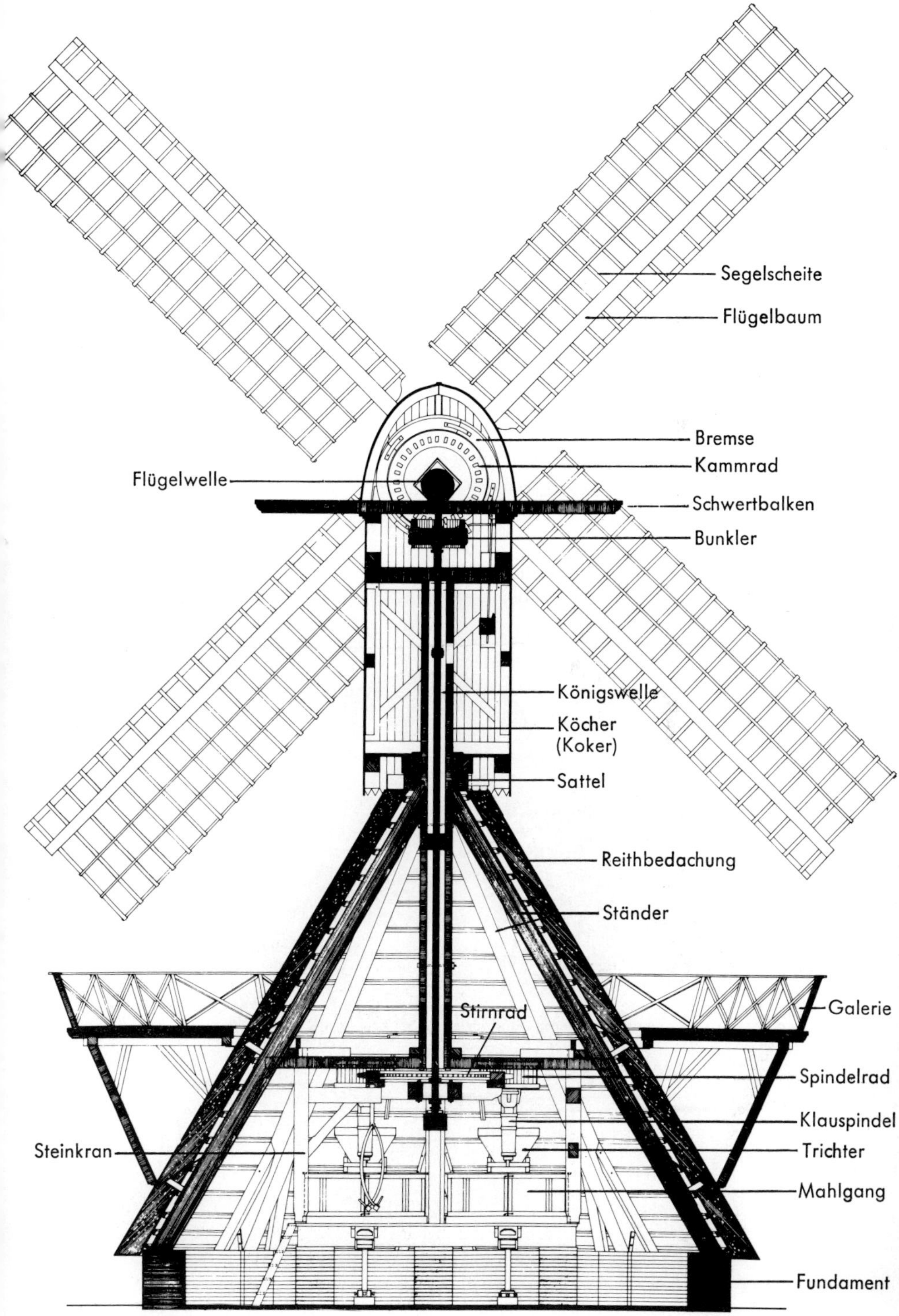
Segelscheite
Flügelbaum
Bremse
Kammrad
Flügelwelle
Schwertbalken
Bunkler
Königswelle
Köcher
(Koker)
Sattel
Reithbedachung
Ständer
Galerie
Stirnrad
Spindelrad
Klauspindel
Steinkran
Trichter
Mahlgang
Fundament

Technisch gesehen stellt diese Mühle ein Mittelding dar zwischen der üblichen Turm- oder Achtkantwindmühle *(Holländerwindmühle)*, bei der nur die Kappe gedreht zu werden braucht, wenn die Mühlenflügel in den Wind gestellt werden sollen, und der alten *„deutschen"* Bockwindmühle, die auf einem *„Bock"* ruht und in ihrem ganzen Umfang, d. h. mit dem *„Kasten"*, der das Getriebe wie auch den Mahlboden umfaßt, in den Wind gedreht wird. Denn bei der Edewechter Mühle enthält der drehbare *„Kasten"* nur die Flügelwelle und das aus dem Kammrad und Bunkler bestehende Getriebe, während in einem starken Hohlzylinder, dem Koker oder Köcher (daher der Name), die Drehbewegung mittels der senkrechten Königswelle (im Köcher) auf das Vorgelege der Mühle im pyramidenförmigen Unterbau übertragen wird. Der eigentliche Mahlvorgang findet also im Gegensatz zur Bockwindmühle im Unterbau statt. Der scharfe Einschnitt *(Taille)* zwischen *„Kasten"* und *„Pyramide"* veranlaßte den Volksmund, dieser Mühle den Namen *„Holländische Jungfer"* zu geben. Kennzeichnend für das späte 19. Jahrhundert ist es auch, daß die Getriebeübertragung im Koker nicht mehr wie einst mittels einer mächtigen hölzernen, sondern über eine schlanke eiserne Achse erfolgt. Obwohl die Edewechter Kokerwindmühle fast zierliche Ausmaße aufweist, hat sie dennoch in der Pyramide zwei Mahlgänge, so daß geschrotetes (grobes) wie auch feingemahlenes Mehl hergestellt werden kann.

Zur Geschichte der Windmühlen s. S. 130

Zimmermeister und Müller Johann Hilje aus Edewecht mit Frau und Enkelkind

23 Heuerhaus

Hof Suing, Astrup, Ldkr. Vechta

Das Heuerhaus des 42 ha großen Hofes Suing, Astrup, Kirchspiel Visbek, ist mit nur vier tragenden Ständern auf jeder Seite das kleinste Haus des Museumsdorfes. Es ist nicht datiert, wurde aber schon vor 1750 errichtet. Wie aus alten Verzeichnissen hervorgeht, wurde es im Jahre 1749 von zwei Mietparteien bewohnt: dem Ehepaar Vogelsang und der Witwe Schierholt.

Das Haus schließt mit der Herdwand ab, es hat kein Kammerfach. Auch das Flett ist nicht zwei-, sondern nur einarmig. Auf der gegenüberliegenden Seite läuft die Ständerreihe durch bis zur Herdwand. Wo sonst der Unterschlag ist, sind hier zwei höchst bescheidene Kammern eingerichtet. Der Kuhstall befindet sich ebenfalls nur auf einer Seite und bietet lediglich Platz für zwei Tiere.

Heuerhaus in Astrup; Aufn. 1936

Dem Stall gegenüber liegt eine offene Nische in Fachbreite und daran anschließend eine kleine Kammer. Der Zweck dieser Kammer ist nicht überliefert. Es kann sich sowohl um einen Vorratsraum wie auch um eine Werkstatt gehandelt haben.

Die Hille, der Raum oberhalb des zwischen Außenwand und Innenständer liegenden Bodens, ist auf dieser Seite geschlossen und bildet so einen weiteren Vorratsraum.

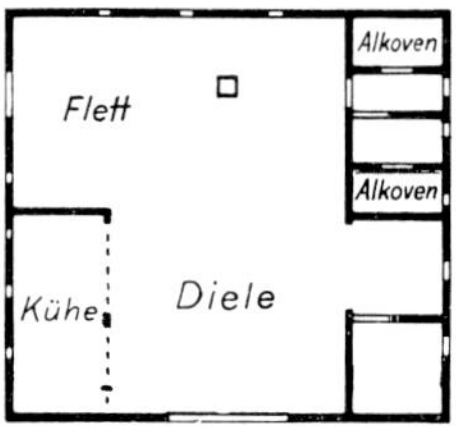

Grundriß
Heuerlingshaus

Einen Schornstein hat das Haus nicht. Doch nicht allein das Uhlenloch im Walmgiebel war Rauchabzug, sondern oben in der Herdwand konnte bei zu „dicker" Luft zusätzlich eine Klappe geöffnet werden.

Die Vielzahl krumm gewachsener oder an einem Ende sich gabelnder Hölzer zeigt, wie mit möglichst geringem Aufwand ausreichende Stabilität erreicht werden sollte. Bemerkenswert dabei ist aber, daß wie beim Quatmannshof eine Sparrenschwelle vorhanden ist, Beleg für eine trotz der äußeren Unscheinbarkeit große Leistung des Zimmermannes.

Zum Heuerlingswesen s. S. 135

Im Dielenraum des Heuerhauses ist eine Holzschuhmacherwerkstatt eingerichtet.

Zur Holzschuhmacherei s. S. 173

24 Holzstall

Der Holzstall ist mit Krummspannen gebaut. Sparren und halbhohe Ständer bestehen aus einem einzigen krummgewachsenen Stück Holz. Derart gewachsene Hölzer (Krümmlinge) hat man mit Vorliebe bei Nebengebäuden verwendet. Sie waren vor allem billiger als künstlich geschaffene Konstruktionen, oftmals auch haltbarer. Der Holzstall stammt aus *Osteressen, Ldkr. Cloppenburg* (vergl. Schafstall Nr. 42).

25 Schafstall

Hof Busse, Halter, Ldkr. Vechta

Der Schafstall gehörte zu dem Hof Busse, einem 55 ha großen Anwesen. Der Viehbestand dieses Hofes zeigt deutlich das Auf und Ab in den Veränderungen der bäuerlichen Wirtschaft. Im Jahre 1545 waren neben 3 Pferden, 2 Ochsen, 4 Kühen, 7 Rindern und 9 Schweinen 30 Schafe vorhanden. Nach dem 30-jährigen Krieg, 1669, war der Viehbestand auf 1 Pferd, 2 Kühe, 2 Rinder und 1 Schwein zurückgegangen. Im 18. Jahrhundert setzte dann eine neuerliche Verstärkung der Schafhaltung ein, die im 19. Jahrhundert ihren Höhepunkt erreichte. Auch der Stall stammt aus dieser Zeit. Eine Jahreszahl – 1844 – fand sich mehrfach an den Innenwänden der Lehmgefache beiderseits der Tore; die Zahl konnte nur eingeritzt werden, als der Lehm noch feucht war, so daß der Stall wohl 1844 errichtet worden ist.

Im Gegensatz zu dem Schafstall des Quatmannshofes wurde dieser Schafstall von Halter bei Schneiderkrug mit einem zweireihigen, 1 m starken Findlingssockel versehen, d. h. die beiden Findlingsreihen, die inneren und die äußeren, wurden zu einer einzigen starken Mauer zusammengebaut (Bindemittel Lehm). Deshalb zeigt die Mauer auch innen und außen eine glatte Wand. Die kyklopischen Mauern stellen nicht etwa nur Grundmauern dar, sondern auch halbhohe raumabschließende Wände.

Im Museumsdorf dient der Schafstall als provisorisches Spritzenhaus.
(Zur ländlichen Brandbekämpfung s. S. 174)

Schäfer mit umgehängter „Haike" Hümmling; Aufn. vor 1930

26 Heiligenhäuschen

Hof Meyer zu Starten, Ldkr. Osnabrück

Im Jahre 1735 wurde auf dem Meierhof zu Starten bei Ankum an der Landstraße von Ankum nach Ueffeln ein Heiligenhäuschen, „ein kleines Heiligtum zu Ehren unseres Herrn Jesus Christus", errichtet. Der Hofbesitzer Ernst Meyer zu Starten vermachte es dem Museumsdorf, in dem es 1962 wieder erstellt wurde.

Der herrschaftliche Redemeister Gerhard *Nikolaus zu Starten,* vermählt mit Anna *Margaretha* Brembeck zu Lobeck (1718), verstarb im Jahre 1734. Ein Jahr darauf wurde, wie die Inschrift sagt, dieses Heiligenhäuschen erbaut; demnach hat die Witwe Margaretha Meyer zu Starten – wohl zum Gedenken und zum Seelenheil ihres verstorbenen Mannes – dieses Kapellchen erstellen lassen.

Wie einst hängen wieder an den Seitenwänden in diesem Heiligenhäuschen die auf Holz gemalten Ölbilder der Heiligen *St. Nikolaus* und *St. Margaretha,* die Schutzheiligen des Nikolaus Meyer zu Starten und der Margaretha Meyer zu Starten.

Auf dem kurzen Türsturzbalken steht geschrieben:

CHRISTUS HAT SICH SELBS ERNIEDERT UND IST GEHORSAMB WORDEN BIS ZUM TODT JA BIS ZUM TODT DES CRUTZES

Die Giebelinschrift lautet:

SACELLUM IN HONOREM DOMINI NOSTRI JESU CHRISTI AEDIFICATUM 1735
(Kapellchen zu Ehren unseres Herrn Jesus Christus, erbaut 1735)

27 bis 34 Hofanlage „Quatmann“

Die Hofanlage besteht aus folgenden Gebäuden: Erbwohnhaus, zwei Scheunen, Wagenschauer, Backhaus, Schafstall, Speicher und Bleichhütte.

Der Quatmannshof war die erste Hofanlage des Museumsdorfes. Mit dem großartigen Erbwohnhaus aus Elsten sollte das schönste und reichste Bauernhaus des Oldenburger Landes nachfolgenden Generationen erhalten werden. Jedoch zehn Jahre nach dem Wiederaufbau, am 13. April 1945, also noch in den letzten Kriegstagen, ging es mit sechs Nebengebäuden im Artilleriefeuer der Front in Flammen auf.

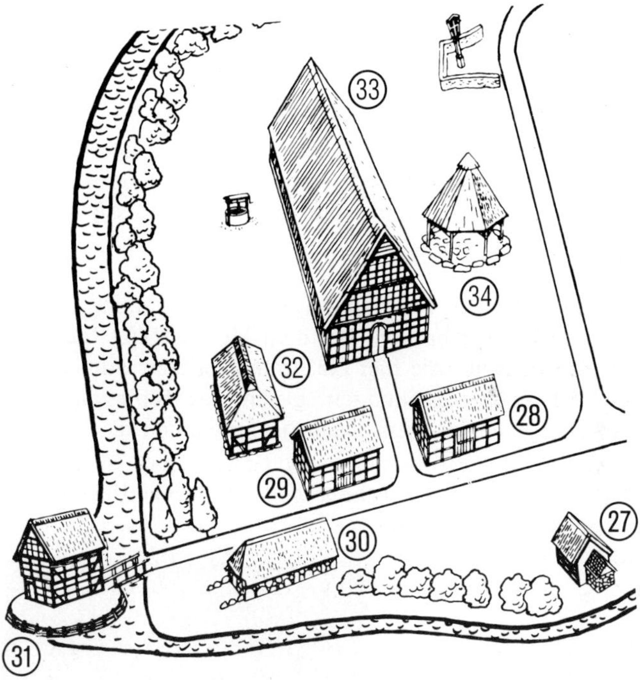

Dank der Tatkraft des Museumsgründers und der Spendenfreudigkeit eines ganzen Landes war es möglich, diesen Hof originalgetreu bis ins kleinste Detail wieder aufzubauen. Neben dem Erbwohnhaus wurden die Scheunen, das Wagenschauer und der Schafstall nach den vorhandenen Unterlagen neu geschaffen und 1962 der Öffentlichkeit erneut übergeben.

Der engere Hofbezirk wird durch die beiden Scheunen und das Wagenschauer gebildet. Sie umstehen den Vordergiebel in rechtwinkliger Anordnung und ähneln darin den Artländer Bauernhöfen (vergl. Gehöft Wehlburg Nr. 4 – 10). Wenn diese auch durch ein weiteres Gebäude einen geschlossenen Hofbezirk schufen, so weist doch die Konzeption der Anlage des Quatmannshofes auf eine starke Beeinflussung durch die Bautradition des Artlandes hin.

27

27 Backhaus

Hof Kühling, Astrup, Ldkr. Vechta

Von dem 77 ha großen Hof Kühling in Astrup bei Visbek stammt das Backhaus der Gehöftanlage Quatmannshof. Der Türbalken zeigt die Jahreszahl 1663. Diesem hohen Alter entspricht das Baugefüge, die geschichtlich älteste Art der Ankerbalkenkonstruktion: Die Balken wurden von oben her in die Ständer eingehälst, d. h. die Ständer wurden aufgeschlitzt und die Balken sozusagen mit einem Hals in die Schlitze eingesenkt.

In einem solchen Backhaus wurde das Brot für die Familie des Bauern, aber auch für die Heuerleute gebacken. Bei dem Hof Kühling waren es im Jahre 1749 vierzehn Personen, für die hier die Brote gebacken wurden. Ob das Backhaus, wie vielfach im 18. Jahrhundert, gleichzeitig Wohnung für Heuerleute war, ist nicht sicher nachzuweisen. Doch häufig wurden die Heuerleute in den Quellen des 17. und 18. Jahrhunderts noch „Backslüe", d. h. Bewohner des Backhauses, und noch nicht Heuerlinge genannt. (Heuerlingswesen s. S. 135, Brotbacken s. S. 161)

Das im Verfall befindliche Backhaus
in Astrup um 1950

28 Fruchtscheune

Hof Quatmann, Elsten, Ldkr. Cloppenburg

Die ältere der beiden Scheunen (1777) stellt eine regelrechte Fruchtscheune (Getreide und Heu) dar und ist durch zwei große Einfahrtstore zugänglich. Die Durchfahrt ist von dem übrigen Innenraum dieser Scheune durch Fachwerkwände abgegrenzt. Die Giebel dieser Scheune sind mehrfach vorgekragt. An der Ostseite trägt der Giebelbalken folgende Inschrift:

JOHAN HERME QVATMAN ANA CATRINA GÖTING GENANT QVATM DE 9 MAIVS ANNO 1777 GLORIA IN EXCELCIS DEO GOTT SEI DANCK.

Zur Ausstellung „Bäuerliches Brotbacken“ s. S. 161

29 Viehscheune

Hof Quatmann, Elsten, Ldkr. Cloppenburg

Die beiden queraufgeschlossenen Scheunen des Quatmannshofes stehen heute wieder so vor dem Quatmannshof, wie sie ursprünglich vor dem Bauernhaus gestanden haben. Sie sind älter als das Bauernhaus.

Die jüngere, 1790 erbaute Scheune ist als Viehscheune anzusprechen. Daher zeigt diese Scheune außer den beiden Einfahrtstoren auch noch viele kleine Türen. In dieser Scheune war Platz für Schweine, und zwar an der Giebelseite, die vier kleinere Türen nebeneinander zeigt, sowie auch für Jungvieh, und zwar an der gegenüberliegenden Giebelseite. Während indes die Schweineställe nur ein Fach tief waren, erstreckten sich die Jungviehställe über zwei Fache.

30 Schafstall

Hof Drees, Varrelbusch, Ldkr. Cloppenburg

Das tief herunterreichende Dach des Schafstalls von Varrelbusch wird von einem mächtigen Findlingssockel getragen; die Sockelmauer besteht hier – anders als beim Schafstall des Hoffmannshofes (Nr. 25) – nur aus einer einzigen Findlingsreihe, so daß nur eine glatte Wand erzielt werden konnte, die in diesem Fall verständlicherweise im Innern zu suchen ist. Die beiden Längsmauern sind nach einer Seite hin ein bedeutendes Stück über die Giebelwand hinaus vorgezogen, in der Absicht, die Schafe, die im letzten Augenblick allzu gern ausbrechen, gewissermaßen in eine Zange zu nehmen, um sie so sicherer in den Schafstall zu bringen. Dieser Schafstall hat an beiden Enden wie das einfache Heuerhaus und der Schafstall aus Halter einen sog. Steckwalm.

Zur Wollverarbeitung s. S. 169

Heidschnucken, auch die Muttertiere tragen Hörner

31 Speicher

Hof Nording, Norddöllen, Ldkr. Vechta

Der zweistöckige Speicher vom Hofe Nording stand in Norddöllen auf einer kleinen Insel, und auch jetzt ist er wieder ringsum von Wasser umgeben. Ursprünglich soll zu einer derartigen Speicherinsel eine Zugbrücke geführt haben. Auch die Tür dieses Speichers wurde doppelt stark gearbeitet: Sie zeigt eine zweifache Lage von Eichenbrettern, die auf der einen Seite horizontal, auf der anderen vertikal gelagert und durch Holznägel miteinander verbunden sind. Dieser Speicher diente in erster Linie als Vorratsraum, vor allem für ausgedroschenes Korn (lat. spicarium = Ährenbehälter).

Der prächtige Norddöllener Speicher springt in Stockwerken nach allen Seiten immer weiter vor. Die Konsolen der Eckständer sind nicht für sich gearbeitet, sondern mit den betreffenden Ständern aus dem gleichen Stück Holz geschnitten.

Inschrift über dem Torsturz:

WITWE KATHARINA NORDING UND D(EREN) S(OHN) DIERK HENRICH NORDING
H:(aben) L:(assen) B:(auen) 1775

Der Hof Nording war mit seinen 84 ha einer der großen Höfe des Oldenburger Münsterlandes. Das zeigte sich auch bei der Demontage im Jahre 1934. Unter der Treppe fand man einen vergrabenen „Schatz" von 42.000 Goldmark in 20-Mark-Stücken. Er war in den Jahren um 1900 zusammengetragen worden, als zwei unverheiratete Brüder den Hof bewirtschafteten.

32 Wagenschauer

Hof Quatmann, Elsten, Ldkr. Cloppenburg

Das offene Wagenschauer stammt ebenfalls vom Quatmannshof in Elsten und schließt nun wieder den rechteckigen Platz vor dem Bauernhaus nach Westen hin ab. Es erscheint im wesentlichen geständert wie der Dreschturm; auf den Giebelseiten zeigen sich indes regelrechte Wände. Die offenen Längswände haben weder einen Findlingssockel noch durchlaufendes Grundholz, so daß ein Wagen ungehindert unter das schützende Dach gefahren werden kann. Besonders fein sind die Abmessungen dieses Bauwerkes, das sich deshalb, so einfach es an sich ist, würdig neben das große Bauernhaus stellt. Stammt es doch auch von demselben Meister, der den Quatmannshof zimmerte.

Ackerwagenuntergestell, 18. Jahrh. Hölzerne Achsen und hölzerne Radfelgen ohne Eisenbeschlag. HO: Wehdel, Ldkr. Osnabrück

33 Erbwohnhaus

Hof Quatmann, Elsten,
Ldkr. Cloppenburg

Das Erbwohnhaus des Ganzerbes Quatmann, einem bis 1852 dem Gut Bakum hörigen, 112 ha großen Hof.

Der Sturz des großen Einfahrtstores nennt Bauherrn, Zimmermeister und den Tag der Aufrichtung:

„DEN 5. JUNY JAHR 1805 / GEORGIUS QUADMANN / ELISABETA QUADMANN GEBOHREN BENEDIEK / MEISTER W. KATMANN."

Die Inschrift des unmittelbar darüber lagernden, weit vorgekragten Balkens bzw. Schwellholzes lautet:

„Wer Gott Förchtet Durch Stetem Fleiß Der Wird Geseegnet Immer:
Auch Der Sein Haus Der Tugend Weißt, Fehlet In Dem Geschäfte Nimmer:
Der Seine Schicksale Von Dem Höchsten Nimmt,
Und (in) Aufrichtigkeit Mit Den Nächsten Stimmt:
Dem Ist Der Herr Der Schirmer."

In dem nächsthöheren, gleichfalls vorgekragten Balken ist ein Bibelvers eingeschnitzt:

„Wer Unter Der Hand Des Allerhöchsten Wohnet, Der Wird Unter Den Schutz
Des Allmächtigen Gott Des Himmels Bleiben, Psalm 90, 1"

Auch der Wohngiebel zeigt übereinander zwei Balkeninschriften. Die untere lautet:

„Mein Gott, beherrscher der geschäfte, der meine schicksale ordnen thut,
Beglücke mich mit Ehr und Kräfte. Erhalte mich in Deiner Huth:
Vergnüge, meiner Sorgfalt Kleide, Meiner Notdurfft gieb Getraide,
Ertheile Herr Dein Segen Mild. Sey mein Schützer, Helm und Schild."

Die Inschrift darüber ist wieder kürzer:

„Suchet Daß Reich Gottes Und Wirket Gerechtigkeit:
So Wird Euch Alles übrige Zugegeben Werden. Mathai 6 v. 33."

33

Georg Quatmann, geboren 1767, heiratete 1785 als 18jähriger die vier Jahre ältere Katharina Elisabeth Benediek und übernahm gleichzeitig den Hof, da der Vater 1784 verstorben war. Zwei Jahre nach der Geburt des sechsten und letzten Kindes, im Jahre 1803, begannen die Arbeiten an dem Erbwohnhaus. Das geht aus einem Buch hervor, das man beim Abbau des Hauses wiederfand. In ihm hatte der Bauherr Tag für Tag aufgeschrieben, wer was an dem Haus arbeitete.

Der erste Arbeitstag war der 10. März des Jahres 1803. Die Zimmerleute *„Wilm Katmann Meister"* und *„seine zwey Söhne Hinderich und Johan Katman"* begannen das Werk. Am 30. Mai 1804 kam es zu Unstimmigkeiten zwischen Bauherrn und Erbauer:

„Den 30 ten Haben wir Streit gehabt und sind aufgehört mit unser Simmern" (= zimmern) lautet die Eintragung, *„erst 1804 sind wir wieder angefangen diesen 14 ten Datum"* (September) heißt es weiter.

Die drei Katmanns arbeiteten zwei Tage, und dann kam es zu einer abermaligen Unterbrechung der Arbeit. Erst am 31. Januar 1805 wurde weiter gezimmert, und zwar bis Ende November desselben Jahres. Zu diesem Zeitpunkt scheint die Zimmerarbeit endgültig beendet gewesen zu sein. Das Datum des Torsturzes der 5. Juni 1805 nennt den Tag, an dem das *„Aufwinden"*, d. h. das Aufrichten der fertig abgezimmerten Bauteile erfolgte.

Das für die Demontage freigelegte mächtige Holzgefüge des Quatmannshofes (1935)

Für diesen Vorgang hatte der Bauer einen *„Fachmann"* (den Mühlenbauer) engagiert, der über das notwendige Werkzeug, die Winden und Seile verfügte. Auch die weiteren Arbeiter nennt das Notizbuch: Borchard Rohe und Sohn, die Brüder Südkamp, Johan Haarmann und Georg Wesjan. Wie der Zimmermeister Katmann waren sie Heuerleute oder Söhne von Heuerleuten, die im Tagelohn bei dem Bau des Hauses halfen. Auch die Heuerleute des Quatmannshofes, Hermann Grote, und die Brüder Heribert und Hermann Cuper, arbeiteten im Tagelohn am Neubau mit, die Brüder als Maurer.

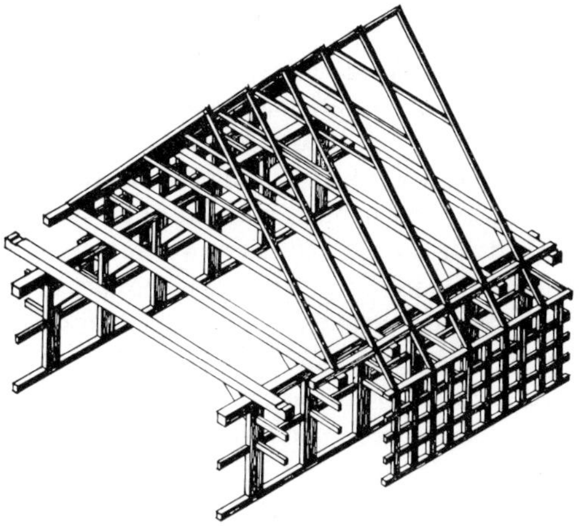

Gefügekonstruktion:
Das Dach wird von zwei Ständerreihen getragen

„1806 den 1ten May Hat Herbet... den Ersten Anfang gemacht zu Mauren unten bey die Legen" (= Grundhölzern) lautet die Notiz, und darunter steht *„1806 den 1ten May hat Herman den Ersten Anfang gemacht bey die Legen zu Mauren"*.

Insgesamt scheint vom 10. März 1803 bis Ende 1806 an dem *„Quatmannshof"* gearbeitet worden zu sein. Rechnet man die Verzögerungen ab, die durch den Streit zwischen Bauherrn und Zimmermeister entstanden, so kann man von ca. drei Jahren Bauzeit sprechen, in denen dieses repräsentative Haus entstand (vergl. Bauarbeiten S. 17).

Sein märchenhafter Reichtum an Eichenholz (200 cbm!) springt geradezu in die Augen: Die Ständer sind 60 cm breit, die Balken bis zu 40 x 40 cm stark; der First des Daches hat eine Länge von 45 m. Im Vordergiebel sind Ständer und Riegel so dicht aneinandergereiht, daß in den einzelnen Gefachen nur je 2 Ziegelsteine kleinsten Formates nebeneinander Platz haben.

Wenn der Vordergiebel besonders schön erscheint, so liegt das aber nicht nur an seinem Holzreichtum, auch nicht nur an der dreifachen Vorkragung oder den zahlreichen Knaggen, sondern vor allem an seinen ausgezeichneten Maßverhältnissen: der Vordergiebel scheint aus dem *„goldenen Schnitt"* heraus entwickelt zu sein. Die Zahl der übereinanderliegenden Gefache wird nach oben hin in jedem Abschnitt des Giebels um eins kleiner (Kennzeichen auch der Artländer und Dammer Bauernhäuser; s. auch Wehlburg S. 16).

Die Außenwände des Quatmannshofes wurden wie ehedem mit handgestrichenen Ziegeln ausgemauert. Zusätzlich wurden die Gefache sämtlicher Innenwände und, soweit der Wohnteil reicht, auch die der Außenwände von innen her mit Lehm ausgefüllt.

In der Vorderfront des Hauses liegt das große dreiteilige Einfahrtstor, in einiger Entfernung dahinter ein zweiflügeliges Tor, das Heck. Der gepflasterte Raum zwischen Heck und Einfahrtstor wird seitlich begrenzt durch die Pferdeställe; er ist wie geschaffen für das Putzen und Anschirren der Pferde. Über den Pferdeställen befinden sich die Knechtekammern.

33

Ein Blick in die geräumige Diele (Breite des Hauses 14,60 m) zeigt, daß der Quatmannshof trotz seiner hochgezogenen Außenwände noch ein Zweiständerbau bzw. ein Kübbungsbau ist (Koben = Stall). Die Außenständer tragen noch nicht mit, da die Außenwände nicht bis zu den Balken hinaufreichen, die Balken sich also trotz ihrer Länge (13,30 m) noch nicht auf die Außenwände legen. Die Dachlast und den Dachinhalt tragen also nur die zwei rechts und links vor den Stallungen herlaufenden Ständerreihen. Beachtenswert an dem Gefüge ist ferner, daß die Balken die über die Ständerköpfe gelegten Rähme (Längsbalken) ungewöhnlich weit überkragen, was zur Folge hat, daß diese Balken nun noch mehr zu tragen imstande sind. Denn das auf den Balkenenden lastende Gewicht des Daches wirkt dem mehr nach der Mitte der Balken hin sich auswirkenden Erntegewicht entgegen.

Hinter den Ständerreihen laufen beiderseits Tiefställe her, links, vom Einfahrtsgiebel aus gesehen, standen die Milchkühe, rechts stand das Jungvieh (dort stehen deswegen die *„Föskede"* auch näher beieinander). Vor den Kuhställen stehen aus Sandstein gehauene Krippen, doch vor den Ställen auf der anderen Seite fehlen sie; denn das Jungvieh wurde aus hölzernen Eimern *(Schobbecken)* getränkt.

Über den Rindviehställen gewahren wir die sog. Hillen; sie dienten der Lagerung von Futtervorräten (Grünfutter), von Stroh (Streustroh) und Heizmaterial (Torf und Holz), aber auch von Geräten verschiedener Art; schließlich bargen die Hillen auch den Hühnerwiemen.

Im Gegensatz zu den Erbwohnhäusern des Haaken- und Hoffmannshofes bilden Diele und Herdraum im Quatmannshof nicht mehr einen einzigen großen Raum, sondern sind durch eine Scherwand voneinander getrennt. Die Errichtung einer Trennwand war in diesem Haus erforderlich, da von Anfang an schon ein Schornstein (aus Lehm und Holz) eingebaut war.

Die Diele des Quatmannshofes in Elsten mit Blick auf die Viehscheune

Vor dem Quatmannshof in Elsten steht die letzte Besitzerin des Hofes im Gespräch mit dem Dorfgeistlichen, um 1930

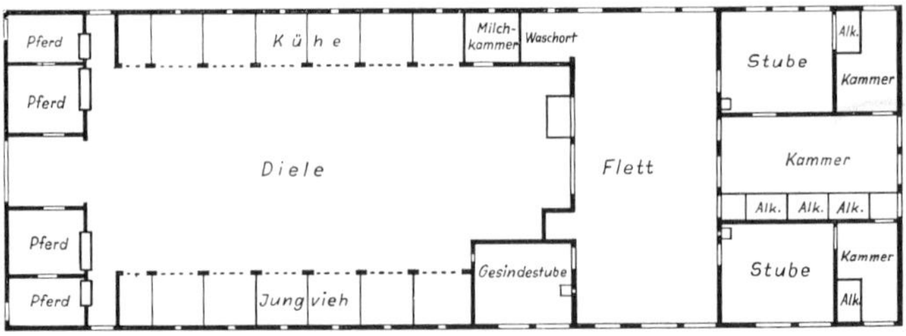

Grundriß Quatmannshof

Durch die Scherwand suchte man sich nämlich vor allem gegen die Zugluft zu schützen, die bei offenem Schornstein durch das große Einfahrtstor hereinströmte und den sonst so beliebten Platz am Herdfeuer höchst ungemütlich machte.

Der Herdraum (ein zweiarmiges Flett) wurde in seiner gesamten Ausdehnung (120 qm) gepflastert, und zwar mit roten Sandsteinplatten, den sog. Bremer Fluren. Der Rauchfang über dem Herdfeuer wurde so groß gestaltet, damit auch der Rauch aus den beiden Öfen (Hinterlader) in den Stuben hinter den mit Delfter Kacheln ausgelegten Gefachen durch den offenen Schornstein nach draußen entweichen konnte.

Eine Eigentümlichkeit hat sodann noch der Herdraum des Quatmannshofes: Das Haus besitzt auch ein seitliches Ausfahrtstor (Ostseite).

Herdraum mit Rauchfang des Quatmannshofes; rechts Eßnische („Mansedel“)

Die hintereinander gestaffelten Durke- (Alkoven, Butzen) als Bettkastenwand

Das Kammerfach, in seiner ursprünglichen Gliederung erhalten, zeigt Wohnstile unterschiedlicher Zeiten.

Der mittlere Raum mit seinen drei aneinanderstoßenden Durken entspricht dem Zustand der Erbauung. Heizbar war er durch die unterhalb des Herdraumfensters befindliche Klappe, durch die die „Wärme" des offenen Feuers einströmen konnte. Den Durken gegenüber liegt die sog. beste Stube, eingerichtet im Stil der Zeit um 1880, als das Haus seine letzte Hochzeit erlebte. Mahagonifurnierte Schränke, Polstermöbel und Klavier zeigen deutlich, daß zu diesem Zeitpunkt die Eigenständigkeit des ländlichen Wohnstils immer stärker zurückgedrängt wurde. Der Durk, sowohl zur Stube als auch zur dahinterliegenden Kammer hin zu öffnen, ist von dem ehemaligen Wohnen geblieben. Auf der gegenüberliegenden Seite befinden sich ebenfalls Stube und Kammer, eingerichtet wie aus Bildern der Zeit um 1800 ersichtlich ist.

Den Räumen der bäuerlichen Familie gegenüber liegt die Gesindestube, mit Web- und Spinngerät ausgestattet. Hier hatten Knechte und Mägde ihren eigenen Bereich, denn trotz des gemeinsamen Wohnens unter einem Dache trennte sich im Verlauf des 19. Jahrhunderts das Leben der bäuerlichen Familie in zunehmendem Maße von dem des Gesindes.
Zum Thema Spinnen und Weben s. S. 165

34 Dreschturm und Göpel

Der an der Ostseite des Hauses aufgerichtete offene Dreschturm stammt aus *Osteressen, Ldkr. Cloppenburg.* Er ist ein Achteckbau, der lediglich aus einem Dach besteht, das von acht Ständern getragen wird. Da das Göpelwerk nicht aus Holz (wie im Hoffmannshof), sondern aus Eisen hergestellt ist, braucht es keinen besonderen Schutz. Die Überdachung reichte aus und schützte gleichzeitig die Pferde vor Regen Schnee, wenn im Winter mit der Dreschmaschine auf der Diele gedroschen wurde.

Zum Thema Dreschen s. S. 148

Der neben dem Bauernhof stehende offene Dreschturm, Südoldenburg 19. Jh.

35 Blaufärberei

Foeth, Menslage, Altkreis Bersenbrück, Ldkr. Osnabrück

Am 1. Mai des Jahres 1844 eröffnete die Frau des Schmiedes Johann Foeth, Catharina Elisabeth, zusammen mit ihrem Sohn Wilhelm einen Kaufmannsladen. Textil- und Eisenwaren, Lebensmittel und Haushaltsgerät, selbst Salben und Brillen waren in diesem ländlichen Warenhaus zu haben. 1847 wurde das Geschäft um eine Blaufärberei erweitert, deren Werkstatt und Gerät 1968 in das Museumsdorf übertragen wurden.

Bernhard Foeth, ein Bruder des Geschäftsgründers, nahm zusammen mit einem Gesellen und einem Lehrling die Arbeit am 2. Mai 1847 auf. Ganze 400 Thaler hatte die Einrichtung gekostet, die Färberküpen, kupfernen Farbkessel, Reibschalen, Mörser usw. Das Werkstattgebäude war ein schlichter Wandständerbau. Bei drei Ständern nutzte man die Gabelung der Baumkrone, um ohne Kopfbänder eine bessere Längsversteifung zu erzielen (s. a. die Ständerreihe in der Wehlburg, S. 26).

Nach langen Lehr- und Wanderjahren, die ihn nach Osnabrück, Einbeck und Dänemark führten, trat auch der jüngste Bruder, Ludwig Foeth, als Kaufmann und Blaufärber in das Geschäft ein. Bis gegen Ende des 19. Jahrhunderts konnte sich der Handwerksbetrieb gegen die zunehmende Konkurrenz industrieller Erzeugnisse behaupten. Doch nach dem Tode Ludwig Foeths im Jahre 1917 wurde die Blaufärberei gänzlich eingestellt.

Wie aus dem Vorhandensein der kupfernen Färberbottiche hervorgeht, war die Blaufärberei nicht die einzige Färbemethode, die in dieser Werkstatt praktiziert wurde. Denn in den Kesseln wurden Stoff und Garn auch mit anderen Färbemitteln als mit Indigo eingefärbt. Jedoch konnte selbst die Anwendung neuer Methoden den Untergang des handwerklichen Färbens nicht aufhalten, da dessen Grundlage seit dem Beginn unseres Jahrhunderts kaum noch gegeben war: das haushandwerkliche Weben auf dem Land.

Zum Thema Färben s. S. 171

36 Doppelheuerhaus

Erbe Vogelsang, Damme, Ldkr. Vechta

Dieses Haus stand früher an der Mühlenstraße in Damme, Ldkr. Vechta, und gehörte zu dem Erbe Vogelsang, einem Hof mit 5 bis 7 Maltersaat Ackerboden (ca. 13 - 18 ha), der dem Bischof zu Osnabrück hörig war.

Damme besaß noch im 19. Jahrhundert eine starke Leinenmanufaktur mit vielen Handwebstühlen. So konnten auch kleinere Höfe eine Mehrzahl von Heuerlingen halten, die in der Hauptsache ihrem eigenen Gewerbe nachgingen, Arbeiten auf dem Hof nur nebenberuflich erledigten und auch entsprechend wenig Ackerland pachteten.

Denn viel Land konnte der relativ kleine Hof Vogelsang seinen Heuerleuten nicht verpachten, ohne selbst darunter zu leiden, zumal die Zahl der Heuerleute nicht unbedeutend war. Eine „Seelenzählung" aus dem Jahre 1828 gibt genauere Auskunft über die Zahl und Größe der Familien, die das „Doppelheuerhaus" bewohnten:

Tepe, Friedrich und Wwe. Müggenberg	fünf männliche und eine weibliche Person,
Meine, Anton Wwe.	eine männliche und zwei weibliche Personen,
Niemeyer, Bernd	zwei männliche und vier weibliche Personen,
Stricker, Johann Henrich	zwei männliche und vier weibliche Personen.

Die Bezeichnung Doppelheuerhaus war trotz dieser vier Familien gerechtfertigt, denn das Haus verfügte nie über mehr als 2 Feuerstellen. Da zur damaligen Zeit die einzelne Feuerstelle besteuert wurde, mußten sich aus Sparsamkeit zwei Familien das offene Herdfeuer teilen. Zwar waren Kammern vorhanden, aber da sie nicht beheizbar waren, wird sich nicht nur das Kochen, sondern auch ein Großteil des übrigen Familienlebens am gemeinsamen Herdfeuer abgespielt haben.

Das Haus wurde in zwei Bauabschnitten errichtet. Der ältere Teil, dem Quatmannshof abgewandt, wurde wahrscheinlich mit einem spiegelgleichen Teil 1773 errichtet, der jüngere Teil nach dem Brand des Hauses 1811.

Zweiständerkonstruktion im Wiederaufbau

Wie der Quatmannshof ist auch das Doppelheuerhaus ein Zweiständerbau. Die Sparren stehen aber hier unmittelbar auf den Balkenenden. So entspricht jedem Balken ein Sparrenpaar. Der Giebel von 1811 ist mit Sturmstreben querversteift. Sturmstreben sind dem niederdeutschen Hallenhaus zunächst fremd gewesen. Man führt sie auf den Einfluß der Bautradition des mitteldeutschen Wandständerbaues zurück. An niederdeutschen Hallenhäusern findet man sie nicht vor dem 18. Jahrhundert.

Im Gegensatz zum Quatmannshof verfügt das Haus über keinen Kamin, ist also ein sog. Rauchhaus. Der Qualm suchte sich durch Türen und Dach seinen Ausgang. Der aus geschälten Fichtenstämmchen gebildete Deckenbelag entsprach der geringen Erntelast, die er zu tragen hatte. Im Bereich des offenen Herdfeuers wurde durch eine Lehmschicht der Erntestapel vor Funkenflug geschützt.

In den Kammern sind Werkstätten eingerichtet, denn eine Trennung von Wohn- und Wirtschaftsbereich kannte der Heuerling noch weniger als der Bauer. (Heuerlingswesen; s. S. 135)

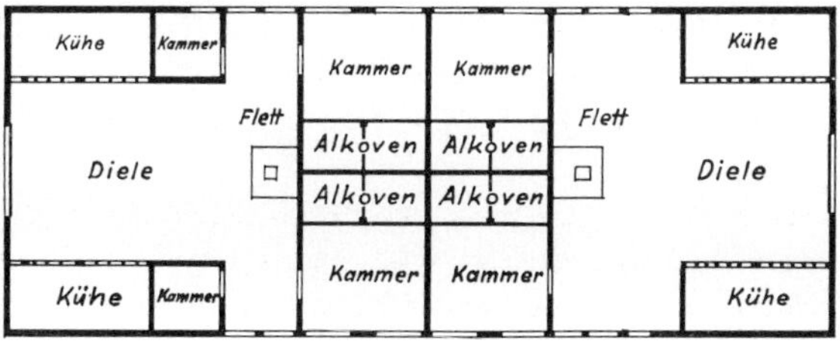

Grundriß
Doppelheuerhaus

36

Die Einrichtung der Schuhmacherei stammt aus *Dötlingen, Ldkr. Oldenburg,* und wurde von dem Schuhmachermeister *Volkmann* übernommen.

Die Schuhmacherei Volkmann wurde 1836 gegründet. Der Gründer hatte in eine sog. Brinksitzerstelle eingeheiratet und war auf ein Handwerk angewiesen. Bei der damals noch vorherrschenden Holzschuhtracht genügte die Schuhmacherei allein nicht. Neben Schuhen wurden Pferdegeschirre hergestellt und das Leder wurde größtenteils in einer eigenen Gerberei gegerbt. Die Gerberei wurde später eingestellt, die Schuhmacherei ausgedehnt. Typisch dafür ist der fünfeckige Tisch, der für fünf Leute Platz hat. An dem in der Mitte des Tisches befindlichen Galgen hing dann für jeden Arbeiter eine mit Wasser gefüllte Glaskugel, die das Licht der Öl- oder Petroleumlampe bündelte. Dadurch konnte man das schwache Licht besser auf den Arbeitsplatz lenken. Denn das Tageslicht reichte nicht für die oft 12stündige Arbeitszeit. Die Nähmaschine ist eine Anschaffung späterer Zeit. Sie stammt aus dem 20. Jahrhundert. Die Bilder der Generalfeldmarschälle Moltke und Hindenburg sind Andenken des letzten Besitzers an seine Soldatenzeit. Ein kleiner Ofen, der seinen Qualm auf die Diele bläst, macht aus der Kammer eine „Stube", einen rauchfreien beheizbaren Raum.

Die ländlichen Schuhmacher arbeiteten aber nicht nur in ihren Werkstätten. Mit dem Handwerkszeug bepackt zog der Meister allein oder mit seinen Gesellen auf die größeren Höfe, um an Ort und Stelle die Reparaturen auszuführen oder Maß zu nehmen. Die schwierigeren Arbeiten, vor allem die Anfertigung neuer Schuhe, für die man die vielen in den Regalen liegenden hölzernen Leisten benötigte, erledigte man in der Werkstatt. Neben der Werkstatt beherbergte die Kammer auch zwei geräumige Wandbetten. Arbeiten, Schlafen und Wohnen in einem Raum war bis zu Beginn unseres Jahrhunderts keine Seltenheit auf dem Lande. Mit dem Rückgang des Heuerlingswesens nahm aber das Wohnangebot zu und bei besserem Verdienst wurden mehr Räume bezogen, eine Entwicklung, die um 1850 beginnt.

Schuhmacher Fritz Volkmann und seine Frau in der Werkstatt in Dötlingen (1965)

37 Drechslerwerkstatt

Hof Abeln, Markhausen, Ldkr. Cloppenburg

Das Vorhandensein bestimmter Handwerke auf dem Lande hängt eng mit der allgemeinen Wirtschaftsgeschichte zusammen. Besonders in der 2. Hälfte des 19. Jahrhunderts nahm die Zahl der Landhandwerker stark zu. Die Gründe dafür waren: Einführung der Gewerbefreiheit, Aufhebung der Zünfte, Zunahme der Kaufkraft der Bauern im Gefolge der steigenden Preise für Getreide und Ertragssteigerung durch verbesserte Landwirtschaftsmethoden. Gleichzeitig blieb es bei einer starken Verhaftung der Landbevölkerung an den engeren Markt. Alles dieses zusammen schuf vielen Kleinhandwerkern eine Existenzmöglichkeit, die durch den Betrieb einer eigenen kleinen Landwirtschaft noch verbessert wurde. Ein Beispiel für diese Entwicklung ist die Drechslerwerkstatt Abeln.

Haus und Einrichtung wurden um 1880 von *Heinrich Abeln (1859–1942)* selbst erstellt. Als Erbe einer kleinen Landwirtschaft war er auf Nebenerwerb angewiesen. In der Holzbearbeitung bewandert, lernte er in zwei Winterhalbjahren bei einem Meister in Friesoythe das Drechseln und machte sich daraufhin selbständig. In den ländlichen Gebieten des Nordwestens war zur damaligen Zeit das Spinnen von Flachs oder Wolle noch in der Mehrzahl der Haushalte üblich, so daß Abeln mit seinen Spinnrädern und Haspeln noch guten Absatz fand. Hinzu kam die Herstellung von Stühlen und kleineren gedrechselten Möbelstücken, wie z. B. Handtuchhaltern, wie sie gerade um die Jahrhundertwende herum Mode waren. Auch Einzelteile für Möbel, die durch Tischler in Auftrag gegeben wurden, drechselte Abeln in seiner Werkstatt.

Die Grundausstattung seiner Werkstatt bilden die links von der Tür stehende Drehbank mit Tretantrieb und die Hobelbank. Die Fülle der in den Regalen liegenden kleineren Handwerksgeräte deutet schon auf eine handwerksgeschichtlich späte Entwicklung hin, die der Konkurrenz der Industrieproduktion mit vermehrtem und verbessertem Handgerät zu begegnen sucht. Für die Umbruchssituation ist auch die kombinierte Drehbank unter dem Fenster rechts kennzeichnend. Sie kann auf zweierlei Weise angetrieben werden. Für die Bearbeitung feiner und komplizierter Dinge, wie z. B. Spinnradspulen, ist die Wippdrehbank

37

benutzt worden, deren Technik in einer mehrfach um das Werkstück gewickelten Schnur besteht, die einerseits an der elastischen Wippe unter der Decke und andererseits an dem Tritthebel unter der Drehbank befestigt ist. Der Nachteil dieses Systems besteht in der fortlaufenden Unterbrechung des Drechselns durch den jeweils notwendigen Rücklauf des Werkstückes. Dieser Rücklauf entfällt bei dem Einsatz der hölzernen Transmission. Durch die Umdrehung der Handkurbel, die mit einer schweren Schwungscheibe verbunden ist, wird die unter der Decke angebrachte Welle angetrieben. Von hier aus erfolgt die Kraftübertragung auf den Spindelstock. Die Handkurbel kann außerdem auch für den Betrieb der hölzernen Bandsäge eingesetzt werden. – Holzbearbeitungsmaschinen mit Handkurbelantrieb wurden schon viel in den Manufakturen des 18. Jahrhunderts, den Vorläufern der Fabriken, genutzt und fanden in der 2. Hälfte des 19. Jahrhunderts als es noch keine Kleinmotoren gab, eine weite Verbreitung. – Das starke Auseinanderklaffen zwischen Löhnen von Fachkräften und denen von Ungelernten förderte dieses System. In Gebieten, die erst sehr spät (d. h. in den 20er und 30er Jahren unseres Jahrhunderts) Anschluß an die Elektrifizierung erhielten und deshalb von der Nutzung elektrischer Kleinmotoren ausgeschlossen blieben, war ein solcher „Handbetrieb“ die einzige Möglichkeit zur „Modernisierung“. Die teuren Diesel- und Gasmotoren, ganz zu schweigen von den aufwendigen Dampfmaschinen, rentierten sich für ländliche Kleinbetriebe nicht. *Drechsler Abelns* eigenständige Leistung war es, die gußeisernen Maschinen der Werkzeugindustrie in Holz konstruiert und gebaut zu haben. Dadurch glich er die Differenz zwischen technischer Möglichkeit und praktischer standortbedingter Notwendigkeit aus, ein überzeugendes Beispiel handwerklichen Geschicks.

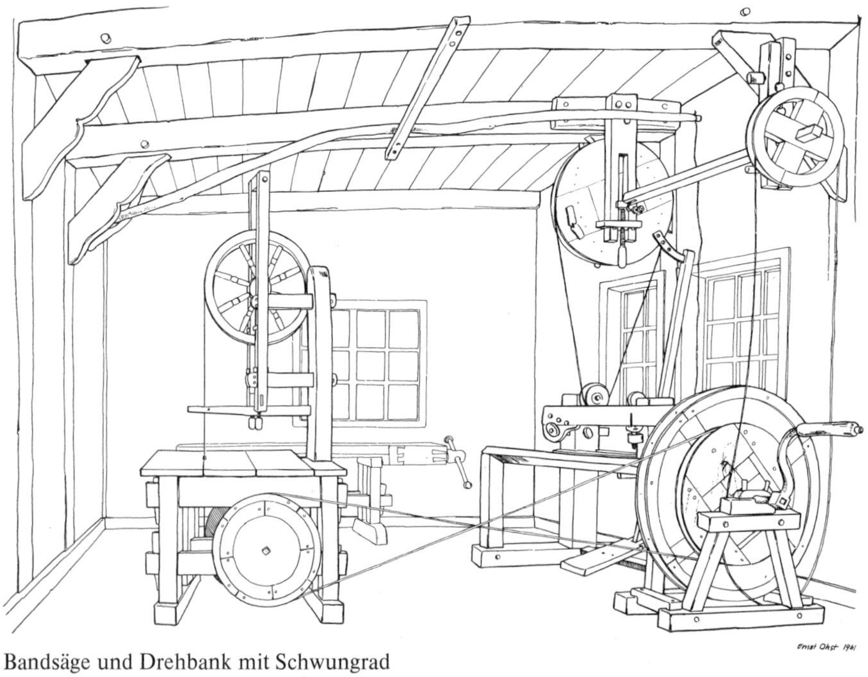

Bandsäge und Drehbank mit Schwungrad

38 Ministerialensitz Arkenstede

Gut Groß-Arkenstede, Ldkr. Cloppenburg

Außerhalb des eigentlichen „Brinkdorfes“ liegt das Gutshaus Arkenstede, einst Sitz des ländlichen Ministerialadels. Es ist ähnlich wie an seinem ursprünglichen Standort, von einem Graben (der „Soeste“) umschlossen und geschützt. Im Volksmund erhielt dies adelige Herrenhaus den Namen „Burg“ Arkenstede. Bis zum Jahre 1635 verblieb Arkenstede im Besitz der Familie von Aswede. Dann hinterließ Jasper von Aswede, Herr zu Arkenstede, Burgmann zu Quakenbrück und Vechta, den Besitz seinen beiden Töchtern Gertrud und Helena. Deren Ehemänner nahmen eine Teilung in Groß- und Klein-Arkenstede vor. Von nun an gehörte Groß-Arkenstede bis zum Jahre 1742 zum Güterbesitz der Familie von Kobrink auf Daren. In dieser Zeit wurde das heute im Museumsdorf stehende Herrenhaus Arkenstede erbaut, wie aus der Inschrift einer Wappentafel hervorgeht, die heute noch im großen Kaminsaal hängt:

HERRN UND FRAU VON DAREN ARKENSTEDE UND FIKENSOLT HABEN DIES HAUS ANNO 1684 AUFBAUEN LASSEN

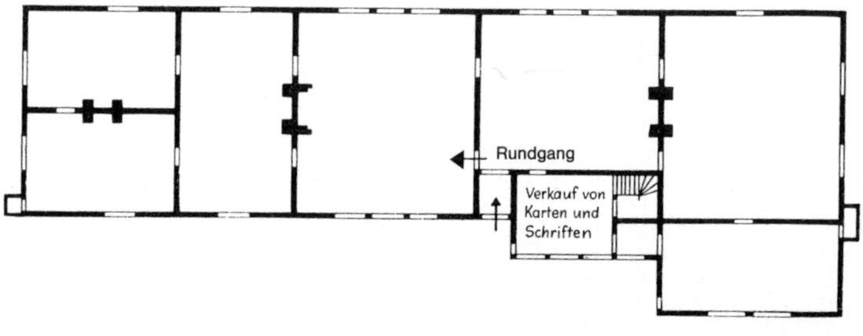

Grundriß Herrenhaus Arkenstede

Im Jahre 1742 kam – nach dem Aussterben der Familie Kobrink – Franz Anton von Elmendorf zu Füchtel als Enkel der Meta von Kobrink in den Besitz des Gutes und des Herrenhauses Arkenstede. Im Jahre 1876 vererbte der oldenburgische Kammerherr und Oberstallmeister Franz Carl Ludwig zu Elmendorf das Gut an seine Tochter Luise Wilhelmine Charlotte, die mit dem Rittmeister und Landrat Wilhelm Freiherr von Schorlemer verheiratet war. Aus dem Besitz der Familie derer von Schorlemer-Vehr ging die „Burg" 1927 in den Besitz des Generaldirektors Dr. h. c. Johann Welker über, der sie dann dem Museumsdorf großzügigerweise schenkte.

Die hintereinander gestaffelten großen Kaminräume ergeben einen klaren Grundriß; das Gebäude ist außen in Fachwerk gekleidet und wird von einem Wandständergefüge mit weitgespannten Geschoßbalken getragen. Auffallend sind die großen Bleiglasfenster, die auch bereits für den Altzustand dieses Hauses belegt sind.

Seit dem Jahre 1937 dient dieses in traditionell-ländlicher Bauweise errichtete Herrenhaus dem Freilichtmuseum als Ausstellungsgebäude. Hier werden alljährlich mehrfach wechselnde Sonderausstellungen mit landeskultureller und volkskundlicher Thematik gezeigt. Die zu diesen Wechselausstellungen gesondert herausgegebenen Kataloge vermitteln entsprechende Erklärungen zum jeweiligen Themenkreis, so daß sich hier weitere Hinweise erübrigen.

Die „Burg" Arkenstede vor der Demontage; Aufn. 1935

39 Bauerschaftsschule

Schulgebäude aus Renslage, Altkreis Bersenbrück, Ldkr. Osnabrück

„DIESE SCHVLE HAT RENSLAGE GEBAVET AVS LIEBE FÜR DIE JVGEND HIERINNE ZV LEHREN GOTTESFVRCHT VND TVGEND ANNO 1751"

So lautet die Inschrift an dem Giebelbalken und Torsturz des kleinen Gebäudes, das bis zum Jahre 1891 den einzigen Unterrichtsraum für die 50 bis 60 evangelischen Kinder der Bauerschaften Renslage und Dalvers (Altkreis Bersenbrück) beherbergte. Der Raum hat eine Länge von 5,80 m, eine Breite von 4,20 m und eine Höhe von 2,30 m. Übermäßiger Komfort ist hier nicht zu beklagen, und in der Chronik der Schule schreibt ein Lehrer im Jahre 1890:

„Außerdem ist die Kleinheit des Lokals in sanitärer Hinsicht sehr unzuträglich für Lehrer und Kinder. Dies zeigt sich so recht bei der Heizung des Lokals im Winter. Damit die hinteren Kinder etwas Wärme haben, muß der Ofen, der wegen Raummangels an der ungünstigsten Stelle, dicht neben dem Eingange und fast unmittelbar am Katheder steht, übermäßig erhitzt werden, so daß der Lehrer und die näheren Schüler nicht es vor Hitze aushalten können. Weil eine so große Anzahl Fenster vorhanden ist, außerdem das Gebäude nur dünne Lehmwände hat, so wird dadurch im Sommer eine große Hitze, im Winter dagegen eine verhältnismäßige Kälte hervorgerufen."

Der Winzigkeit des Gebäudes entsprach die Höhe des Lehrergehaltes. Es waren daher Heuerleute oder Handwerker, die mit ihrem Nebenverdienst ihre Existenz sicherten. Der Aufgabe, den *„Kindern eine ziemliche Lese-, Schreib- und Aufsage-Fähigkeit"* zu vermitteln, wurden sie nicht immer gerecht. So stellte 1815 die Aufsichtsbehörde fest, daß der damalige Lehrer, der die Schule seit 40 Jahren führte, *„seinem Fach nicht recht gewachsen war, weil er nicht rechnen konnte"*.

39

Der Schule wurde daraufhin das Recht entzogen, Kindern über 12 Jahre Unterricht zu erteilen. Diese mußten weiter entfernt liegende Schulen besuchen. Um die alten Rechte wiederzuerlangen, war die Bauerschaft nach langen Verhandlungen bereit, das Gehalt des Lehrers auf 90 Taler zu erhöhen. Das reichte knapp für eine Person, eine Familie war damit nicht zu unterhalten. So suchte man Lehrer, die gerade ihre Ausbildung abgeschlossen hatten. Von dem ersten dieser Junglehrer schrieb ein Regierungsbeamter: „... *daß dieser junge Mann, an das Entbehren gewöhnt, sich hoffentlich schicken werde.*“ Er schickte sich und begnügte sich mit einem Zimmer, der Verpflegung reihum auf den Höfen und einem Gehalt von 30 Talern. Aber lange blieb keiner in dieser Stelle, und von 1828 bis 1880 unterrichteten 22 Lehrer an dieser Schule. Erst danach, als durch die Übernahme der Besoldung durch den Staat eine Verbesserung auf 270 Taler jährlich eintrat, blieben die Lehrer längere Zeit.

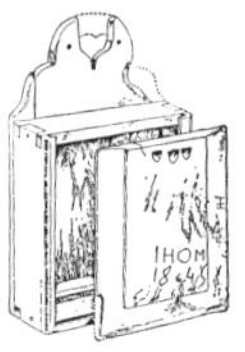

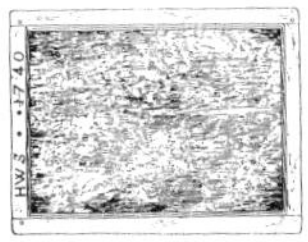

Hölzerne Schultaschen

Schiefertafel

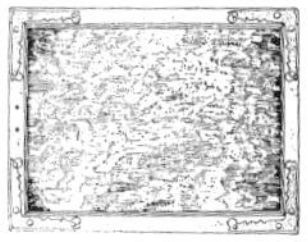

Lehrerpult

Die Einrichtung der Schule entspricht der Zeit um 1880. Schulbänke, Lehrerpult und Schulschrank bilden die Möblierung. Die Bilder von Gustav Adolf und Martin Luther sind karger Schmuck. Vor dem Lehrerpult steht als „Hilfsmittel für den Unterricht“ eine Rechenmaschine, die zusammen mit der Wandtafel und dem kleinen Harmonium die Lehrmittelausstattung darstellen. Eine Belüftungsklappe in der Decke sorgte für Rauchabzug. Schultaschen aus Eichenholz, wie sie auf den Bänken liegen, bargen die wenigen Schulsachen der Kinder: Schiefertafel, Griffelkasten und in späteren Jahren Schreibhefte und Katechismus. Damit gingen sie morgens los, um nach 20 bis 30 Minuten an der Schule anzukommen. Dieser heute lang anmutende Schulweg war der eigentliche Beweggrund für die Gründung der kleinen Bauerschaftsschulen im 18. Jahrhundert gewesen, denn die größeren Kirchspielsschulen waren für viele Kinder erst nach mehrstündigen Fußmärschen zu erreichen. Darin lag der Fortschritt, den diese Schulen zu ihrer Zeit darstellten, und das könnte auch mit dem Sinn der Inschrift „aus Liebe für die Jugend“ gemeint sein.

40 Fachwerkkirche von Klein-Escherde

Gut acht Kilometer westlich von Hildesheim liegt die dörfliche Ansiedlung Klein-Escherde. Kirchlicher Mittelpunkt dieses Dorfes war seit dem Ende des 17. Jahrhunderts ein in Fachwerkbauweise errichtetes Kirchlein mit einer Grundfläche von sieben mal fünfzehn Metern.

Aus archivalischen Nachrichten geht hervor, daß 1698 Verhandlungen zum Bau dieser Kirche geführt wurden. Im Jahre 1699 wurde die Kirche konsekriert und mit dem Patrozinium der „Heiligen Familie" ausgestattet.

Bis zum 8. April 1973 feierte die Gemeinde ihren sonntäglichen Gottesdienst in diesem reizvollen Bauwerk, dann mußte es einem größeren Gotteshaus weichen. Die Gemeinde Klein-Escherde war zu groß geworden für die kleine Kirche.

Fast genau vier Jahre nach der Demontage (April 1973) konnte der originalgetreue Wiederaufbau im Museumsdorf Cloppenburg gelingen. Nunmehr ist das alte, ehrwürdige Gebäude wie einst mit vollständiger Sakraleinrichtung versehen. Wie damals in Klein-Escherde steht das Kirchlein in unmittelbarer Nähe einer alten Schule.

Das Fachwerk dieses Gebäudes steht in ursprünglicher Anordnung wieder auf einem verhältnismäßig hohen Bruchsteinsockel. Der Baukörper selbst hat einen rechteckigen Grundriß mit polygonal gebrochenem, annähernd halbkreisförmigem Abschluß. Dieser Chorabschluß ist dem ländlichen Handwerker damals nicht exakt gleichwinkelig gelungen; entsprechend schiefwinkelig mußte das Kirchlein auch wieder errichtet werden. Chor und Längswände zeigen breite, rechteckige Gefache, oft durch lange Schrägstreben gegliedert. Die Gefache sind wieder mit Steinen ausgeformt und mit einem dicken, gelblichweißen Kalkanstrich versehen.

Inneres der Kirche von Klein-Escherde

Auch die rundbogigen Fenster aus Gußeisen stammen aus dieser Kirche, wurden aber erst im 19. Jahrhundert eingesetzt. Der erneute Abbund des Fachwerks im Museumsdorf ließ erkennen, daß die ältesten Fenster ein wenig kürzer und mit hölzernen Sprossen gestaltet waren. Das Satteldach der Kirche ist mit roten Handstrichziegeln eingedeckt; es ist zur Altarseite hin abgewalmt und mit einem Erker besetzt, über dem der Hauptfirst durchgezogen ist. Dieser Erker enthielt bis 1873 im Inneren ein räderreiches, handgeschmiedetes Uhrwerk aus dem Jahre 1765 und an der Frontseite das Zifferblatt.

Hinter dem hohen Giebel ist ein achteckiger Dachreiter mit spitzem Pyramidenhelm aufgesetzt. Dieser Turm wurde nachweislich erst 1873 errichtet. An dem Dachreiter ist ein großes Zifferblatt angebracht, und am Turmhelm hängt im Auslegestuhl die dazugehörige Schlagglocke. Nun kann man wieder im Inneren der Kirche das unaufhörliche Ticken des Messing-Uhrwerks vernehmen, und über das „Dorf" schallt das halbstündige und stündliche Schlagen der Uhrglocke.

Die Kirchengemeinde von Klein-Escherde schenkte aber dem Museumsdorf nicht nur das Gebäude und die Kirchturmsuhren des 18. und 19. Jahrhunderts, sondern auch das Kirchengestühl, den Beichtstuhl, das Harmonium, die 14 Stationsbilder sowie allerlei kirchliches Kleingerät.

Zur Erinnerung an die ältere Fachwerkkirche in Klein-Escherde behielt verständlicherweise die Gemeinde für die zwischenzeitlich neugebaute Kirche den alten Barockaltar, die zahlreichen Skulpturen und die große Glocke. Deshalb mußte sich das Museumsdorf um Ersatz bemühen, damit der gewohnte Sakraleindruck einer ländlichen Kirche wieder erstehen konnte.

Glücklicherweise gelang es, einen Altar in passender Proportion für die Kirche ausfindig zu machen. Die Gemeinde Listernohl im Sauerland, deren alte Kirche in der Biggetalsperre versunken ist, überantwortete uns diesen Altar. Der um 1840 angefertigte Altar wurde restauriert. Dabei kam die klassizistische Originalfassung wieder zur Geltung. Aus der Skulpturensammlung des Museumsdorfes stammen die Sakralplastiken. So konnte das äußere und innere Erscheinungsbild der Kirche zu Klein-Escherde wiederhergestellt werden.

Wie früher in Klein-Escherde ist die Kirche an ihrem neuen Standort von einem Friedhof umgeben. Über zwanzig Grabmäler aus dem 18. und 19. Jahrhundert zeugen für den Wandel, den die Gestaltung des Gedächtnisses der Toten im Laufe der Jahrhunderte erfuhr.

Grabmale der Friedhofsanlage im Museumsdorf

Die einfache blumenlose Anlage entspricht der des 18. Jahrhunderts, als Gras die Grabhügel bedeckte und es zu den Aufgaben des Küsters gehörte, den Friedhof regelmäßig zu mähen – eine Aufgabe, die meistens durch die Kühe des Küsters erledigt wurde.
Zwei Sandsteinplatten aus dem 17. Jahrhundert überwölben eine Grabkammer. Die Grabplatten, früher wohl in einer Kirche gelegen, wurden in ihrer jetzigen Form für ein Grab aus dem 19. Jahrhundert in Bardenfleth verkürzt. Stelen sind typische Denkmalformen des 18. und 19. Jahrhunderts. Sie stammen vom Domfriedhof Verden, ein Geschenk der Kirchengemeinde. Darunter befindet sich auch eine figürliche Stele. Wie Farbreste bezeugen, waren diese Steine ursprünglich farbig gefaßt. – Ein schwer vorstellbarer Anblick: bunte Grabsteine.

41

41 Saterhaus

Hof Deddens, Hollenermoor (Saterland), Ldkr. Cloppenburg

Das vom Baugefüge her gesehen urtümlichste Wohngebäude des „Dorfes“ stammt aus dem „Saterland“. Dieses Gebiet ist eine nur drei Kirchspiele umfassende friesische Sprachinsel im Kreisgebiet Cloppenburg. Bis in das vorige Jahrhundert hinein war es von unwegsamen Mooren umgeben und nur auf dem Wasserweg oder auf unsicheren Moordämmen zu erreichen. Diese Verkehrsferne hatte zur Folge, daß sich dort eine eigene Regionalkultur entwickeln und auch die saterländische Sprache, ein altfriesischer Dialekt, behaupten konnte. Wie die friesischen Bauern waren und blieben die Saterländer Freie und gerieten niemals in ihrer Geschichte in ein Hörigkeitsverhältnis. Trotz der sehr unterschiedlichen Hofgrößen gab es im Saterland nicht wie in den umliegenden Gebieten die Differenzierung in unterschiedliche Erbgerechtigkeiten (Vollerbe, Halberbe usw.).
In der Außenansicht zeigt das *Saterhaus* die entwicklungsmäßig älteste Giebelgestaltung des niederdeutschen Hallenhauses, in dessen Verbreitungsgebiet es als eine seiner vielen Varianten einzuordnen ist. Der tief herabgezogene Schleppwalm überdeckt die in den Giebelkübbungen (Kübbung-Koben-Stall) befindlichen Ställe. Im Innern weist das Haus nur vier Fache auf; denn das Kammerfach

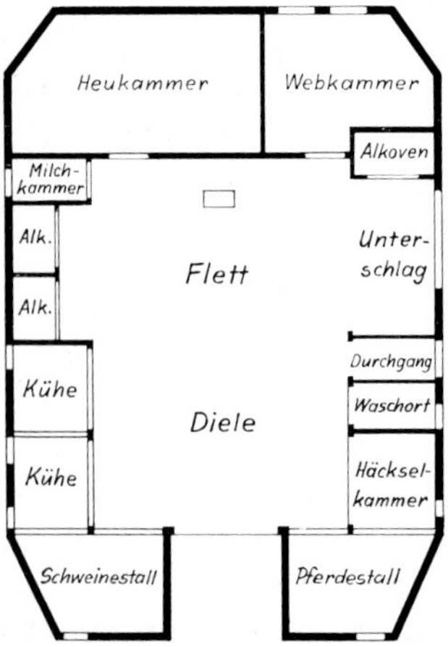

Grundriß Saterhaus

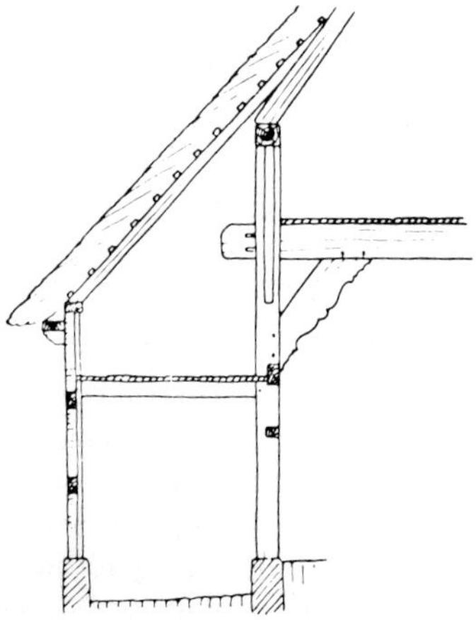

Ankerbalken – Hochrähmkonstruktion

hinter der Herdwand mit der Heu- und Webkammer liegt schon im Bereich der hinteren Kübbung. Der urtümlichen Giebelgestaltung entspricht die Gerüstkonstruktion: Jeweils zwei Ständer sind mit einem durchgesteckten Balken verbunden, dessen Zapfen verkeilt sind. Die beiden Ständerreihen werden durch Langhölzer, den Hochrähmen, verbunden. Auf diesen Hochrähmen ruhen die Sparren des Daches. So „verankern" die Balken des Hochrähmgefüges die mit Innenneigung erstellten Ständer gegen den Seitenschub der Sparren und wirken entsprechend als Ankerbalken. Diese „Ankerbalkenkonstruktion" ist im Museumsdorf sonst nur bei Nebengebäuden zu sehen; denn die Tragfähigkeit des Balkens ist bei weitem nicht so hoch wie bei den Unterrähmgefügen der niederdeutschen Hallenhäuser. Damit im Zusammenhang mag die Erntebergung stehen, die im Saterhaus nicht nur balkenlastig geschieht. Hier existiert in der Heukammer ein erdlastiger Erntestapel, wie ihn nur das friesische Bauernhaus kennt. Zum Einbringen des Heus entfernte man im rückwärtigen Walm die dort nur locker aufgelegten Pfannen. Durch die entstandene Öffnung forkte man das Heu in die Heukammer.

Blick auf Herdstelle und Heukammer. Aufn. um 1930

Weit von der Herdwand abgerückt war das offene Herdfeuer. Sein Rauch stieg durch die Zwischenräume des aus dünnen Fichtenstämmen gebildeten Balkenbelags, zog durch das Erntegut und lag im Winter wie eine Nebelkappe über dem ganzen Dach. Hinter der Feuerstelle standen (und stehen nun wieder) Schränke. Bei der hohen Feuchtigkeit im Innern und dem Fehlen einer rauchfrei beheizbaren Stube war hier die trockenste Stelle, und um das niedrig brennende Torffeuer hatten die wenigen Bewohner des Hauses noch reichlich Platz. In die Feuernähe rückte man auch den Tisch, wenn die Kälte im Bereich des Unterschlags zu groß wurde.

41

Der Einfachheit des Hauses entsprach die Lebensweise der Bewohner der kleineren Höfe, die uns von Reisenden aus dem 19. Jahrhundert überliefert ist. So heißt es in einem 1836 erschienenen Buch: Die allgemeine häusliche Lebensweise ist folgendermaßen eingerichtet: Die Saterländer nehmen die erste Mahlzeit, bestehend aus einem Stück Brot morgens um sechs Uhr ein. Um neun Uhr gibt es Kaffee mit Pfannkuchen oder Butter und Brot. Gegen zwei Uhr kommt Brei und Brot auf den Tisch. Um fünf Uhr Brot mit Tee und abends um acht Uhr warmes Essen.

Blick auf Herdstelle und Unterschlag. Aufn. um 1930

Verläßt man das Haus durch den rechten Seiteneingang, so gelangt man zu dem Ziehbrunnen, dessen innerer Brunnenring aus geschichtetem Stichtorf besteht. Die Höhe des Grundwasserstandes in den Moorgebieten erleichterte zwar die Anlage von Brunnen, doch war das Wasser häufig stark verunreinigt, da der Oberflächenschmutz und auch die Jauche aus Ställen und Misthaufen leicht eindringen und das Wasser verseuchen konnten. Nicht abgekochtes Wasser durfte gar nicht getrunken werden, und als Durstlöscher wurden Buttermilch oder dünnes Bier und später Kaffee, Kaffeersatz und Tee getrunken.

Backofen

Hof Deddens, Hollenermoor, Ldkr. Cloppenburg

Der frei stehende Backofen stammt ebenfalls vom Hof Deddens. Das Gewölbe ist aus Backsteinen und Lehm gemauert und mit „Bäntsoden“ abgedeckt. Die Soden hielten die Hitze des Ofens, wenn das Schwarzbrot 24 Stunden lang backen mußte.

Zum Thema bäuerliches Brotbacken s. S. 161

42 Schafstall

Der Schafstall stand ursprünglich in *Molbergen, Ldkr. Cloppenburg,* und gehörte zu dem Pachthof der dortigen Pfarrei. Wie im Museumsdorf stand der Stall längs einer Straße. Das Tor war zum Feld ausgerichtet, so daß die Schafe direkt nach dort hinaus, bzw. von dort hereingetrieben werden konnten.

Das Gefüge des Stalles bilden „Krummspannen". Das sind Sparren, die unten in halbhohe Ständer übergehen und aus einem krumm gewachsenen Eichenstamm geschnitten wurden. Die geringe Größe dieses Baues ermöglichte es, aus einem Stamm jeweils ein Sparrenpaar zu schneiden. Auch die Giebel werden hier aus „Krummspannen" gebildet, die an die anderen angenagelt sind. Ein kurzer Hahnenbalken gibt dem Bau die notwendige Querversteifung. Ringsum sind die Krummspannen mit Riegeln verbunden. Die so gebildeten Gefache wurden unten mit Steinen ausgefüllt, die der aufsteigenden Feuchtigkeit besser widerstehen als die obere Lehmgefachung.

Die „Krummspannen" ruhen auf großen Findlingen, während die unteren Riegel durch einen Sockel aus kleinen Steinen gestützt werden. Von der Konstruktion her kann der Schafstall mit dem Holzstall (Nr. 24) verglichen werden.

Ein genaues Baudatum läßt sich nicht angeben, wahrscheinlich wurde der Stall Mitte des vorigen Jahrhunderts gebaut. Bis zu seiner Demontage erfuhr er mehrere Umbauten. Auf seine ursprünglichen Maße reduziert, beherbergt er jetzt die kleine Heidschnuckenherde des Museumsdorfes.

Der Schafstall in Molbergen um 1950

43

43 Gaststätte „Dorfkrug“

Hof Meier zu Lahr, Goldenstedt, Ldkr. Vechta

Der *„Dorfkrug“* ist z. Zt. noch die einzige Gast- und Tagungsstätte des Freilichtmuseums; aber am neugeplanten Eingang (Höltinghauser Straße) des Museumsdorfes soll ein weiteres großes Restaurant in Verbindung mit einer Kulturhalle errichtet werden. Der Dorfkrug besteht aus einem *„alten“* Hauptbau und einem *„neuen“* Anbau, der im rechten Winkel an den Hauptbau stößt. Der Hauptbau ist ein im Grundriß sowohl wie im Aufriß fast unverändertes altes Bauernhaus. Es handelt sich dabei um das Haus des Bauern Meier zu Lahr bei Goldenstedt, einem ⅔-Vollerben und (um 1900) 81 ha großen Hof. Dieses Gebäude hat im Wirtschaftsteil einen Giebel, der dem des Hoffmannshofes ähnelt: ein Krüppelwalm mit darüber senkrecht stehendem Giebeldreieck. Es ist ein Giebeltyp, der für das Unterwesergebiet charakteristisch ist. Dagegen ist der zum Haakenhof gerichtete Wohngiebel steil aufgerichtet. Die verschiedenartige Gestaltung der beiden Giebel dieses Hauses rührt wohl daher, daß sie verschiedenen Zeiten angehören (Wohngiebel 1816; Einfahrtsgiebel 1780). An die Diele mit den beiderseits angrenzenden Sitznischen schließt sich ostwärts, jedoch durch eine große Flügeltür hiervon getrennt, der Herdraum an. Das dahinter liegende Kammerfach ist heute ein einziger ungegliederter Raum, der ehemals durch Zwischenwände dreigeteilt war.

Erbwohnhaus Meier zu Lahr während der Demontage; Aufn. 1953

Der Anbau ist neu und ganz aus dem Haupthaus heraus gestaltet. Nur der nach Süden gerichtete Giebel des Anbaues ist alt. Er zierte einst das Haus des Bauern Enneking in Oldorf bei Damme und wurde 1746 vom Zimmermeister Schuhmacher geschaffen, der neben W. Kathmann (s. Quatmannshof, Nr. 33) einer der tüchtigsten Baumeister des südlichen Oldenburgs gewesen ist.

Die Inschrift vor dem Dammer Giebel lautet:

»WO DER HERRE DISS HAUS NICHT BAUET, SO ARBEITET UM SONST DIE DASS SELBIG BAUET. 126 PSALM

SO LASS O HERR DEN EINGANG UND DEN AUSGANG MEIN ZU DEINER ERHE GESCHEN SEIN / MESTER JOHAN HENRICH SCHUMACHER«

Torsturz:

»JOHANN HENRICH / ENNEKING / ANNA / ELIEHSABETH BORHAFT 1776«

Über dem jetzigen Haupteingang des Dorfkruges ist eine Wirtshausinschrift aus Damme angebracht:

»NICH ALLE HABEN EINEN SINN / DER GEHT VORBEY / DER KOMT HERIN 1693«

Hof Enneking in Oldorf; Aufn. um 1930

Herdraum des „Dorfkruges“

Saal des „Dorfkruges“

44 Speicher

Hof Westermann, Varenesch, Ldkr. Vechta

Der Speicher gehörte zu dem 100 ha großen Hof Westermann. Das erklärt seine Größe, denn er ist sicher der mächtigste Speicher (Stockwerk-Speicher) des Oldenburger Landes.

Wie der Inselspeicher des Quatmannshofes, dem er sehr ähnlich ist, kragt er nach allen Seiten vor, und zwischen den aus dem Fachwerk der Außenwände herausschauenden Balkenköpfen zeigt er viertelrunde Füllhölzer. Seine Bauart weist nach Wildeshausen hinüber. Nur der Visbek – Goldenstedter Raum kennt hierzulande derart hochgebaute zweistöckige Speicherbauten (siehe im Gegensatz dazu den Emsteker Speicher Nr. 21).

Die Inschrift im Torsturz gibt das Alter an:

LVR WESTERMANN + ANNA METTE BORTIG VON WESTERHOF
ANNO 1717 DEN 17 MÄRTZ M(eister) I. F.

45

45 Müllerhaus

Hof Meyer zu Repke, Bühren, Ldkr. Cloppenburg

Eine Urkunde des Jahres 1778 berichtet uns, daß von den Markinteressenten der Bokeler Mühle ein Haus gebaut werden solle, „worin der Müller wohne, damit die Mahlgenossen desto füglicher und geschwinder geholfen werden könnten und nicht nötig hätten, bei Abgang des Windes oder sonsten, wo der Müller seiner Geschäfte wegen nach seinem bisherigen Wohnort abwesend wäre, denselben aufsuchen". Dieses Müllerhaus bei der Kappenwindmühle von Bokel bestand einst aus nur fünf Gefachen. Ein entsprechend großes Haus wurde nunmehr neben der Bokeler Mühle errichtet.

Ähnlich wie beim Haakenhof ist auch hier der Steilgiebel durch vorkragende Konsolen gegliedert. Im Torsturzbalken des Müllerhauses und des Haakenhofes wurde der gleiche Spruch eingeschnitzt:

ACH GOTT BEWAHRE DIESES HAVS VND DIE DA GEHEN EIN VND AUS MISTGUNST DER MENSCHEN KAN VNS NICHT SCHADEN WAS GOT VNS GIBT IST WOLL GERADEN
ANNO 1741

Nach der Gefügekonstruktion zu urteilen, ist das Müllerhaus wie der Hoffmannshof als Zweiständerbau mit überstehenden Dachbalken ausgebildet.

Das „Müllerhaus" ist ein Heuerhaus des Ganzerbes Meyer zu Repke, Bühren, gewesen. Sein Grundriß hat große Ähnlichkeit mit dem des älteren Teiles des Doppelheuerhauses aus Damme (Nr. 36). Auch dieses Haus war nicht nur für eine Familie geplant, und 1749 lebten dort zwei Familien mit je zwei Kindern.

46 Kappenwindmühle

Bokel bei Cappeln, Ldkr. Cloppenburg

Im Jahre 1764 erhielten die *„Eingesessenen“* der Bauerschaft Bokel in der Gemeinde Cappeln von dem damals regierenden Landesherrn des Fürstbistums Münster, dem Kölner Kurfürsten Maximilian Friedrich, die Mühlenkonzession, weil in ihrer Gegend *„keine einzige“* Mühle vorhanden sei und weil sie infolge schlechter Wegeverhältnisse zu den in- und ausländischen Mühlen große Umwege machen, ja des öfteren, *„um das liebe Brotkorn mahlen zu lassen“,* in Ermangelung der Pferde dieses selbst zu den Mühlen tragen müßten.

Die Bokeler Bauern entschieden sich für den zu damaliger Zeit modernsten Windmühlentyp, also nicht für die urtümliche Bockwindmühle, sondern für die für mehrere Mahlgänge geeignete, vor allem im benachbarten Holland hochentwickelte *„Kappenwindmühle“*, nach den tragenden Ständern auch *„Achtkantwindmühle“* oder kurz *„Holländer“* genannt.

Bereits einige Jahre später wurde diese einst *„genossenschaftlich“* betriebene Mühle in Privatbesitz überführt und gegen jährliche Erbpacht einem Müller überlassen. Die Müller und Mühlenbesitzer zu Bokel wechselten in der Folgezeit jedoch des öfteren, bis die Mühle 1896 an Josef Hackmann verkauft wurde, dessen Sohn sie wiederum im Jahre 1938 an das Museumsdorf abtrat, wo sie 1941 neu errichtet wurde. Sie gilt damit als eine der ersten restaurierten Mühlen im Sinne der Denkmalpflege nach dem großen Mühlensterben im 20. Jahrhundert. (Zur Typenbeschreibung der Kappenwindmühle s. S. 130)

Mit den Flügeln reicht die Bokeler Windmühle 25 m hoch. Die acht Ständer, die vom Sockel bis unter die Kappe durchlaufen, sind untereinander kreuzweise durch Balken und rundherum durch Riegel, sog. Andreaskreuze, miteinander verbunden. Die Außenhaut der Mühle besteht aus senkrechten Bohlen und darüber genagelten Holzschindeln (mehr als 20.000). Im Innern befinden sich übereinander drei Böden, der Mehl-, Stein- und Kappboden (s. Bilder). Im übrigen ist die Bokeler Mühle heute mit zwei Mahlgängen ausgestattet, einem Schrot- und einem Beutelgang. Ein dritter Gang, der sog. *„Pellgang“*, mit dem die Bokeler Mühle später ausgestattet wurde und der zum Pellen (schälen) der Gerste diente, d. h. zur Herstellung von Gerstengraupen, der sog. Scheldengerste (geschälte Gerste), war bei der Demontage der Mühle bereits nicht mehr vorhanden. Mit dem Getriebe im Innern in Verbindung gebracht ist eine Sackwinde, die die Säcke von den in der Durchfahrt haltenden Wagen zwischen den Klappen im Mehl- und Steinboden hindurch hochzieht. Alt ist auch die Steinlichtevorrichtung, die mittels dreier untereinander verbundener ungleicharmiger Hebel mit nur einer Hand den dreitausend bis viertausend Pfund schweren Läuferstein um Millimeter zu heben gestattet, wenn das Korn gröber gemahlen werden soll. Alt sind schließlich auch die Ein- und Ausschaltevorrichtungen, die es ermöglichen, jederzeit jeden Gang ein- oder auszuschalten. Einiges wurde an der

46

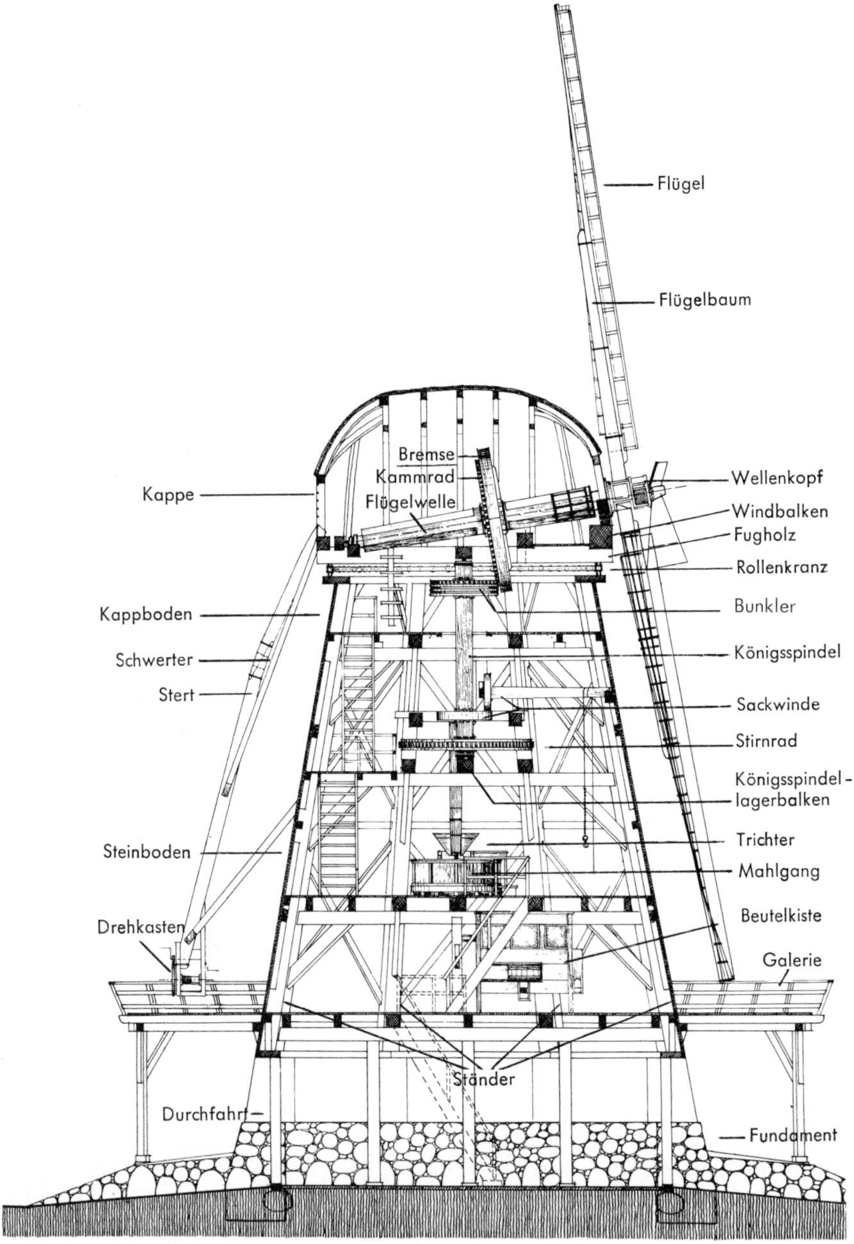

Flügel
Flügelbaum
Bremse
Kammrad
Flügelwelle
Kappe
Wellenkopf
Windbalken
Fugholz
Rollenkranz
Kappboden
Bunkler
Königsspindel
Schwerter
Stert
Sackwinde
Stirnrad
Königsspindel-
lagerbalken
Steinboden
Trichter
Mahlgang
Beutelkiste
Drehkasten
Galerie
Ständer
Durchfahrt
Fundament

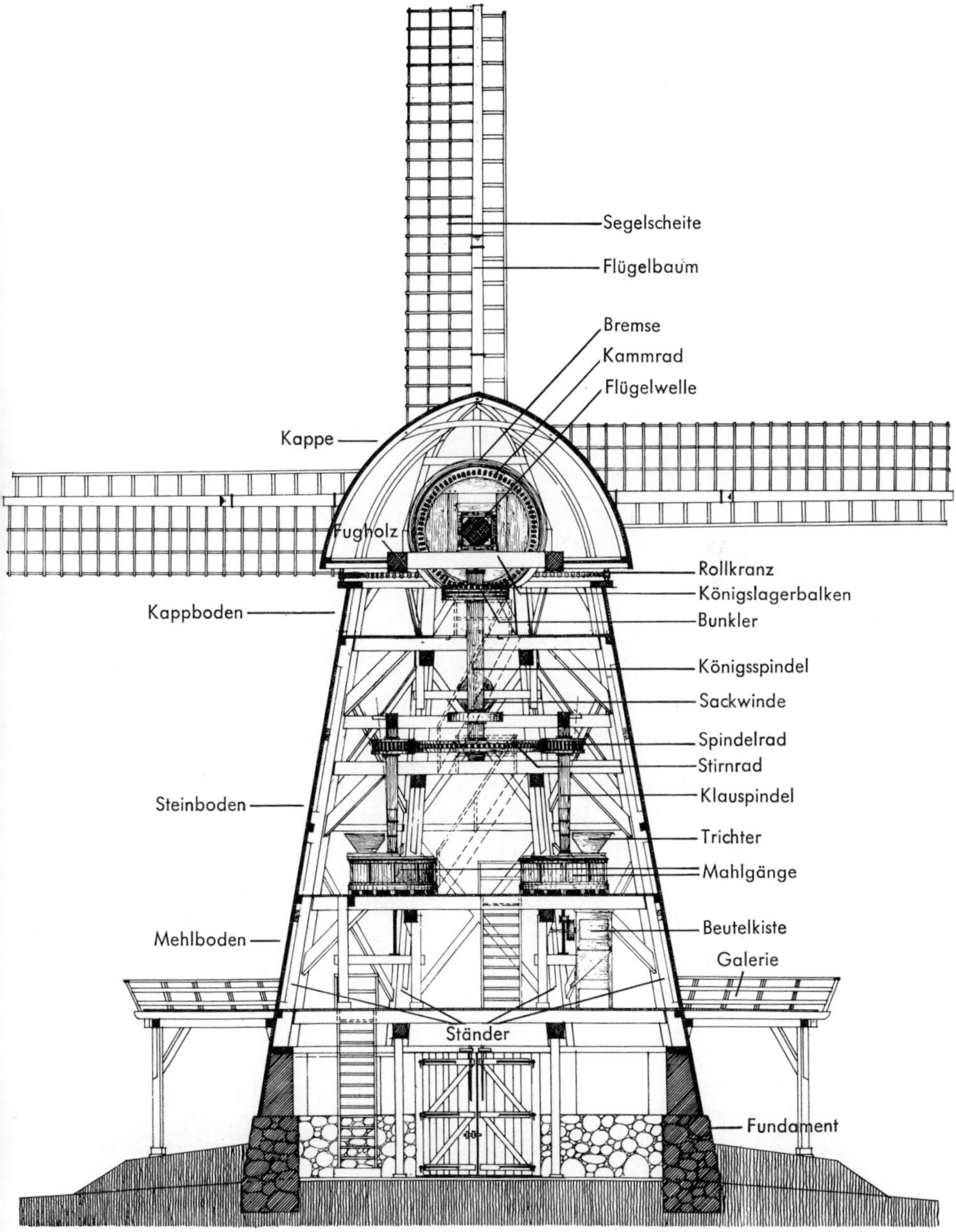
Segelscheite
Flügelbaum
Bremse
Kammrad
Flügelwelle
Kappe
Fugholz
Rollkranz
Königslagerbalken
Kappboden
Bunkler
Königsspindel
Sackwinde
Spindelrad
Stirnrad
Steinboden
Klauspindel
Trichter
Mahlgänge
Beutelkiste
Mehlboden
Galerie
Ständer
Fundament

Steinboden: Schrot- und Beutelgang

Mehlboden mit Beutelkiste

Mühle im Laufe der Zeit schon modernisiert, z. B. der Steinkran, der dazu dient, die Läufersteine von den Bodensteinen zu heben, beiseite zu schieben, umzukehren und niederzulegen, damit sie erneut geschärft werden können. Ursprünglich bediente man sich dazu sog. Steintaue. Eine Neuerung stellte aber auch der eiserne Rollkranz unterhalb der Kappe dar, der an die Stelle des höchst urtümlichen Schleppkranzes trat.

Die schindelgedeckte Kappenwindmühle in Bokel, Aufn. um 1930

46

Arbeitsweise: Fällt der Wind in die gespannten Segel der Flügel oder auch nur gegen deren Bretterseite, so dreht sich das Flügelkreuz und damit die Achse sowie das auf dieser Achse befestigte Kammrad. Dieses greift in das Bunkler-Stockradgetriebe, bringt damit die Königsspindel und zugleich das an dem unteren Ende dieser Spindel festaufsitzende Stirnrad in Bewegung. Das Stirnrad überträgt die Bewegung zunächst wieder auf die Triebräder der sog. Mahlgangspindeln, sodann auf diese selbst und schließlich auf die Läufersteine, da die Mahlgangspindeln mit ihren eisernen Klauen in die mit den Läufersteinen festverbundenen Steinkreuze greifen.

Mahlvorgang: Der Bauer fährt den mit Säcken beladenen Wagen in die Mühle und hält in der Durchfahrt, der Müller stellt die Sackwinde an und zieht einen Sack nach dem anderen durch die Luken des Mehl- und Steinbodens hoch. Dann nimmt er einen dieser Säcke, steigt damit auf die Fußbank, stellt den Sack auf die Sackbank, bindet ihn auf und läßt zunächst die obere Hälfte des Sackinhalts in den Rumpf fließen. Aus dem Rumpf fällt das Korn in den Rüttelschuh, der es zwischen die Steine weiterleitet. Die beim Schärfen in die Innenseiten der Mahlsteine geschnittenen Bogenlinien sind an sich alle rechtsläufig, laufen aber in Wirklichkeit – d. h., wenn die Mühle läuft und die Läufersteine, die mit der geschärften Unterseite auf die ebenfalls geschärfte Oberseite der Bodensteine gelegt sind, sich drehen – in entgegengesetzter Richtung. Sie zermahlen nicht nur das Korn, sondern leiten das gemahlene bzw. geschrotete Korn auch mehr und mehr an die Außenseite der Steine und schließlich zu einer bestimmten Stelle der Öffnung hin, durch die es in die darunter befindliche Sackpfeife und aus dieser in den auf dem Sackstuhl stehenden leeren Sack fällt. Schließlich läßt der Müller die mit Mehl gefüllten Säcke vom Mehlboden mittels der Sackwinde durch die Luken auf den in der Durchfahrt stehenden Wagen zurücklaufen, und der Bauer fährt heim. Will der Bauer aber nicht Schrot, sondern Feinmehl erhalten, so bedient sich der Müller beim Mahlen nicht des Schrot-, sondern des Beutelganges. Das Mahlgut fällt durch den Mahltrichter in den im Innern der Beutelkiste rotierenden, mit Bronzegaze bespannten leicht geneigten Zylinder. Das eigentliche Mehl aber fällt aus dem Zylinder durch die Bronzegaze unten in die Beutelkiste und von hier durch einen Auslauf in einen Sack. Die Kleie aber, die nicht durch die Bronzegaze zu fallen vermochte, rollt weiter in einen außerhalb der Beutelkiste angebrachten besonderen Kasten und aus diesem durch einen Auslauf ebenfalls in einen Sack, der unter dem Kleiekasten steht. Da mit dieser Kleie aber nach dem ersten Mahlgang noch ziemlich viel Mehl in den Kleiekasten fiel, wird alles noch einmal gemahlen, oft noch ein drittes Mal, bis alles reine Mehl außer einem kleinen Rest der übrig bleibenden Kleie abgewonnen wurde. Zu diesem Zweck werden die beiden Steine (Läufer- und Bodensteine) immer enger gestellt.

47 bis 52 Hofanlage „Haake“

Die Hofanlage besteht aus den folgenden Gebäuden: Erbwohnhaus des Hofes Haake aus Cappeln, Speicher-Remise aus Norddöllen, Zaunscheune aus Varenesch, Schweinestall aus Klein-Mimmelage, Brauhaus aus Visbek.

Aufmaße und Anzahl der Gebäude kennzeichnen die Anlage als großbäuerliches Anwesen.

Das Gefüge des Haakenhofes beim Wiederaufbau

47 Bleichhütte

Die Bleichhütte (Bleekerhütten, Linnenhüsken) von *Osterfeine, Ldkr. Cloppenburg,* entging 1945 der Zerstörung; sie stellt lediglich eine ins Freie verpflanzte, überdachte Bettstatt (Durk) mit einem kleinen Vorbau dar. Sie diente dem Mann, der das in langen Bahnen auf der Bleiche ausgespannte und festgepflockte, selbstgesponnene Leinen tagsüber zu begießen und nachts zu bewachen hatte, als Lagerstatt. In der kleinen „Vorhalle" vor dem Lager des Wärters fand der Hund, der mit ihm wachte, seinen Platz.

48 Erbwohnhaus

Hof Haake, Cappeln, Ldkr. Cloppenburg

Das Erbwohnhaus stammt von dem (im Jahre 1914) 72 ha großen Ganzerbe Haake. Der Hof war nicht gutshörig, sondern ein freies Erbe. Aus einer Urkunde des Jahres 1545 erfahren wir erstmalig die Größe des Hofes. Fünf Maltersaat Ackerland und 80 Stück Vieh werden zusammen mit Haus und Garten auf 463 Goldgulden Wert geschätzt. 1750 wohnen 12 Personen auf dem Hof: Bauer und Bäuerin mit fünf Kindern, die 70jährige Mutter und, neben einer Magd, zwei Knechte und ein Schäfer. 1776 erbt eine der Töchter den Hof. Zusammen mit ihrem Mann, einem „geborenen Vorwerk", der, wie damals üblich, den Hofnamen annahm, ließ sie im Jahre 1793 das neue Erbwohnhaus errichten. Der Giebelbalken hat folgende Inschrift:

Dieses Hauß O Herr Bewahr Vor Allen Unglück Und Gefahr und Alle die darinnen wohnen Wollest Du O Herr Gnädig Verschonen An Gottes Seegen Ist Alles Gelegen O Herr Du Bist Unter Uns Bewahre Uns Doch Auch O Gott.

Im Torsturz ist zu lesen:

Mißgunst der Menschen kan Nich Schaden: waß Gott will soll woll Gerahten
Anno 1793 O Herr Gott IHS

Das Haus stellt ein sog. Vierständerhaus dar. Im Gegensatz zum Zweiständerhaus (Quatmannshof, Wehlburg, Hoffmannshof) reichen die Dachbalken bis zu den Ständern der Außenwand, so daß insgesamt vier Ständerreihen die Dachlast tragen. Die mehr als 15 m langen Balken liegen dabei auf der inneren Ständerreihe auf und sind in die äußeren Ständer eingehälst, so daß die Balkenköpfe darüber hinausragen. Diese in Westfalen schon im 16. Jahrhundert auftretende Gerüstkonstruktion verbreitete sich in Nordwest-Niedersachsen erst im 18. Jahrhundert.

Kaum ein anderes Haus des Museumsdorfes konnte mit solcher Sicherheit auf den ursprünglichen Zustand zurückgeführt werden wie gerade der Haakenhof. Das lag vor allem daran, daß die Zimmermannszeichen dieses Hauses besonders sauber ausgeführt und fast restlos erhalten waren. Beim Vordergiebel und an der linken Seitenwand bediente sich der Meister nur großer lateinischer Buchstaben, an der rechten Seitenwand wie am Wohngiebel jedoch arabischer Zahlen; innerhalb der Herdwand verwendete er römische Zahlen und im Kammerfach geometrische Zeichen. Die auf den Riegeln immer wiederkehrenden Zusatzzeichen B, M oder V bedeuten: *„baoben"* (= oben), *„midden"* (= mitten) und *„unnen"* (= unten).

Es konnte u. a. festgestellt werden, daß der Wirtschaftsteil dieses Hauses später um 6 m verlängert worden war und die „Lucht" an der Ostseite ursprünglich auch einen Windfang hatte. Beim Wiederaufbau wurde die ursprüngliche Länge des Hauses wieder hergestellt und auch der Windfang wieder eingebaut.

Bei der Rekonstruktion des ursprünglichen Bauzustandes entfiel auch die später erst eingebaute Gaststube, in der während des 19. Jahrhunderts das selbstgebraute Bier des Haakenhofes ausgeschenkt wurde. Daß Stuben ursprünglich jedoch nicht geschätzt wurden, bestätigt uns ein Cloppenburger Arzt in einer Schrift aus dem Jahre 1800, in der es u. a. heißt: *„Selbst wenn der Bauer sonntags ins Wirtshaus kommt, nicht leicht ist er zu bewegen, in der warmen Stube seinen Schnaps oder (seine) Kanne Bier zu nehmen, nein der Wirt, der kein gutes großes Feuer hat, kann sichere Rechnung machen, seine Gäste nach und nach zu verlieren und hätte er auch die schönsten warmen Zimmer.“* Ein solches Herdfeuer war aber nur in Häusern ohne Kamin ausreichend warm, denn durch den Einbau von Schornsteinen entstand ein starker Durchzug, der den Feuerplatz ungemütlich machte. Nah an das Feuer scheint man trotzdem gerückt zu sein, denn der o. g. Arzt schreibt an anderer Stelle: *„Der Landmann sitzt äußerst selten in der warmen Stube, sondern meist am Feuerherd, bei lodernder Flamme verbrennt er gern die Beine und erhält daher sehr schwer zu heilende Geschwüre an den Schienen* (= Schienbeinen).“

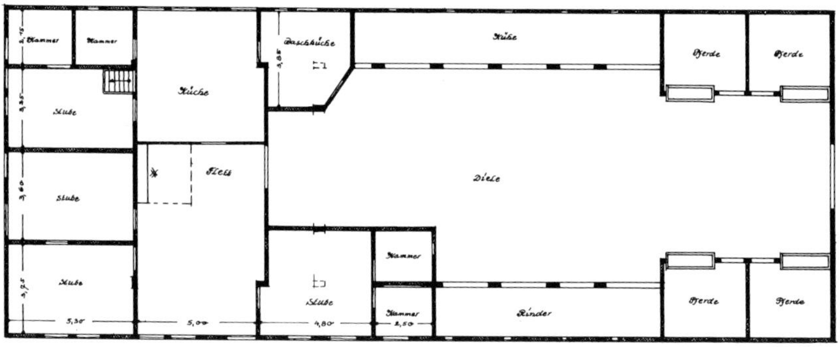

Grundriß Haakenhof mit „Verlängerung“, 19. Jahrh.

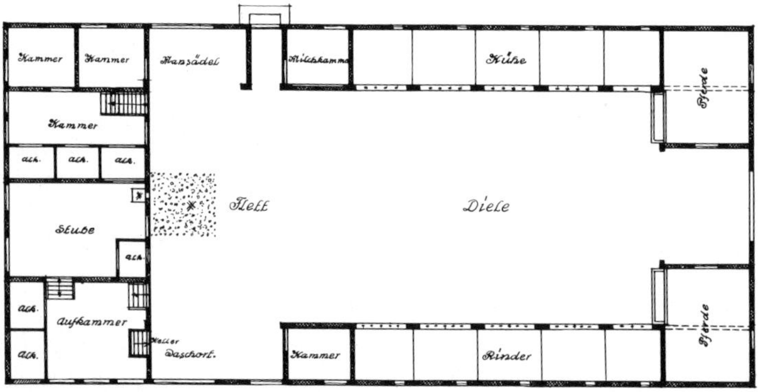

Grundriß Haakenhof, Zustand 1793

Die Gemeinsamkeit von Mensch und Vieh unter einem Dach und das Fehlen von Kaminen war vielen Reisenden des 18. und 19. Jahrhunderts so exotisch und fremd, daß sie darüber berichteten. Die bissigste Schilderung lieferte der französische Philosoph Voltaire: *„In großen Hütten, die man Häuser nennt, sieht man Tiere, die man Menschen nennt. Diese leben auf die einträchtigste Weise der Welt mit den anderen Haustieren durcheinander."* Weniger aggressiv formulierte A. Bruchhausen im Jahre 1790 seine Vorbehalte, stark geprägt von bürgerlich-städtisch orientierten Wohnvorstellungen: *„Unsere meisten Bauernhäuser ... gleichen einer hohlen Rast, sind für Menschen und Vieh ungesund, unbequem, und überhaupt für die Landwirtschaft übel eingerichtet. Die Wohn- und Schlafstuben sind zu enge, zu niedrig, die Fenster zu klein, und oft so gemacht, daß sie nicht können geöffnet werden, um frische, gesunde Luft hineinzulassen. In vielen Häusern liegt die Mistgrube vor der Wohn- und Schlafstube ... Die Küchen sind kalt und allem Winde offen, so daß das Feuer in die Dresche verfliegen, und von Hunden und Katzen ganz leicht darin geschleppt werden kann ... Auch sind an vielen Bauernhäusern noch keine Schornsteine, darum sieht da alles so schmutzig und so schwarz aus. Menschen, Kleider, Leinenzeug, das Essen und das Futter fürs Vieh sind wie geräuchert: die Luft wird unrein, erstickend, und den Augen schädlich ..."*

Gegen diese negativen Urteile wandte sich der große Osnabrücker Staatsmann Justus Möser (1720–1794) mit einer Beschreibung des niederdeutschen Hallenhauses, die insbesondere die Vorteile hervorhebt:

„Der Heerd ist fast in der Mitte des Hauses und so angelegt, daß die Frau, welche bey demselben sitzt, zu gleicher Zeit alles übersehen kann. Ein so großer und bequemer

Diele und Herdraum des Haakenhofes in Museumsdorf

48

Gesichtspunkt ist in keiner anderen Art von Gebäuden. Ohne von ihrem Stuhle aufzustehen, übersieht die Wirthin zu gleicher Zeit drey Thüren, dankt denen die herein kommen, heißt solche bey sich niedersetzen, behält Kinder und Gesinde, ihre Pferde und Kühe im Auge, hütet Keller und Boden und Kammer, spinnet immerfort und kocht dabey. Ihre Schlafstelle ist hinter diesem Feuer, und sie behält aus derselben eben diese große Aussicht, sieht ihr Gesinde zur Arbeit aufstehen und sich niederlegen, das Feuer anbrennen und verlöschen, und alle Thüren auf und zugehen, höret ihr Vieh fressen, die Weberin schlagen und beobachtet wiederum Keller, Boden und Kammer. Wenn sie im Kindbette liegt, kann sie noch einen Theil dieser häuslichen Pflichten aus dieser ihrer Schlafstelle wahrnehmen. Jede zufällige Arbeit bleibt ebenfalls in der Kette der übrigen. So wie das Vieh gefüttert und die Dresche gewandt, kann sie hinter ihrem Spinnrade ausruhen, anstatt daß in andern Orten, wo die Leute in Stuben sitzen, so oft die Hausthür aufgeht, jemand aus der Stube dem Fremden entgegen gehen, ihn wieder aus dem Haus führen und seine Arbeit so lange versäumen muß. Der Platz bey dem Heerde ist der schönste unter allen. Und wer den Heerd der Feuersgefahr halber von der Aussicht auf die Deele absondert, beraubt sich unendlicher Vortheile. Er kann sodenn nicht sehen, was der Knecht schneidet, und die Magd futtert. Er hört die Stimme des Viehes nicht mehr. Die Einfarth wird ein Schleichloch des Gesindes, seine ganze Aussicht vom Stuhle hinter dem Rade am Feuer geht verlohren, und wer vollends seine Pferde in einem besondern Stalle, seine Kühe in einem andern, und seine Schweine im dritten hat, und in einem eigenen Gebäude drischt, der hat zehnmal so viel Wände und Dächer zu unterhalten, und muß den ganzen Tag mit Besichtigen und Aufsichthaben zubringen.

Zum Thema Wärmeprobleme im Rauchhaus s. S. 120

Blick auf Herdstelle, Stube und Alkovenfenster des Haakenhofes

49 Brauhaus

Hof Hubbermann, Visbek, Ldkr. Vechta

Zum Brautschatz der Catharina Kramer aus Altenmarhorst bei Twistringen (Altkreis Grafschaft Hoya), die im Jahre 1736 den Johann Hubbermann in Hubertusmühle (unweit des Dorfes Visbek) heiratete, gehörte dieses Brauhaus. Das bedeutete nicht, daß die Eltern der Braut auf dem Hof des Bräutigams von einem Zimmermann aus der Umgebung diesen Bau anfertigen und aufrichten ließen. Vielmehr wurde, zusammen mit den anderen Stücken der Aussteuer (u. a. ein eisenbeschlagener Koffer), das gesamte Holzgerüst von Twistringen mit dem Leiterwagen zum Hof Hubbermann gebracht, vergleichbar mit dem Transport des Fertigbausatzes eines Hauses in heutiger Zeit.

Das Holzgerüst des zweigeschossigen Wandständerbaues war von einem Zimmermann vorgefertigt worden. Nicht nur alle Balken, Ständer, Riegel und Sparren waren gesägt und behauen, sondern auch die Zapfen, Zapflöcher erstellt und die Löcher für die Holznägel vorgebohrt worden. Am Boden hatte man die Seitenwände und Giebel zusammengelegt und jedem Holzteil nach einem genauen System sein Zimmermannszeichen gegeben. Danach war das Holz auf einen Leiterwagen gepackt und zu dem Bauplatz gefahren worden.

Um es dort aufzurichten, bedurfte es nicht unbedingt der Hilfe des Zimmermeisters, der es gefertigt hatte. Anhand der Zeichen konnte diese Arbeit auch von einem anderen Meister übernommen werden, vorausgesetzt, ihm war der Plan und das Zeichensystem bekannt.

Das Brauhaus nun wurde, wie die Inschrift im Türsturz zeigt – *Anno 1736* – auf dem Hof Hubbermann gerichtet. Dort diente es bis zu seiner Umsetzung ins Museumsdorf als Brauhaus, Speicher und später noch als Backhaus.

Bier spielte in der Ernährung bis zur Einführung von Tee und Kaffee eine bedeutende Rolle, weniger als Genußmittel, sondern vielmehr als täglicher Durstlöscher. Das Brunnenwasser war nämlich nur bedingt genießbar, und so blieben als Getränke nur Milch, Buttermilch und eben Bier. Aus Ostfriesland ist eine Berechnung des Bierbedarfs für eine Person überliefert, wie er in der Zeit um 1800 üblich war: ca. 400 Liter jährlich. Es handelte sich dabei aber keineswegs um das heute übliche Bier, sondern weitgehend um Dünnbier. Das einfachste war das *„Scherbier“,* auch *„Drinken“* genannt. Es wurde im Hause zubereitet: In ein 1½ m hohes *„Drinkfat“,* ein nach oben verjüngtes Faß mit Spundloch über dem Faßboden wurde ca. 10 Pfund gesäuertes Schwarzbrot zu einem Viertel mit warmem und zu drei Viertel mit kaltem Wasser übergossen. Dann wurde das Faß luftdicht verschlossen, und der Aufguß mußte zwei Tage lang gären. Danach konnte abgezapft und getrunken werden.

Das für den Sommer gebraute Märzenbier wurde auf großen Höfen hergestellt. Dafür bedurfte es der Vielzahl von Geräten, wie sie in dem Brauhaus aus Visbek zu sehen sind, woraus die Kompliziertheit des Verfahrens deutlich wird. Zu den im Nordwesten verbreiteten Biersorten gehörte auch der *»Keut«* und das mit *»Grut«* (rosmarinus silvestris) versetzte Grutbier, von dem der päpstliche Gesandte während der Verhandlungen zum Westfälischen Frieden 1648 gesagt haben soll *„Etwas Schwefel hinein, und es ist ein Höllentrank!“*

Ganz hervorragend scheint die hiesige Braukunst wohl nicht gewesen zu sein, denn sonst wäre das völlige Verschwinden der einheimischen Biere mit dem Auftreten von Tee, Kaffee, Kaffee-Ersatz und bayrischem Bier nicht zu erklären.

In der engeren Region war aber das Bier des *Haakenhofes,* zu dessen Hofanlage im 18. und 19. Jahrhundert ein Brauhaus zählte, lange Zeit beliebt. Darum lohnte sich die spätere Erweiterung des Hofes und der Einbau einer „Gaststube“. Der *Haakenhof* „exportierte“ aber auch sein Bier, z. B. nach Vechta, wo es den Durst der dort stationierten Dragoner stillen half.

„Bierkränzchen“
im Saterland, um 1800

50 Schweinestall

Hof Schechtmann, Klein Mimmelage, Ldkr. Osnabrück

Vom Hofe Schechtmann in Klein Mimmelage, Altkreis Bersenbrück, wurde dieses Gebäude ausgewählt und zum Haakenhof gestellt, der auch ursprünglich ein entsprechend großes Gebäude dieser Art hatte. Besonders interessant an diesem Nebengebäude ist die starke Vorkragung des Daches auf der einen Längsseite. Da die Schweine hier von außen durch die „Föskede“ gefüttert wurden, bewirkte die Dachvorkragung einen wirksamen Regenschutz. Anordnung und Größe der „Föskede“ verraten, daß dieses Gebäude im Innern in drei „Boxen“ gegliedert ist, so daß die Schweine je nach Alter und Umfang „aufgestallt“ werden konnten. Dem Gebäude fehlt zwar eine Jahreszahl, doch gehört es sicherlich noch dem 18. Jahrhundert an.

Schweineställe aus dieser Zeit sind selten, denn erst nach 1850 gewann die Schweinemast erneut die große Bedeutung, die sie im Mittelalter gehabt hat. Bis in das 16. Jahrhundert trieben die Schweinehirten große Herden in die noch dichten und weiten Wälder. Eicheln und Buchen bildeten die Grundlage der Mast. Damals waren die Schweineschinken aus Niedersachsen und Westfalen ein bedeutender Ausfuhrartikel und berühmt in ganz Europa.

Mit dem Raubbau an den Waldbeständen im 17. Jahrhundert verlor die Schweinemast ihre Bedeutung. Auf den Höfen zog man nur noch so viele Schweine auf, wie man mit den Eicheln der die Häuser umstehenden Bäume mästen konnte.

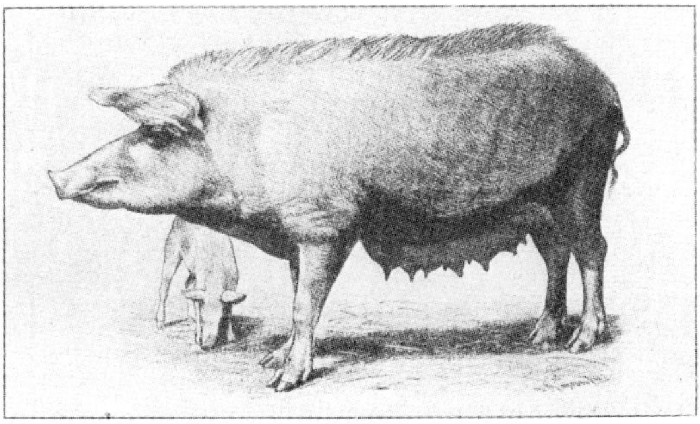

Langrüsseliges deutsches Landschwein

51 Speicher-Remise

Hof Götting, Norddöllen, Ldkr. Vechta

Die Speicher-Remise ist, wie schon der Name besagt, eine Baukombination. Die eine Hälfte des Gebäudes nahm Ackerwagen und Geräte auf, und die andere Hälfte wurde als Werkstattraum benutzt. Der Balken diente als Speicher.

Die Speicher-Remise verfügt zwar nicht über eine Inschrift mit Jahreszahl, doch ist am Türschloß der Werkstattür die Jahreszahl 1792 eingepunzt, so daß dieses Gebäude wohl bereits vor dieser Zeit erstellt worden sein wird. Die Lehmgefache dieses Nebengebäudes sind nicht gekälkt gewesen und zeigen somit den gelbbraunen Lehm-Farbton. Zur Westseite (Wetterseite) wurden die Giebelgefache wieder wie einst mit Ziegeln in Mustern ausgelegt.

Der aufgeweichte Lehm wird zwischen die senkrechten Staken und geflochtenen Weiden „geklemmt“

52 Zaunscheune

Hof Westermann, Varenesch, Ldkr. Vechta

Die einzelnen Gefache dieser Frucht- oder Heuscheune wurden nicht mit Lehm ausgefüllt, sondern teils gezäunt (d. h. die in den Gefachen senkrecht stehenden Holzstaken wurden nur mit Heidekraut und Weiden gefüllt), teils mit starken Bretterbohlen geschlossen (Ständerbohlenbau!). Die Wandfüllung mit Heide, Ginster, Weiden oder Bretterbohlen bleibt aber stets winddurchlässig, was auch beabsichtigt war, damit der Wind das im Innern liegende Heu nachzutrocknen vermochte. Die queraufgeschlossene Scheune verfügt über zwei große Flügeltore, so daß es möglich war, mit dem beladenen Erntewagen hindurchzufahren.

Inschriften:

ACH HERRE BEWAHRE DIES HAVS FVR FEVWER VND BRANDT
WESTERMAN VNT SEINNE H(AVSF)RAWE ANNA METTE BVRDING VON WESTERHOF
ANNO 1730 *DEN 13 MARTIVS*

Von dem gleichen Hof wie diese Scheune stammt der Speicher Nr. 44.

Die Dachdecker auf ihren kurzen Leitern beim „Klopfen“ des „weichen“ Daches

Zur Vor- und Nachbereitung des Museumsbesuches

Zur Geschichte des niederdeutschen Hallenhauses

Von der niederländischen Nordseeküste bis zur Danziger Bucht und vom südlichen Westfalen bis nach Schleswig-Holstein erstreckt sich das Verbreitungsgebiet eines Bauernhauses, das in der Vergangenheit als „Niedersachsenhaus“, von der neueren Hausforschung aber richtiger als *„niederdeutsches Hallenhaus“* bezeichnet wird. Der Funktion nach ist es als sog. Einhaus anzusprechen, das die Hauptaufgabe des bäuerlichen Lebens und Wirtschaftens unter einem Dach vereinigt: nämlich das Wohnen, das Viehaufstallen, das Erntebergen und die wichtigsten Binnenarbeiten. Das Wesen des niederdeutschen Hallenhauses aber ist seine freie, hallenhafte Raumweite. Die Halle stellt dem Bauern und der Bäuerin die Aufgabe, über Menschen, Tiere und Dinge ständig Aufsicht zu führen. Beurteilen wir dieses Haus nach der Konstruktion, so muß man es als Zwei-, Drei- oder als Vierständerbau oder allgemein als *Gerüstbau* bezeichnen, da seine Eigenart darin besteht, daß ein hohes Dach (als Zweiständerbau) nicht von den Außenwänden, sondern von einem inneren Gerüst getragen wird, das gleichzeitig auch die Last der Ernte aufnimmt.

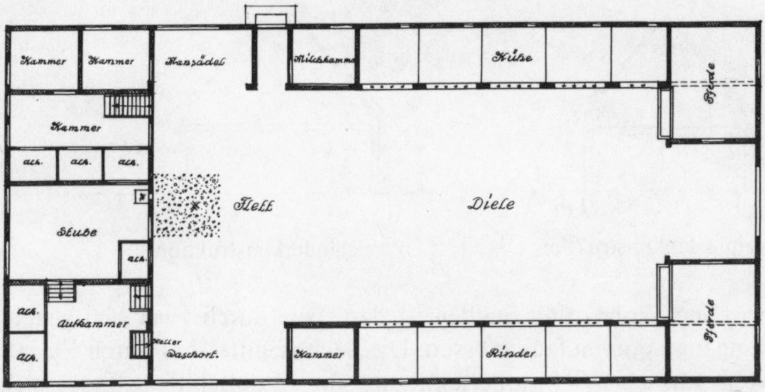

Grundriß eines niederdeutschen Hallenhauses

Die ältesten noch erhaltenen Bauernhäuser unseres Landes reichen zeitlich nicht weiter zurück als in das frühe 16. Jahrhundert. Sie bezeugen uns aber, daß die Bauernhäuser unserer Heimat vor gut 400 Jahren im wesentlichen schon die gleiche Gestalt und Raumgliederung wie die noch in größerer Zahl erhaltenen Bauten des 18. und 19. Jahrhunderts aufweisen: Sie hatten bereits damals ein Kammerfach, manchmal eine heizbare Stube und ein Flett (Herdraum) mit zwei Nischen (Luchten), also ein zweiarmiges Flett. Diese zunächst oberflächliche Betrachtung berücksichtigt aber noch nicht die vielen Verbesserungen und Weiterentwicklungen der Folgezeit.

Obwohl es erhaltene Bauernhäuser aus dem 15. Jahrhundert nicht mehr gibt, ist es der vergleichenden Hausforschung und der Archäologie gelungen, die Geschichte dieses Bauernhaustyps bis zu seinen Uranfängen zurückzuverfolgen. Während der frühbäuerlichen Periode, als der Landmann sein Vieh noch ganz-

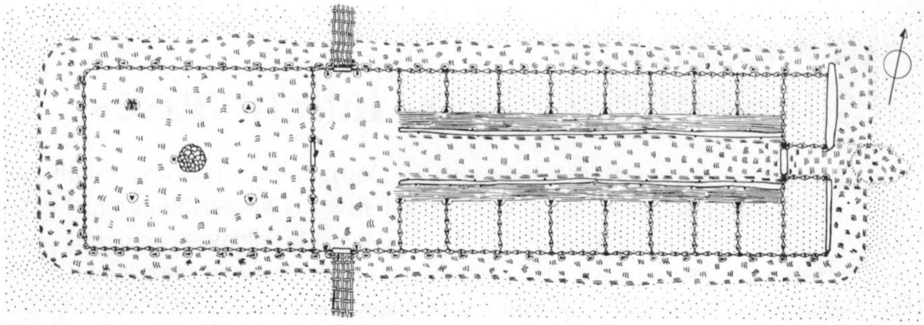

Grundriß eines vor- und frühgeschichtlichen Hallenhauses

jährig draußen weidete, benötigte er nur Viehhürden, aber keine Ställe. Erst als der frühgeschichtliche Bauer zum gepflegten Dauerfeld überging, mußten sich zwangsläufig Haus und Hof wandeln. In dieser Phase treffen wir in Nordwesteuropa fast überall auf Häuser im gleichen Baustil: auf dreischiffige, von zwei Pfostenreihen getragene Hallenhäuser (s. Abb.), bei denen Menschen und Vieh unter einem Dach untergebracht waren. Der Wohnteil ist mit Lehm ausgestampft, hat einen freiumschreitbaren Herd und wird durch geflochtene Wände vom Stallteil

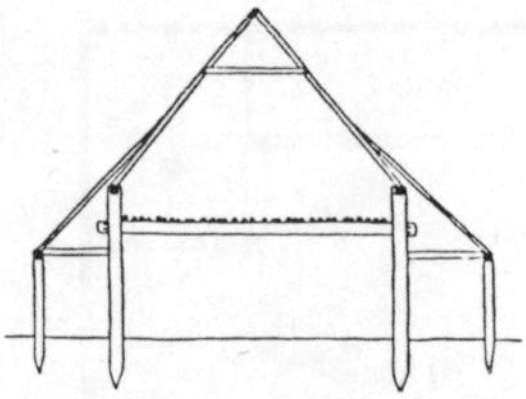

Zweipfostenkonstruktion

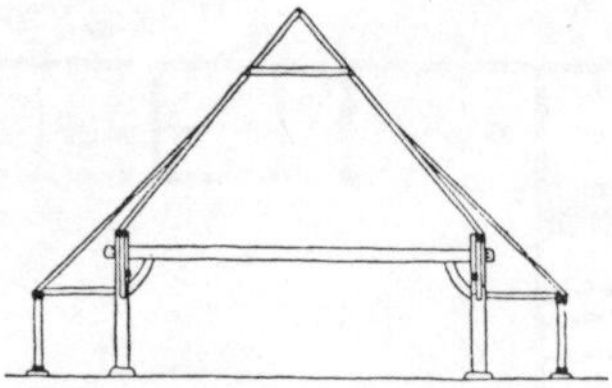

Zweiständerkonstruktion

abgetrennt. Zwischen Wohn- und Stallteil ist das Haus durch zwei sich gegenüberliegende Eingänge quer aufgeschlossen. Die Seitenschiffe sind durch Flechtwände in Boxen für das Vieh unterteilt, und im Mittelschiff befindet sich ein Stallgang aus Sodenpackungen mit danebenliegender Jaucherinne. Dieses Wohnstallhaus. das sog. *vormittelalterliche dreischiffige Wohn-Stallhaus,* gliedert seinen Innenraum durch zwei Pfostenreihen (eingegrabene Ständer) in der Längsrichtung. Solch ein Pfostengerüst ist in der Lage, ein regelrechtes Sparrendach zu tragen. Der Innenraum ist in der Vertikalen bis zum Dachfirst nicht unterteilt; dieser Haustyp verfügt also noch nicht über einen Erntedachboden. Die niedrigen Flechtwerk-Außenwände haben nur raumabschließende, keine tragende Bedeutung; alle diese Häuser verfügen über ein Vollwalmdach. Mit dem Zweipfostenbau des vormittelalterlichen dreischiffigen Wohn-Stallhauses sind wir aber noch vom hochausgebildeten, mittelalterlichen Gerüstbau mit Sparrendach weit entfernt.
Eine der einschneidendsten Erfindungen in der Geschichte des dreischiffigen Hallenhauses ist der im Hochmittelalter (hierzulande im 13./14. Jahrhundert) vollzogene *Übergang vom Pfosten- zum Ständerbau* und die Herausbildung einer Wohn- und Wirtschaftshalle. Der Ständerbau hat eine weitaus längere Lebensdauer (im Durchschnitt 300 Jahre) als der Pfostenbau, da die tragenden Stützen auf Fundamentsteinen oder untermauerten Holzschwellen stehen und nicht mehr im Boden

eingetieft sind. Das neue Ständergerüst in diesem mittelalterlichen Hallenhaus ist jetzt auch erstmalig in der Lage, einen Erntedachboden zu schaffen. Durch Balken und darüber gelegte Rundhölzer wurde der hohe Dachraum von der Halle abgeschnitten. Mit Hilfe von Zusparren war eine Möglichkeit gegeben, die Seitenschiffe zu erweitern und Raum zu gewinnen für das Mittelschiff. Wenn der Bauer von nun an mühsam die Ernte auf den Balken hochforkte, so tat er das aus der Erfahrung und zu dem Zweck, daß sich der Herdrauch vorteilhaft auf den Erntestapel auswirkt; denn der Rauch trocknet eingefahrenes Getreide, beizt das Korn, vertreibt Ungeziefer und konserviert das Holz, um nur die wichtigsten Gesichtspunkte anzuführen. Ferner war man in der Lage, das Mittelschiff als Dreschdiele zu benutzen, was zur Folge hatte, daß das Vieh mit dem Kopf zur Diele gestellt wurde. Die Erfindung des mittelalterlichen dreischiffigen Hallenhauses war natürlich nicht die Tat eines einzelnen, sondern es verdankt sein Entstehen dem eifrigen Bemühen vieler. Die entscheidende Weiterentwicklung gegenüber dem vormittelalterlichen Hallenhauses erhielt es aber durch die Berufshandwerker der Klöster, der Herrensitze und der Stadt. Die frühen Anstöße dazu gehen allem Anschein nach von den niederländisch-niederrheinischen Gebieten aus. Obwohl die niederdeutschen Hallenhäuser zunächst nur als Zweiständerbauten errichtet wurden, heben sich deutlich zwei wesensverschiedene Zimmerungen voneinander ab, je nachdem, wie der Balken zu dem Ständer gefügt ist und welche Gerüstaufgabe ihm zukommt, und zwar die sog. Ankerbalkenkonstruktion und die Dachbalkenkonstruktion.

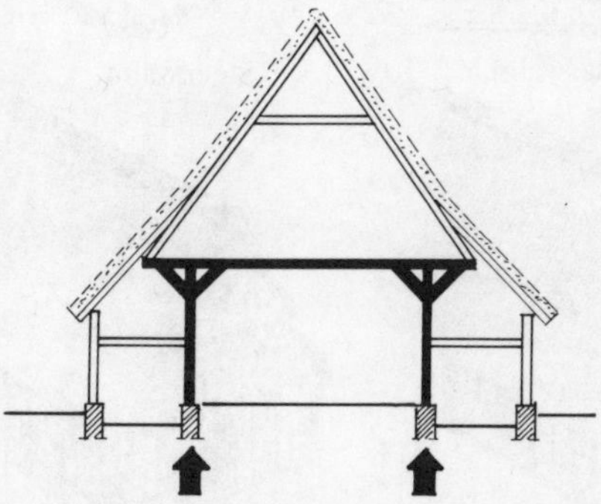

„Zweiständer"

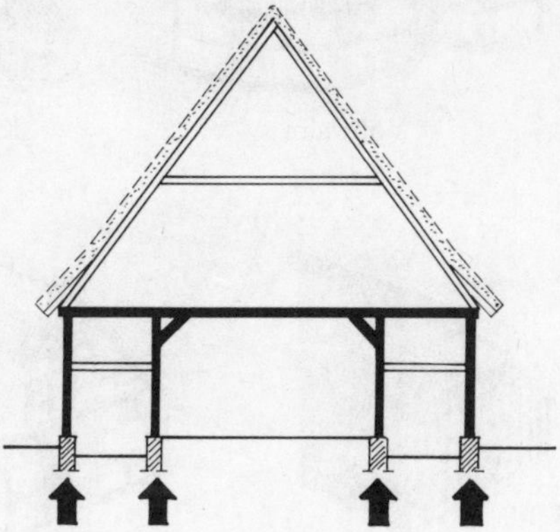

„Vierständer"

Die Ankerbalkenkonstruktion (sog. Hochrähmgefüge) stellt eine Frühform des Hochmittelalters dar (der Ernteboden konnte nur zum geringen Teil die Ernte fassen, da ansonsten bei zu großer Belastung ein Abknicken der Ständer befürchtet werden mußte; denn zur Aufnahme des Ankerzapfens wurde zuvor der Ständer aufgeschlitzt, also geschwächt), die in den niederländisch-niederrheinischen Landschaften ausgeformt wurde. Von dort drang dieses Hausgerüst weiter vor in das westliche Emsland, den Hümmling und in den nordwestlichen Teil des Oldenburger Landes.

Im mittleren Westfalen – vor allem im Oberwesergebiet – kam es zu einer Gegenbewegung. Angeregt durch mitteldeutsches und umgewandeltes niederländisch-niederrheinisches Kulturgut, bildete sich dort im Spätmittelalter in den Ackerbürgerdörfern und -städten die Hochform des niederdeutschen Hallenhauses aus, *das Dachbalkenhaus* (sog. Unterrähmgefüge), später noch bereichert durch die Sparrenschwelle. Diese Strömung verlief über die Osnabrücker Lande weiter nördlich bis in das Oldenburger Land und vermochte in den weiteren Regionen das alte Ankerbalkengefüge zu verdrängen. Diese Hochform verfügt über ein hohes und breites Mittelschiff und ein tragfähiges Ständergerüst mit einem hohen Sparrendach, ganz darauf ausgerichtet, Menschen, Vieh, das gesamte Erntegut und zahlreiche Vorgänge des Wirtschaftens unter einem Dach zu vereinigen. Die größtmögliche Breite des Erntedachbodens überhaupt erreichte das niederdeutsche Hallenhaus mit dem *Vierständerbau*, bei dem die Ständer in den Außenwänden ebenso tragen wie die inneren Dielenständer. Diese Weiterformung des Zweiständergefüges ist eine Kulturleistung des ausgehenden 16. Jahrhunderts, erreichte aber das Osnabrücker Nordland sowie das Oldenburger Land erst im 18. Jahrhundert.

Vollwalm

Kübbungswalm

Steckwalm

Krüppelwalm

Steilgiebel

Geschoßgiebel

Wenden wir uns den in unserem Gebiet vorkommenden Giebelarten zu, so können wir beobachten, daß sämtliche Haupttypen auch bei uns vertreten sind:
Der tief heruntergezogene *Voll- und Schleppwalm;* der zunächst ganz verbretterte *Steilgiebel;* der auf vorspringenden Balken ruhende *Steckwalm* und der *Kübbungswalm* mit kurzem, senkrecht stehendem Giebeldreieck. Diese Giebelformen treten bereits fertig ausgebildet im 16. Jahrhundert auf. Im 18. Jahrhundert dominiert schließlich der Steilgiebel. Der Kübbungswalm dagegen ist erst im späten 17. Jahrhundert bei uns nachzuweisen. Weiterbildungen des Steilgiebels einerseits sowie des Kübbungs- und Steckwalms andererseits sind der mehrfach vorgekröpfte Giebel sowie der Krüppelwalm. Der Höhepunkt in der Entwick-

lung des vorgekröpften Knaggengiebels ist nicht in seinem Entstehungsgebiet (Oberweserraum), sondern um 1750 im Osnabrücker Nordland, dem Artland (Wehlburg) und im Südteil des Oldenburger Landes (Quatmannshof) anzutreffen. Im Unterwesergebiet und nicht zuletzt im Ammerland gibt der Krüppelwalm dem niederdeutschen Hallenhaus sein typisches Gepräge.

Noch aber haben wir keinen Blick in das Innere des Hallenhauses getan, in den Herdraum und in das anschließende Kammerfach. Wie bei dem vormittelalterlichen dreischiffigen Wohn-Stallhaus ist der Herd der eigentliche Mittelpunkt des Wohnteils. Angeregt durch Vorbilder des Bürgerhauses des westfälischen Südostens, erlangte der Herdraum unseres Bauernhauses im 16. Jahrhundert seine Vollendung durch die Schaffung zweier halbhoher Nischen, der sog. Luchten: Von nun an verfügt unser Bauernhaus über ein *zweiarmiges Flett.* In der einen Lucht befindet sich der lange Eßtisch, an dem Bauer und Gesinde saßen und aßen. Auf der gegenüberliegenden Seite war der Raum gewonnen für den Geschirrschrank und das Waschfaß, kurzum der Waschort und der Arbeitsraum für die Frauen. Mittelpunkt des häuslichen Lebens aber ist der Herd, Kochstelle, Wärme- und Lichtspender zugleich, auch der Ort festgefügter Bräuche. Direkt anschließend an die Herd- oder Feuerwand befindet sich in den größeren Bauernhäusern hierzulande schon seit dem 16. Jahrhundert das Kammerfach, im westlichen Teile unseres Landes entstanden aus der hinteren Kübbung, im südlichen Teile unseres Landes durch Verlängerung des Hauses in der Längsrichtung, also durch einen Anbau.

Stube: „Die Stube ist eine der bedeutsamsten und folgenreichsten ‚Erfindungen' für die mitteleuropäische Wohnkultur, auf der auch die heutigen Wohnformen beruhen; eine Erfindung, und das sei vorweggesagt, die uns das ‚finstere' Mittelalter beschert hat und eine Erfindung, die weniger für die oberen Zehntausend, sondern für die breite Masse der Bevölkerung gewirkt hat" (K. Bedal).

Stube eines Artländer Bauern, Kirchspiel Badbergen, um 1819; raumbeherrschende Möbel: Glasschrank, Tisch, Stühle, Ofen und Spiegel. Fenster durch Gardinen halb verhängt. Scherenschnitt von Dilly

Mit dem Wort „stuba“ bezeichnete man im deutschsprachigen Raum nördlich der Alpen, in Oberdeutschland, während des Früh- und Hochmittelalters ein Nebengebäude, das als Back-, Darr- und Baderaum diente und durch einen Ofen zu einem erwärmbaren Werkraum wurde. Lange Zeit galt in der Hausforschung diese „Badestube“ als der Vorläufer der „Wohnstube“, doch läßt sich diese Genese aufgrund neuerer Quellen nicht mehr vertreten; vielmehr beziehen sich die frühesten Belege für das Wort Stube auf Wohnstuben. Viele Indizien sprechen dafür, daß im oberdeutschen Raum im 12. Jahrhundert die Anfänge einer allgemeinen Ausbreitung der Stube als erwärmbarer, rauchfreier Wohnraum zu suchen sind. Da Niederdeutschland erst im 16. Jahrhundert oder allgemein erst im 17. Jahrhundert die Stube ins Bauernhaus aufgenommen hat, zählt es zum „sekundären Stubengebiet“. Das hier zuvor ausgeprägte „Herdraumwohnen“ verhielt sich dieser Neuerung gegenüber durch viele Jahrhunderte ablehnend.

„Ohne Ofen keine Stube“! Im niederdeutschen Hallenhaus, auch des Weser-Ems-Gebietes, war vom 16. bis zum 19. Jahrhundert als Wärmequelle der „Hinterlader“ (ein in der Stube wärmeausstrahlender Ofen, der vom Flett her beheizt wurde und nach dort auch den Rauch abführte), der „deutsche“ gußeiserne „Fünf-Platten-Ofen“ gebräuchlich, anfänglich verziert durch reliefierte Bibelszenen und später, im Barock, auch mit profanen Darstellungen versehen.

Die Stube im Bauernhaus war aber nicht nur ein gern aufgesuchter Aufenthaltsraum für die bäuerliche Familie (nicht nur für das Gesinde) im Winter und an Sonn- und Feiertagen; sie konnte ebenfalls Eß- und Repräsentierraum sein und diente auch als „Vorraum“ für die eingebauten Schrankbetten (Alkoven) als Schlafraum. Entsprechend diesen unterschiedlichen Funktionen finden sich in der Bauernstube die verschiedensten und stets auch die besten Möbel. Geschnitzte, holzverkleidete Alkoven sind in den Stuben des Weser-Ems-Gebietes schon für das 17. Jahrhundert belegt. Aber eine Wandvertäfelung für drei hintereinander gestaffelte Bettkästen, die dann eine reich verzierte und bemalte Seitenwand der Stube bildet, wird erst im Bauernhaus des frühen 18. Jahrhunderts üblich. Diese Wandvertäfelungen sowie eine Vielzahl teurer und großer Möbelstücke (Kleiderschrank, Glasschrank, Klapptisch, Stühle und Sessel, Schreibschrank, Uhr, Spiegel, Kommode) verleihen der Stube des 18. Jahrhunderts den Charakter der Wohlhabenheit, der Behaglichkeit und letztlich, entsprechend dem städtischen Leitbild, auch der „Bürgerlichkeit“. Diese Aussage trifft aber nur für die Stuben der bäuerlichen Oberschicht zu. Die durch das Museumsdorf Cloppenburg gesammelten farbig angelegten „Scherenschnittbilder“ des Silhouetteurs Dilly aus dem Osnabrücker Nordland (siehe hier Bildfolge) und aus dem Ammerland überliefern uns ein vollständiges Interieur der Bauernstuben dieser Landschaft aus der Zeit von 1815–1825. Diese Bauernstuben sind mit farbigen und oftmals tapezierten Wänden versehen; die Raummitte wird stets durch Tisch und Stühle eingenommen; die dem Fenster gegenüberliegende Bettkastenwand ist holzvertäfelt und mit Schiebetüren als Einstieg zu den Durken versehen; in den Stuben fehlt niemals der ein- oder zweistöckige gußeiserne Plattenofen; Kleiderschrank, Glasschrank oder Aufsatzschrank sowie Standuhr sind die Großmöbel dieses behaglichen Raumes. Diese Bilder bestätigen zudem, daß in den Erbwohnhäusern dieser Region das hohe, lichtdurchflutete Sprossenfenster inzwischen weiteste Verbreitung gefunden hat; oftmals sind diese Fenster mit Gardinen halb oder ganz verhängt. An der aufwendigen oder kargen Stubenausstattung läßt sich das Prestigebedürfnis oder aber der mangelnde Wohlstand der Hausbesitzer ablesen.

Stube eines Artländer Bauern, Kirchspiel Badbergen, 1818; Wandzier, Türen, Ofen, Spiegel und Stühle im Empirestil; Bauer und Bäuerin in sonntäglicher Kleidung. Scherenschnitt von Dilly

Stube eines Artländer Bauern, Kirchspiel Badbergen, 1818, Tür führt zur Diele, daneben gußeiserner Ofen; Fenster ohne Gardinen. Scherenschnitt von Dilly

Wärmeprobleme im Rauchhaus

Als ein Beitrag zur „Objektivierung“ der Werturteile, ob das Wohnen im schornsteinlosen niederdeutschen Hallenhaus noch als erträglich bezeichnet werden darf oder als rückständig und unzumutbar anzusehen ist, sollte der vom Museumsdorf Cloppenburg im Jahre 1974 durchgeführte, mehrmonatige Versuch gelten, verläßliche Angaben über Temperatur- und Feuchtigkeitsschwankungen in diesem Haustyp zu gewinnen.

Zu diesem Zweck wurde in der Gemeinde Visbek ein niederdeutsches Hallenhaus ausgewählt, das bis heute weder über einen Schornstein noch über eine Trennwand zwischen Diele und Herdraum verfügt; ein Bauernhaus also, das noch die mittelalterliche Einheit von Wohn- und Wirtschaftsräumen aufweist. Während der Dauer des Versuches waren sämtliche Tiefställe dieses 25 m langen Hauses mit 14 Kühen und Rindern besetzt. Ferner war der Dachboden bis zum Kehlbalken mit Heu vollgepackt, so daß nach obenhin wie früher eine dicke Wärmedämmschicht vorhanden war. Statt der freiumschreitbaren Herdstelle stand aber im Visbeker Haus bereits die „Kochmaschine“ mit einem 1,50 m langen Ofenrohr. Der Rauch wurde aber nach wie vor nicht in einen Kamin, sondern in Herdraum und Diele abgelassen. Wie früher in der offenen Herdstelle brannte nun das Feuer während des Versuches täglich in der „Kochmaschine“. Drei Thermo-Hygrographen wurden als Kontrollstationen aufgestellt, und zwar außerhalb des Hauses sowie im Hausinneren auf der Hille, in der Diele nahe den Rinderställen und an der Herdwand nicht weit von der „Kochmaschine“ entfernt.

Visbeker Bauernhaus im alten Zustand des Rauchhauses ohne Trennwand, in dem die Wärmeanalyse 1974/75 durchgeführt wurde

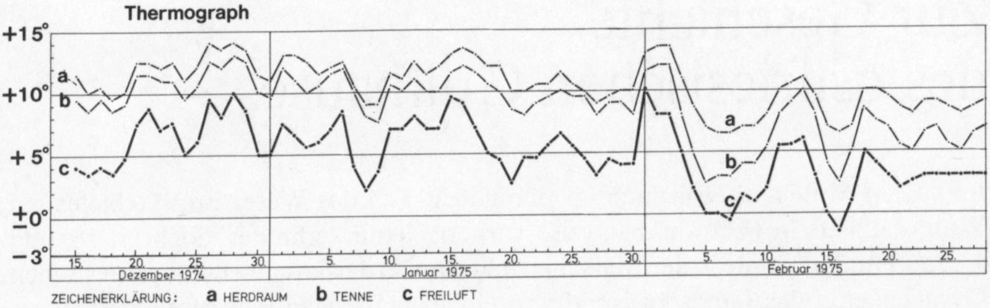

Die thermischen Ergebnisse dieses Versuches, im Zeitraffersystem zusammengetragen, erbrachten das „bemerkenswerte" Resultat, daß es im alten niederdeutschen Hallenhaus während des Winters trotz der ständigen „Wärmeausstrahlung" von Vieh und Herd und trotz eingelagerter Erntevorräte auf dem Dachboden nur 4-6 Grad wärmer war als die jeweilige Außentemperatur. Dementsprechend war in einem solchen Haus im Winter relativ schnell der Gefrierpunkt erreicht. Die Kälte im Haus, eine der Ursachen für die weitverbreiteten rheumatischen Erkrankungen, wurde durch mehrere Faktoren verursacht: Die Fachwerk-Lehmwände waren dünn und kaum wärmedämmend, der Fußboden war nicht isoliert und leitete Kälte und Feuchtigkeit nach oben, die Türen schlossen nicht dicht; zwischen Wänden und Dach, Holzwerk und Füllungen waren Spalten und Risse, durch die der Wind hindurchzog. Einzig die direkte Strahlungshitze des Herdfeuers vermochte die ringsum Versammelten zu erwärmen. Der Großraum von Diele und Herdraum konnte in den Wintertagen aber nicht durch Herdfeuer und aufgestalltes Vieh warm und in diesem Sinne behaglich gestaltet werden. Sicherlich können wir nun die Raumtemperatur nicht mit unseren heutigen Wärmebedürfnissen vergleichen, doch wissen wir aus zeitgenössischen Berichten, daß auch die Menschen damals in diesen Häusern gefroren haben.

Herdraum mit „Kochmaschine" im Visbeker Rauchhaus

Zur Geschichte des ostfriesischen Gulfhauses

Im späten Mittelalter war auch im nördlichen Teil des Weser-Ems-Gebietes ein Wohnstallhaus in Fachwerkbauweise vorherrschend verbreitet, doch im 16. und 17. Jahrhundert wurde in den Marschen und dann in den anschließenden friesischen Geestgebieten das Landschaftsbild von einem neuartigen Bautyp eingenommen und geprägt, einem nur noch in Ziegelstein gekleideten, fachwerklosen Wohn-Stall-Speicherhaus.

Entlang dem Nordseeküstenraum von Westflandern über Holland und Ostfriesland erstreckt sich (mit Unterbrechung durch das vom niederdeutschen Hallenhaus eingenommene Elbe-Weser-Dreieck) diese Hausform bis nach Schleswig-Holstein. Im Jahr 1936 wählte K. Junge für alle friesischen Bauten mit einem kubischen Erntestapelraum im Inneren, dem Gulf (Ostfriesland „gulf", niederländisch „golf"), die wissenschaftliche Bezeichnung: Gulfhäuser.

Da das große Einfahrtstor des ostfriesischen Gulfhauses niemals in der Giebelmitte – wie beim Hallenhaus – angebracht, sondern stets zur Seite gerückt ist, wird hier erstmalig die diesem Haustyp eigentümliche Asymmetrie augenfällig; zu begreifen ist sie nur durch die Art der Erntestapelung im Inneren der Gulfscheune. Der Raum, der im niederdeutschen Hallenhaus von der langgestreckten, weiträumigen Diele eingenommen wird, ist im Gulfhaus ausgefüllt von den aneinandergereihten Gulfen, den hohen kubischen Stapelräumen, die sich zwischen je vier im Rechteck stehenden mächtigen Ständern dehnen. Im Gegensatz zur Diele des Hallenhauses, die nur bis zum Dachboden reicht, ragen die einzelnen Gulfe vom Erdboden bis zum Dachfirst hinauf, so daß man ungehindert bis unmittelbar unter das Dach blicken kann, sofern die Ernte noch nicht in die Gulfräume eingelagert worden ist. Da die Getreide- und Heuernte

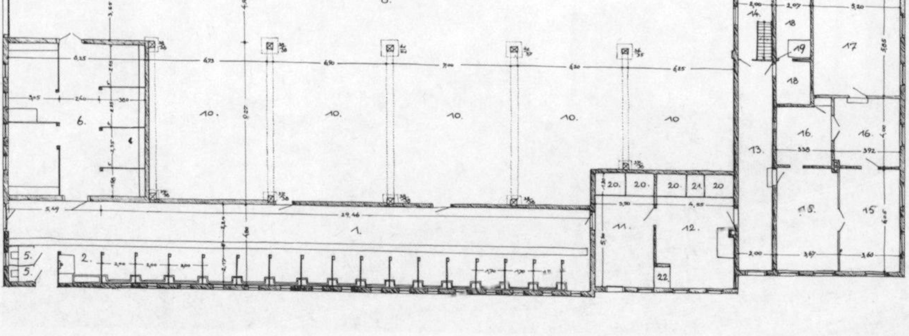

Grundriß eines ostfriesischen Gulfhauses

im Friesenhaus innerhalb der Gulfe vom Erdboden bis in den Dachraum aufgestapelt wird, spricht man von einem erdlastigen Gulfhaus, aber von einem balkenlastigen niederdeutschen Hallenhaus, da die Ernte dort auf die schweren, tragfähigen Balken gelagert wird. Während also das Gulfhaus nach eingefahrener Ernte ein „volles Haus" wird, bleibt das Hallenhaus mit Erntestapelung auf dem Dachboden ein „hohles Haus". Die erdlastige Erntestapelung im Gulfhaus ermöglicht es, trotz des weitaus schwächeren Bauholzes als im balkenlastigen Ständerreihenhaus, einen ungleich größeren Bergungsraum für die Ernte zu gewinnen. Die einander gegenüberstehenden Gulfständer sind unter sich gleichfalls durch Balken querverbunden wie im Hallenhaus, doch haben diese Hölzer niemals die Erntelast, sondern nur das Dach zu tragen und dienen ferner zur Verankerung und Verspannung des Gulfgerüstes.

Sind in den Abseiten, den Seitenschiffen des niederdeutschen Hallenhauses, stets die Rindviehställe eingerichtet, so erfüllen im Gulfhaus die Seitenschiffe verschiedene Zwecke; das eine Seitenschiff ist als Durchfahrtsdiele, das andere hingegen zur Aufstallung des Rindviehs gestaltet. Die Kühe in den friesischen Häusern stehen nicht in den Tiefställen, sondern auf einem gemauerten Hochstand, der von einer Jaucherinne begrenzt wird; auch schaut das Rindvieh nicht wie im Hallenhaus mit dem Kopf zur Diele, sondern umgekehrt mit dem Kopf zur Wand.

Hinter dem Wirtschaftsgiebel befindet sich der Pferdestall, der in mehrere Boxen gegliedert ist. Mittelpunkt der Gulfscheune sind in jedem Fall die vom Wirtschaftsgiebel bis zum Wohnteil reichenden Gulfe.

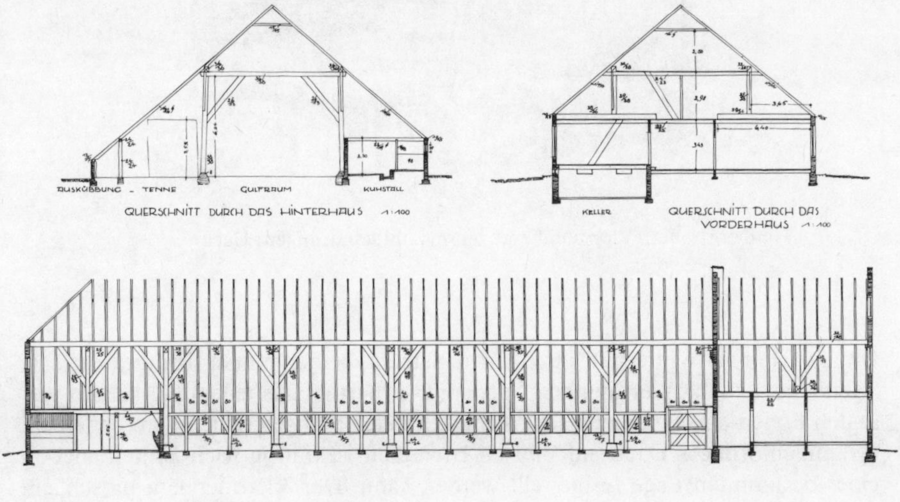

Ostfriesisches Gulfhaus; Quer- und Längsschnitte

Der Wohnteil des Gulfhauses, bei den Friesen als Vorderhaus bezeichnet, ist von der Gulfscheune durch eine gemauerte Ziegelsteinwand getrennt. Statt des bodengleichen, freiliegenden Herdes ohne Schornstein kennt das Gulfhaus von Anbeginn an den westeuropäisch beeinflußten, kaminartigen Herd mit Rauchabzug. Dieser mit geziegelten Bodenkacheln ausgelegte Wohn- und Wirtschaftsraum ist in der Regel auch mit den Alkoven, den Schrankbetten für die bäuerliche Familie, ausgestattet. Auffälliges Unterscheidungsmerkmal zum Hallenhaus ist auch die Fensterkonstruktion: Nicht die in Mitteleuropa gewöhnlich anzutreffenden Flügelfenster, sondern die nach oben hin zu öffnenden für Westeuropa charakteristischen Schiebefenster sind in diesen Häusern bis zur Mitte des 19. Jahrhunderts die Regel.

Das Entstehen des Gulfhauses ist im Prinzip die Erfindung eines neuen Wirtschaftsteils, der sog. Gulfscheune, wohingegen der angefügte, zunächst kleine Wohnteil unverändert fortbestehen konnte. Der Niederländer Uilkema konnte im holländischen Friesland ein längsachsiges Wohn-Stallhaus für die alten Weidebetriebe der Marsch nachweisen, das keinen erntebergenden Dachraum kannte.

„Heuberg“ oder „Vierrutenberg“ mit pyramidenförmigem Dach

Um das Heu als Winterfutter trocken zu stapeln, bediente man sich dort des sog. „Heubergs“, auch „Vierrutenberg“ genannt; er besteht aus einem Gerüst aus vier in den Boden eingegrabenen senkrecht stehenden Stangen (Ruten), an denen ein pyramidenförmiges Dach auf und ab beweglich ist und je nach Erntemenge in einer bestimmten Lage festgestellt werden kann. Der Vierrutenberg umschließt also ähnlich wie der Gulf einen kubischen Erntestapelraum.

Im Übergang nun vom anspruchslosen Weidewirtschaftsbetrieb, für den die Stapelung im Heuberg ausreichen mochte, zum Ackerbaubetrieb mußte alsbald das Verlangen nach geschützter Bergung des wertvollen Getreides entstehen. Dem Grundgedanken nach stellt der Scheunenteil des Gulfhauses nichts anderes dar als die Einbeziehung dieses „uralten" Heubergprinzips in ein großes und festes Baugefüge unter einem feststehenden Dach. In Holland-Friesland existierten solche Stapelscheunen als „Blockschuur", hierzulande auch als Vierrutenbergscheune bekannt.

Die in den Marschen des Küstensaumes also seit Jahrhunderten bekannte Erntestapelweise im Rutenberg war nicht ohne Wirkung für die schnelle Übernahme des neuen Baugedankens einer Getreide-Gulfscheune; aber eine geradlinige Entwicklung vom Heuberg zur Gulfscheune ist deswegen nicht zu folgern; dazu bedurfte es neuer Impulse im Sinne einer schöpferischen Hausbauidee.

„Diese landwirtschaftlichen Großbauten (Gulfscheunen) entstanden, als die sicher eingedeichten Marschen seit einiger Zeit getreidefähig und mit verbesserter Anbau-

Blick in die Gulfscheune, Hof Awick Scharrel, Ldkr. Cloppenburg

methode ergiebig geworden waren, als man mit Hilfe von Mühlenbauten besser entwässern konnte, als der städtische Getreidemarkt immer stärker anzog, als frühkapitalistische Unternehmer und frühkapitalistisches Denken von den damals führenden westeuropäischen Städten her in altbäuerliche Zustände der Marschen eingriffen und Großbetriebe sich auf Kosten zurückgebliebener Höfe durchsetzten" (J. Schepers).

Dieser neue Wohn-Stall-Scheunentyp konnte auf das im flandrisch-brabantisch-niederländisch-niederrheinischen Gebiet entwickelte Gefüge des Ankerbalkendaches in Jochbindung, das Hochrähmgefüge, zurückgreifen. Gänzlich neu war die erdlastige Getreidestapelung; statt der Mehrzweck-Wohnarbeitshalle war jetzt der Erntestapel Mittelpunkt des Hauses geworden; ein reiner Zweckbau bestimmte Wohnen und Wirtschaften.

Die Hausforschung verweist auch auf einen bestimmten Haustyp des Hochmittelalters in Westeuropa, der für die „Erfindung" und Ausgestaltung des Gulfhauses unmittelbarer Vorläufer und Vorbild gewesen sein könnte: die Kloster- und Zehntscheunen (Grangien).

„Sie sind meist dreischiffig, wenn auch mehrschiffige Grangien nicht unbekannt sind. In Frankreich ist eine Toreinfahrt im Giebel häufig. Hier wurde die Ernte offenbar meist bodenlastig gestapelt; doch gibt es auch Hinweise, daß gelegentlich Vieh oder sogar Klosterbrüder darin untergebracht waren. Diese großen Hallen besitzen mehrere Voraussetzungen, die sie als Vorbilder prädestinieren; sie gehören dem bäuerlichen Arbeitskreis an; in ihnen wird die Ernte gestapelt und manchmal das Vieh eingestellt, das Giebeltor mit Einfahrt der Erntewagen ist hier vorgebildet" (H. Hinz).

Die Geschichte des ostfriesischen Gulfhauses unterstreicht einmal mehr, daß landwirtschaftliche Großbauten keine „urländliche", eigenständige Entwicklung haben, sondern stets Anregungen aus den adeligen, mönchischen oder bürgerlichen Oberschichten und deren hochqualifizierten Berufshandwerkern aufnahmen, sie dann aber kreativ für die eigenen Bedürfnisse umformten. Auch das Gulfhaus schaut also auf eine verästelte Hausgenese zurück. Dem Rutenberg kommt in dieser Entstehungsgeschichte zwar eine Bedeutung, aber keine ursächliche Erfinderrolle bei der Ausformung der Gulfscheune zu.

Das ostfriesische Gulfhaus vermochte aufgrund seiner sparsamen Holzverwendung und seiner maximalen Erntestapelung zu Beginn des 19. Jahrhunderts auch tief in die angestammten Gebiete des niederdeutschen Hallenhauses einzudringen.

Zur Geschichte der Mühlen

Die Bezeichnung „Mühle“ ist der umfassende Sammelbegriff all dessen, was sich in irgendeiner Form dreht oder bewegt; sie ist die „Maschine“ des Altertums und des Mittelalters, Inbegriff erster Technik, hohen handwerklichen Könnens und menschlichen Erfindergeistes. Die Benennungen „Mühle“ oder „Müller“ sind ebensowenig deutscher Herkunft wie die Erfindung der Mühle selbst. Diese Namen sind Lehnwörter aus dem Lateinischen (molina = Mühle; molinarius = Müller), und die wesentlichen Konstruktionsformen der wasser- wie auch windbewegten Mühle gehen auf römischen Erfindungs- und Kombinationsgeist zurück.

In vorgeschichtlicher Zeit waren in Norddeutschland nur sog. *Reibmühlen* bekannt. Diese bestanden entweder aus einem flachen, starken Stein (Unterlieger) und einem darauf liegenden gleichfalls flachen aber dünneren Reibstein (Oberlieger) oder aber aus einem muldenförmig vertieften Stein (Unterlieger), auf dem mit einem rundlichen Stein die Reibarbeit ausgeführt wurde. Zum Typ der Reibmühle gehört außerdem die sog. *Schwenkmühle*, die noch im frühen Mittelalter Verwendung fand. Mit dieser Schwenkmühle vermochte man noch keine ununterbrochenen, fortlaufenden Bewegungen auszuführen. Über ein ganz neues Prinzip verfügte die sog. *Drehmühle*, die es erstmalig ermöglichte, den Mahlstein in fortgesetzt rotierende Bewegung zu bringen. Dieses Ziel erreichte man dadurch, daß man den Läuferstein (Oberlieger) auf einem im Zentrum des Bodensteins befindlichen Zapfen aufhängte, so daß dieser Läuferstein nun frei pendeln konnte. Die große Neuerung gegenüber den urtümlichen Reibmühlen besteht also in der Aufhängung des Läufersteins.

Bekanntlich führten die römischen Legionen zwei Handmahltypen mit sich: Einmal die sog. Trogmühle und zum anderen eine Handmühle, die aus zwei scheibenförmigen Mühlsteinen bestand. In beiden Fällen handelt es sich um sog. echte Drehmühlen. Die *Trogmühle* besteht,wie der Name schon sagt, aus einem trogartigen Bodenstein mit Ausguß. In diesen Trogstein ist ein Läuferstein eingelassen, der durch eine Handkurbel in Bewegung gesetzt wird. Dieser Mühlentyp ist im bäuerlichen Bereich Nordwestdeutschlands in Gestalt von Gewürzmühlen noch im 19. Jahrhundert in Gebrauch gewesen.

Der von Hand angetriebene, aus zwei scheibenförmigen Mühlsteinen bestehende *römische Mühlentyp* arbeitet wie alle Drehmühlen mit aufgehängtem Läuferstein, weswegen im Läuferstein zur Aufnahme eines Steglagers (schwalbenschwanzförmiges Eisen, die sog. Haue) eine Aussparung vorhanden ist. Die im Bodenstein (Unterlieger) befestigte eiserne Achse hält so den Läuferstein in der Schwebe. Solche scheibenförmigen Mühlensteine aus provinzialrömischer Zeit hat das Cloppenburger Freilichtmuseum in seiner ur- und frühgeschichtlichen Sammlung. Diese Funde beweisen uns, daß der römische Drehmühlentyp auch in Nordwestdeutschland bekannt gewesen ist. Das neuartige Prinzip der Aufhängung des Läufersteins auf einer im Bodenstein befestigten eisernen Achse blieb bestimmend bis in das 19. Jahrhundert hinein.

Wassermühlen: Die ältesten technischen Vorrichtungen, mit denen die Menschen eine Naturkraft sich zur Verrichtung mechanischer Arbeit dienstbar gemacht haben, sind die Wassermühlen. Die Kenntnis der Wassermühlen gelangte aus dem Mittelmeerraum nach Nordeuropa. Ihre Erfindung muß schon im 1. Jahrhundert v. Chr.

Wassermühle Höltermann,
Damme, Ldkr. Vechta

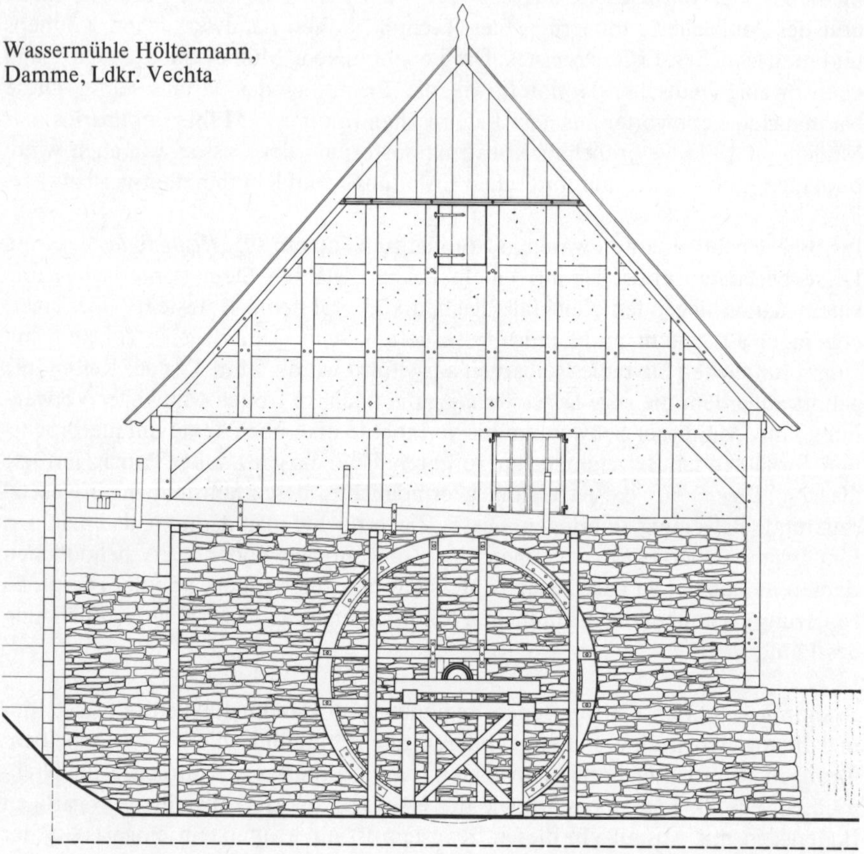

erfolgt sein. Der römische Baumeister und Ingenieur Vitruv (1. Jahrhundert v. Chr.) gibt in seiner „architectura" erstmalig eine ausführliche technische Beschreibung einer Wassermühle. Dieser bereits von Vitruv geschilderte Wassermühlentyp hat die im ganzen Mittelalter bis in die erste Hälfte des 19. Jahrhunderts hinein übliche Form: ein vertikal gestelltes Mühlenrad, dessen Drehbewegung über ein Zahnradwinkelgetriebe zum Mahlgang übersetzt wird. Mag auch die genaue Herkunft des vertikal gestellten Wasserrades noch im dunkeln liegen, so ist die Kombination von vertikalem Wasserrad, Zahnradübersetzung und Drehmühle ohne Zweifel als eine römische Erfindung anzusehen. Damit ist die Grundlage gelegt für alle späteren Wasser-, Wind-, Tier- und Handmühlen mit Räderwerk. Die Wassermühlen hatten zunächst einen unterschlächtigen Mühlenantrieb. Ein weiterer Einschnitt in der Geschichte der Wassermühlen ist der Übergang vom einfachen Schaufelrad zum sog. Zellenrad, das sowohl die Wasserströmung als auch das Wassergewicht auszunutzen vermag.

Im frühen Mittelalter (8./9. Jahrhundert) ist die Wassermühle im norddeutschen Raum allgemein verbreitet.

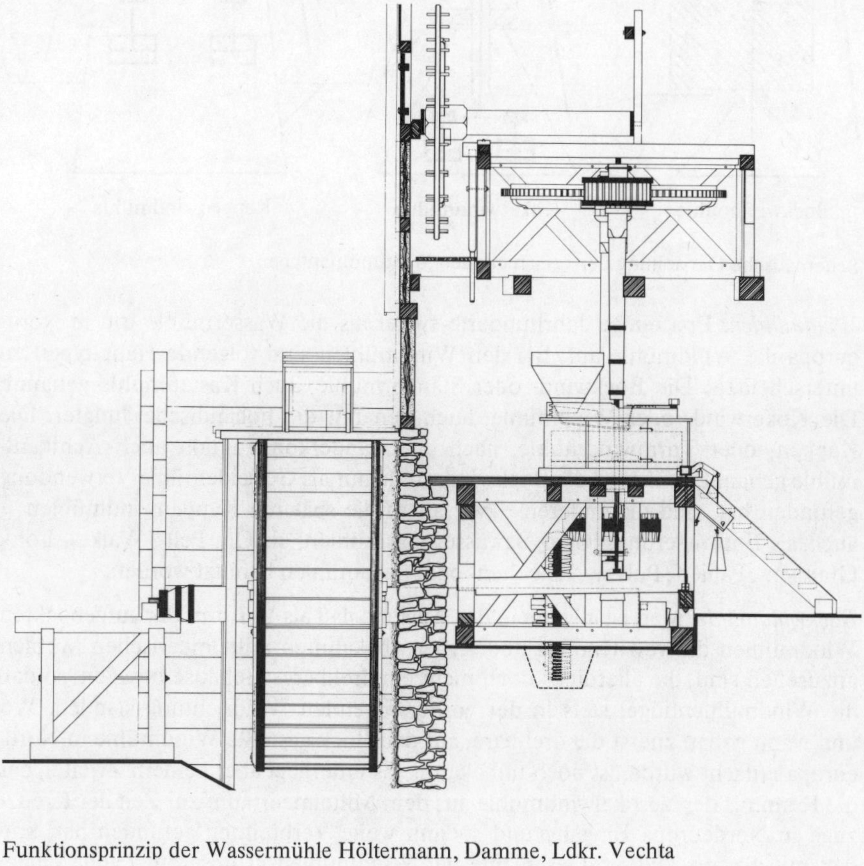

Funktionsprinzip der Wassermühle Höltermann, Damme, Ldkr. Vechta

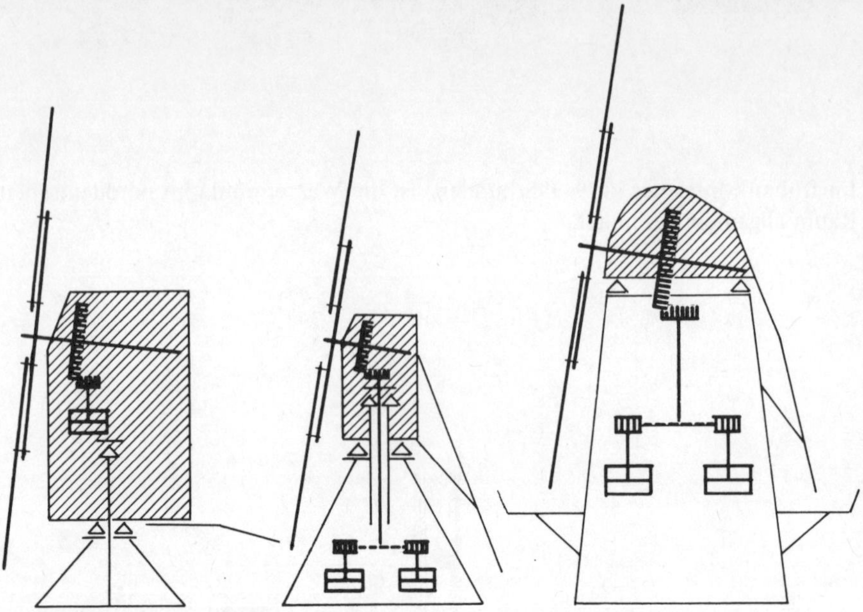

Bockwindmühle Kokerwindmühle Kappenwindmühle

Schematische Darstellung der verschiedenen Windmühlentypen

Windmühlen: Erst einige Jahrhunderte später als die Wassermühle tritt in Nordeuropa die Windmühle auf. Bei den Windmühlen sind folgende Haupttypen zu unterscheiden: Die Bockwind- oder Ständermühle, auch Kastenmühle genannt. Die Kokerwind- oder Wippmühle, auch genannt die holländische Jungfer. Die Kappen- oder Turmwindmühle, nach der Ständerkonstruktion auch Achtkantmühle genannt. Während die Bockwindmühle nur als Getreidemühle Verwendung gefunden hat, sind die anderen – vor allem die späteren Kappenwindmühlen – auch als Entwässerungs- oder Bewässerungsmühlen, als Öl-, Pell-, Walke-, Loh-, Graupen-, Papier-, Pulver-, Knochen- oder Sägemühlen benutzt worden.

Bockwindmühle: Man ist allgemein der Ansicht, daß als Vorform der aufgebockten Windmühlen die von Rhodos und Zypern bekannten mittelmeerischen Mühlen anzusehen sind, die allerdings noch nicht ein drehbares Gehäuse besaßen, so daß die Windmühlenflügel stets in der vorherrschenden Windrichtung standen. Wo und wann genau zuerst die drehbare, auf den Bock gestellte Windmühle in Nordeuropa erdacht wurde, ist noch unbekannt. Es unterliegt aber keinem Zweifel, daß die Kenntnis der Vertikalwindmühle aus dem Mittelmeerraum zur Zeit der Kreuzzüge in Nordeuropa Eingang und sodann weite Verbreitung gefunden hat, und daß mit diesem Typ die Geschichte der Windmühlen in unserem Lande eingesetzt hat. Der mächtige Ständer der Bockwindmühle wird von Kreuzschwellen und Kreuzstreben gestützt. Um diesen Ständer wird der Mühlenkasten gedreht. Im Mühlenkasten befindet sich sowohl das hölzerne Getriebe als auch der schwere Mahlgang, so daß, um die Mühlenflügel in den Wind zu stellen, die gesamte Mühle gedreht werden mußte.

Kappenwindmühle: Eine wesentliche Verbesserung der alten Bockwindmühle stellt die sog. Kappenwindmühle dar. Dieser neue Mühlentyp hat einen mächtigen, nicht drehbaren, starren Unterbau und eine kleine, in die jeweilige Windrichtung zu drehende Kappe, in der die fast waagerecht liegende Flügelachse befestigt ist. Der Typ der Kappenwindmühle wurde bereits von Leonardo da Vinci (um 1500) skizzenhaft festgehalten. Als der Erfinder einer Kappenwindmühle in Gestalt der Achtkantwindmühle gilt der holländische Ingenieur Jan Adrianz Leegwater (gest. 1605). Die größte Ausbreitung dieses Windmühlentyps in unserem Lande erfolgte aber erst im 18. Jahrhundert. Je nach Bauart und Standort unterscheiden wir: Turmwindmühle, Achtkantwindmühle, Erdholländer, Galerieholländer, Wallmühle.

Kokerwindmühle: Die urtümliche Bockwindmühle wurde von den holländischen Mühlenbauern im 16. Jahrhundert weiter entwickelt zu einer Entwässerungsmühle. Zu diesem Zweck wurde der einst massive mächtige Ständer der Bockwindmühle ausgehöhlt und war dadurch in der Lage, die senkrechte Getriebeachse in sich aufzunehmen (wie der Pfeil im Köcher = Koker). Die horizontal gelagerte Mühlenachse der Windmühle übertrug nun die Drehkraft in die Vertikale mit Hilfe der senkrechten Getriebeachse bis zum Erdboden. Dort konnte man nun, was bei der Bockwindmühle nicht möglich war, die horizontal gelagerte Achse des Schöpfrades anschließen. Solche Kokerwindmühlen, die ursprünglich als Entwässerungsmühlen gebaut wurden, konnten auch als Getreidemühlen eingerichtet werden.

Die Entwicklung neuer Mahlverfahren im 19. Jahrhundert, die Nutzbarmachung neuer Energiequellen zum Mühlenantrieb (Dampfmaschine, Motor), das Aufkommen der Handelsmüllereien, die Gewerbefreiheit auch im Müllereiwesen, all dies bewirkte den Rückgang der Wasser-, Wind-, Tier- und Handmühlen.

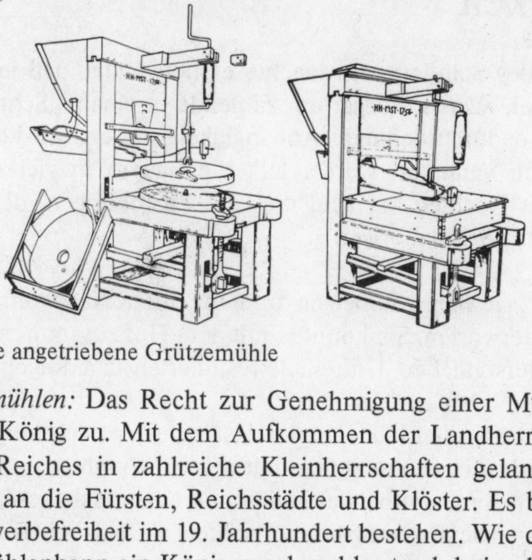

Durch Kurbelwelle angetriebene Grützemühle

Tier- und Handmühlen: Das Recht zur Genehmigung einer Mühlstatt stand ursprünglich dem König zu. Mit dem Aufkommen der Landherrschaften und der Auflösung des Reiches in zahlreiche Kleinherrschaften gelangte dieses Regal schließlich auch an die Fürsten, Reichsstädte und Klöster. Es blieb bis zur Einführung der Gewerbefreiheit im 19. Jahrhundert bestehen. Wie das Mühlrecht, so war auch der Mühlenbann ein Königsregal und bestand darin, daß die Bewohner der einzelnen Gemeinden gezwungen waren, ihr Getreide in ganz bestimmten Mühlen mahlen zu lassen. Einzig die Benutzung der Hand- und Roßmühlen sowie der Entwässerungsmühlen stand dem Bauern noch frei. Die Handmühlen arbeiten im Grunde nach dem gleichen Prinzip wie die Wind- oder Wassermühlen. Die Tiermühle oder der Göpel diente u. a. dazu, Getreidemühlen, Ölmühlen, Lohmühlen, Karnmühlen anzutreiben. Die Handmühlen dienten vor allen Dingen in den späteren Jahrhunderten in erster Linie als sog. Grützemühlen.

Zur ländlichen Sozialstruktur

Entgegen einer weit verbreiteten Vorstellung von der „Einfachheit" des ländlichen Lebens war die Agrargesellschaft durch Vielschichtigkeit und krasse soziale Unterschiede gekennzeichnet, die häufig schwere Konflikte hervorriefen.
In der Ständeverfassung, die vom Mittelalter bis in das 19. Jahrhundert hinein galt, hatten nur der Adel, der Klerus und die Bürgerschaft (als Vertreterin der Städte) teil am politischen Geschehen. Nur diese drei Stände waren rechtlich weitgehend gesichert, wobei Adel und Klerus die größeren Privilegien hatten. Da Adel und Klerus aber nur einen verschwindenden Teil der Landbevölkerung darstellten, kann man sagen, daß mehr als 85% der Gesamtbevölkerung vom politischen Leben ausgeschlossen waren. Sie bildeten mit den städtischen Unterschichten zusammen den später sogenannten „Vierten Stand", der jedoch keineswegs in sich geschlossen war. Vielmehr barg er regional, zeitlich und sozial große Gegensätze in sich.
Als noch von der Theorie des Ständestaates berücksichtigt können die hörigen Bauern angesehen werden, denn sie galten durch ihre Herren als vertreten, während die „Freien" eigentlich außerhalb der Ordnung standen.

Die Hörigkeit

Die Verfassung des Ständestaates machte es notwendig, daß jeder nicht zu den drei Ständen Adel, Klerus, Bürgertum zählende in einem „Schutzverhältnis" stehen mußte. Die dadurch bedingte Abhängigkeit, die erst im Laufe des 18. Jahrhunderts rechtlich verankert wurde, teilt die Bauern in vier Gruppen ein mit unterschiedlichen Rechten. Es sind dies die Eigenhörigen, die Erbpächter, die Hofhörigen und die Schutzhörigen.

A Die *Eigenhörigen* waren leibeigen und mit ihrer Nachkommenschaft einem Leibherrn unterworfen. Sie konnten mit dem Hof zusammen verkauft werden. Aus dieser persönlichen Unfreiheit resultierten u. a. folgende Pflichten und Rechte:

1. Der Gesindezwangsdienst der Kinder des Leibeigenen als Mägde oder Knechte, der z. T. in Geldsummen umgewandelt werden konnte.
2. Die Pflicht zum Freikauf bei der Heirat und einem dabei erfolgenden Wechsel des Leibherrn. Die Freikaufsumme richtete sich dabei nach der Ertragkraft des Hofes.
3. Das Strafrecht des Leibherren, der Geld – als auch Körperstrafen bis zu einer bestimmten Höhe verhängen konnte.
4. Die Erhebung von Sterbefall-, Auffahrt- und Gewinngeldern. Bei dem Tod eines Leibeigenen mußte der Erbe das hinterlassene Privatvermögen bei dem Leibherren auslösen und für den Antritt (den Gewinn) der Stelle eine auf die Ertragkraft des Hofes bezogene Summe zahlen, die ebenfalls bei der Einheirat (Auffahrt) zu entrichten war.

5. Die Pflicht zur Einholung der Heiratserlaubnis.
6. Die Einschränkung der Rechtsfähigkeit, die Aufnahme von Geldanleihen und die Auslobung des Brautschatzes bedurften der Zustimmung des Leibherren.
7. Das Recht des Leibherren, den Bauern bei schlechter Wirtschaftsführung, Pachtschulden und Dienstverweigerung von der Stelle zu setzen. Diese Maßnahme bedurfte jedoch der richterlichen Genehmigung.
8. Die Leistung von Hand- und Spanndiensten und die Zahlung einer Pacht in Geld oder Naturalien. Diese Belastungen waren im Laufe der Zeit häufig gestiegen, vor allem die Spanndienstpflichten nahmen (im Verlauf der Jahrhunderte) einen immer größeren Umfang an und zwangen die Bauern, mehr Gespanne zu halten, als die Stelle selbst benötigte; eine für kleinere Höfe oft drückende Last.

B Die *Erbpächter* waren persönlich frei und darum nicht mit den aus der Leibeigenschaft resultierenden Belastungen beschwert: mit Gesindezwangsdienst, Freikauf, Sterbefall usw. Die Belastungen resultierten aus dem Kolonatverhältnis, bei dem der Verpächter, der Grundherr, dem Pächter und seiner Frau sowie drei von ihnen abstammenden „Leibern" den Hof überließ. Die Hofstelle fiel jeweils nach dem Tode des letzten Erbpächters an die Gutsherrschaft zurück. Danach mußte erneut die Gewinnsumme gezahlt und ein neuer Erbpachtvertrag geschlossen werden.

C Die *Hofhörigen* waren ebenfalls persönlich frei, doch mußten in jeder Generation Gewinn- und Auffahrtgelder gezahlt werden. Auch die Pachtzahlungen und die Dienstleistungen entsprachen denen der Eigenhörigen. Der Versuch der fürstbischöflichen Regierung in Münster, im Jahre 1574 die Hofhörigen zu Eigenhörigen herabzudrücken, scheiterte am Widerstand der Bauern.

D Die *Schutzhörigen* waren persönlich frei, und das Abhängigkeitsverhältnis war freiwilliger Natur, um zu verhindern, daß bei Fehlen direkter ehelicher Nachkommen die Besitzung als „biesterfrei" dem Fiskus anheimfiel. Die aus diesem freiwillig eingegangenen Schutzverhältnis resultierenden Belastungen waren jedoch gering.

Die Erbesqualität

Ein weiteres Kennzeichen der Differenziertheit der ländlichen Gesellschaft stellt die Einteilung der Bauern und Haus- und Grundbesitzer nach ihrem Anteil an dem in Gemeinbesitz befindlichen Grund und Boden, den Marken, dar. In dieser Einteilung spiegelt sich ein Teil der Siedlungsgeschichte des ländlichen Raumes wider.

Da auch hier die Bezeichnungen und die Relationen regional besonders vielfältig und voneinander abweichend sind, soll dieser Aspekt exemplarisch an den Verhältnissen im Osnabrücker Nordland dargestellt werden:

An der Spitze der Besitzhierarchie der Markenberechtigten standen die Ganzerben, deren Hofstellen häufig bis in die sächsische Zeit (7./8. Jahrhundert n. Chr.) zurückzuverfolgen sind.

Die aus Teilungen von Hofstellen im alten Siedlungsgebiet oder in den Marken während des Mittelalters entstandenen Halberben und Erb- und Pferdekötter besaßen entsprechend weniger Ansprüche sowohl bei der Nutzung als auch bei der Teilung der Mark.

Nachdem die Unteilbarkeit der Höfe zum Gesetz erhoben wurde (Osnabrücker Dismembrationsverbot von 1618), entstand die Schicht der Markkötter, denen jedoch, abgesehen von ihrem käuflich erworbenen Anteil und Grund in der Mark, keine Rechte eingeräumt wurden. Das Gleiche galt für die Brinksitzer, die lediglich als Inhaber eines Hausplatzes auf dem ursprünglich freien Platz in der Mitte des Dorfes angesehen wurden.

Während die Brinksitzer trotz ihres Landbesitzes schon nicht mehr als bäuerliche Existenzen aufgefaßt werden können, da der größte Teil ihres Einkommens nicht mehr aus eigener Landwirtschaft stammte, bildete sich erst seit dem 16. Jahrhundert eine prozentual wirklich bedeutende ländliche Unterschicht aus, die Heuerlinge, die spätestens seit dem 18. Jahrhundert den größten Anteil der ländlichen Bevölkerung im nordwestlichen Niedersachsen stellten.

Das Heuerlingswesen

Seit dem 16. Jahrhundert nahm die ländliche Bevölkerung stark zu. Der Niedergang der Städte und des Handels im Reich erschwerte die Abwanderung vom Lande, ermöglichte aber die Verstärkung hausgewerblicher Existenzen (Weber und Spinner), da die Macht der Zünfte in den Städten ebenfalls geschwunden war. Neben der Möglichkeit handwerklicher Existenzsicherung trat die Chance, in den benachbarten Niederlanden zu bestimmten Zeiten Arbeit zu finden, da dort die Ausweitung des Kolonialbesitzes und die damit verbundene Vergrößerung der Handelsflotte einen großen Arbeitsmarkt geschaffen hatten. Gleichzeitig bedurften die seit dem Mittelalter auf eine Intensivierung des Getreidebaues ausgerichteten Höfe des Nordwestens nur zu bestimmten Zeiten einer größeren Zahl zusätzlicher Arbeiter, die bei der Streulage der Höfe schwierig zu beschaffen waren. Die Bauern benötigten zur gleichen Zeit in wachsendem Umfange Bargeld, um den Wünschen der Grundherren, die Naturalleistungen durch Geldleistungen abzulösen, zu entsprechen. Unter diesen Voraussetzungen mußte es für die Bauern lukrativ sein, die auf den Höfen bestehenden Wohnmöglichkeiten zu vermieten oder gegen Kapitalanleihen zur Verfügung zu stellen. Die Bewohner wurden im Laufe der Entwicklung zu ländlichen Arbeiten herangezogen, während der Bauer neben dem Wohnplatz Garten- und Ackerland in den Pachtvertrag einbrachte sowie das Recht, ein oder zwei Stück Vieh auf dem gemeindeeigenen Markengrund aufzutreiben. Für die Feldarbeit, vornehmlich das Pflügen, stellte der Bauer sein Gespann. Aus dem Vertragsverhältnis resultiert der Name dieser neuen Schicht der ländlichen Bevölkerung, denn der Name Heuerling ist abgeleitet aus dem niederdeutschen Wort für Miete: „Heuer".
Zunächst wurden die auf den Höfen bestehenden Nebengebäude vermietet, die Backhäuser, Speicher, Leibzuchten und Scheunen. Später, seit dem 17./18. Jahrhundert, baute man speziell auf die Vermietung ausgerichtete Heuerlingshäuser, wie sie im Museumsdorf Cloppenburg vertreten sind. Das Bargeld, die Miete (Heuer), erwirtschafteten die Heuerlinge entweder als Saisonarbeiter im benachbarten Holland oder als ländliche Handwerker, bzw. als Hausgewerbetreibende und Tagelöhner. Den anderen Teil der Pacht forderte der Bauer als je nach Vertrag begrenzte oder unbegrenzte Mithilfe auf dem Hof, vornehmlich zu saisonalen Arbeitsspitzen wie z. B. bei der Ernte und der „Heumahd".

Die relativ sicheren Verdienstmöglichkeiten außer Landes, aber auch die noch nicht von der Industrie bedrohten Textilhandwerke lieferten den Heuerlingen,

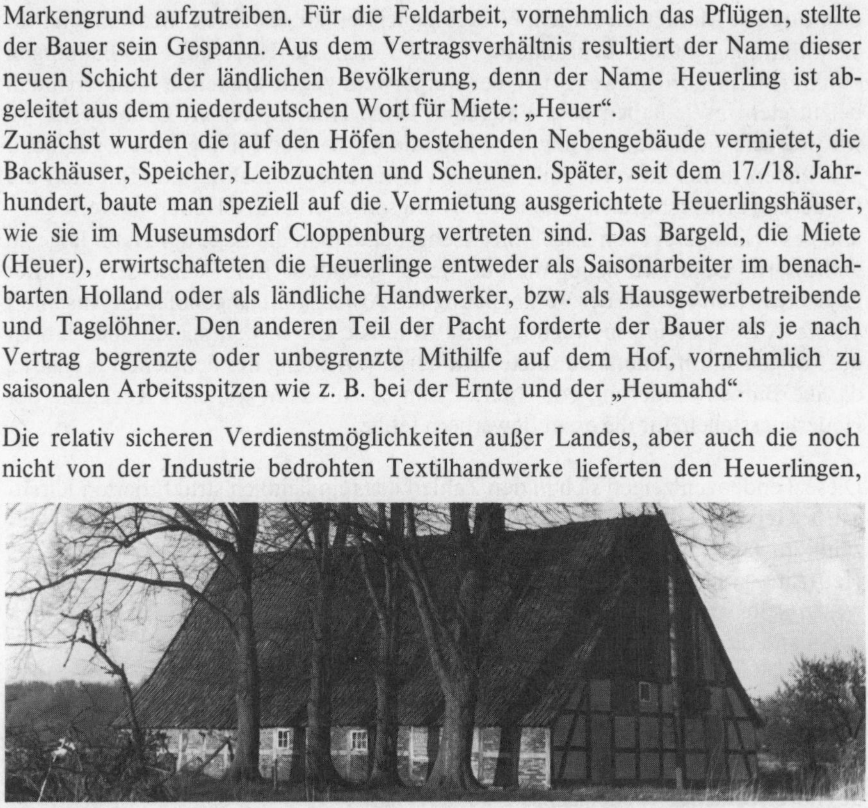

Heuerlingshaus des Hofes Wehlburg in Wehdel

gemessen an den geringen Ansprüchen der damaligen Zeit, ein hinlängliches Einkommen. Die Nachfrage der Bauern nach zahlungsfähigen Heuerlingen war gegenüber dem Angebot noch als ausgeglichen zu bezeichnen. Das änderte sich im Verlauf der ersten Hälfte des 19. Jahrhunderts. Im Anschluß an die Napoleonische Zeit konnte sich das westdeutsche Textilgewerbe nur noch durch das ständige Senken der Löhne gegen die englische Textilindustrie behaupten. Gleichzeitig wurde der holländische Arbeitsmarkt durch den Rückgang der niederländischen Handelsmacht stark beschränkt. Dadurch gewann die Verdienstmöglichkeit, die aus dem ländlichen Tagewerk erwuchs, für die Heuerlinge eine steigende Bedeutung, ging aber einher mit einem weiteren Wachsen des Anteils der unterbäuerlichen Schicht an der ländlichen Gesamtbevölkerung. Hinzu kam, daß seit dem Beginn der Auflösung der Marken die Möglichkeit der Viehhaltung für die Heuerlinge rigoros eingeschränkt wurde. Die Heuerlingsverträge, meistens für den Zeitraum von vier Jahren abgeschlossen, verschlechterten sich zu ungunsten der in wachsende Abhängigkeit geratenden Heuerlinge. Obwohl sie gegenüber der Mehrzahl der Bauern zwar persönlich frei waren, war ihre wirtschaftliche Abhängigkeit oft drückender als die Leibeigenschaft der Bauern.

Die Unzufriedenheit der Heuerlinge machte sich in den Revolutionstagen des Jahres 1848 Luft, als sie in mehreren Gegenden mit Gewalt die Bauern zwangen, die Pachtgebühren herabzusetzen, die Tagelöhne zu erhöhen und nach der Privatisierung der Marken neuerlich Weidemöglichkeit zu gewähren. Bezeichnend für die Stimmung ist die Begründung, mit der sich die Heuerlinge in Badbergen (Altkreis Bersenbrück) weigerten, der Bürgerwehr gegen streifende Räuberbanden beizutreten: „Wir haben kein Vaterland, keine Heimat, keinen Grundbesitz, ja, wir sind selbst um die Nutzung der Mark, die wir vor der Teilung hatten, gebracht. Wir haben nichts zu verlieren!" Durch Verwaltungsmaßnahmen, z. B. durch die Forderung nach schriftlich fixierten Leistungsangaben in den Heuerlingsverträgen und gesetzlich geregelten Tagelohnsätzen, suchte man die Lage der Heuerlinge zu verbessern. Doch wurde damit nur wenig geändert. Eine Verbesserung ihrer Lage ergab sich erst aus der Verknappung des Arbeitskräfteangebotes im Anschluß an die Auswanderungsbewegung nach Amerika, die in den späten 40er Jahren des vorigen Jahrhunderts einsetzte. Mit der Entwicklung der deutschen Industrie, die die Binnenwanderung erleichterte, kam es zu einem weiteren Rückgang der Heuerlingsstellen, für die es an Bewerbern fehlte.

Diese Tendenzen zeigen sich in den Zahlen des rein ländlich strukturierten Kirchspiels Gehrde (Ldkr. Osnabrück). Hier wurden 1832 noch 2904 Einwohner gezählt, im Jahre 1910 hingegen nur noch 1765. Für das relativ lange Fortleben des Heuerlingssystems mögen die Kriegs- und Nachkriegszeiten mitbestimmend gewesen sein. Damals bedeutete die Verfügung über ein auch nur kleines Stück Pachtland die Sicherung des tägliches Brotes.
Seit den 50er Jahren unseres Jahrhunderts fanden aber die frei werdenden Heuerstellen keine neuen Interessenten. Vergleichbar vielen Handwerksberufen verschwand innerhalb kurzer Zeit die Schicht der Heuerlinge aus der ländlichen Sozialstruktur, die mehrere Jahrhunderte lang den größten Teil der Bevölkerung des nordwestlichen Niedersachsens gebildet hatte.

Von den freien Ostfriesen – Bauern und Landarbeiter

Während Hörigkeitsverhältnisse und das Zeitpachtsystem des Heuerlingswesens mit mannigfachen Variationen im gesamten Raum zwischen Weser und Ems verbreitet waren, besaß eine Landschaft völlig eigene Sozialstrukturen: Ostfriesland.

Seine geschichtliche Entwicklung verlief anders als die seiner Nachbarn, der „Düdeschen". Obwohl sie unter Karl dem Großen dem fränkischen Reich einverleibt wurden, behielten sie, als „Entschädigung" für ihren Kampf gegen die zunehmenden Normanneinfälle, ihre persönliche Freiheit. Der Kampf gegen Eroberer wurde seit der Jahrtausendwende zum Kampf gegen das Meer, dem durch Eindeichungen fruchtbarer Boden abgerungen und vor dessen Fluten das Land geschützt wurde.

Im hohen Mittelalter war hier ein Gemeinwesen erwachsen, dessen soziales Gefüge keine persönliche Unfreiheit kannte, das eine umfassende, schriftlich niedergelegte Rechtsverfassung besaß, die die Gleichstellung aller Friesen vor dem Gesetz ohne Ansehung von Besitz oder Amt garantierte. Die 14 selbständigen Landgemeinden waren somit Vorgänger eines demokratischen Rechtsstaates, dessen Verwirklichung im übrigen deutschen Reich noch jahrhundertelang Utopie blieb.

Zwar wurden die ursprünglichen Bauernrepubliken im weiteren Verlauf der Geschichte in Herrenschaften umgewandelt, denn reiche Händler-Bauern erlangten „Adelswürde", wurden Häuptlinge, denen Schutz- und Gerichtsherrschaft übertragen wurde. Aus dem Kampf der Häuptlinge und beteiligten Mächte (Hamburg) untereinander ging das Geschlecht der Cirksena siegreich hervor. Sie erlangten den Titel einer Reichsgrafschaft (1464) und später die Fürstenwürde, doch erreichten sie niemals absolutistische Gewalt über ihre Untertanen, deren persönliche Freiheit stets erhalben blieb.

Auch Preußen, das 1744 die Herrschaft in Ostfriesland übernahm und seine Selbständigkeit beseitigte, mußte dennoch die Eigenständigkeit anerkennen; Drill und Untertanengeist blieben hier unbekannt: Kein Ostfriese durfte zum Tragen des bunten Rockes der preußischen Armee gezwungen werden.

Die Herrschaften wechselten im Laufe des 19. Jahrhunderts oft. Ostfriesland wurde z. T. holländisch, danach französisch, anschließend preußisch und dann Teil des Königreiches Hannover. Nach dessen Untergang 1866 gelangte es wiederum an Preußen, und als auch Preußen aufhörte zu existieren, wurde es Teil des Bundeslandes Niedersachsen.

Seine Identität aber wahrte das Land und seine Bewohner bis heute. Die Gleichheit vor dem Gesetz verhinderte aber nicht das Entstehen krasser sozialer Unterschiede, die schon in der geographischen Struktur z. T. vorgegeben sind: Den fruchtbaren Marschen stehen die sandigen Geestlande gegenüber, und bis in unser Jahrhundert hinein prägten riesige Moor- und Heidelandschaften das Gesicht dieser Region. Entsprechend war die ökonomische Staffelung der Bewohner, die vom „Polderfürsten“, dem reichen Großbauern der neu gewonnenen Marschlande über den Geestbauern zum Moorkolonisten reichte, der um das nackte Überleben zu kämpfen hatte.

Die persönliche Freiheit hatte aber auch ein eigengesetzliches Wirtschaftsdenken im Gefolge. Vor allem die Marschenbauern zeigten schon sehr früh keineswegs mehr Züge einer auf Autarkie angelegten Subsistenzwirtschaft, sondern eine reine Marktorientierung, ausgerichtet auf die Bedürfnisse und Nachfrage im dichter bevölkerten westfälisch-rheinländischen Raum und seiner Städte; diese wurden schon im Mittelalter über die freien friesischen Straßen u. a. mit Schlachtvieh versorgt, das in großen Trecks nach Süden geführt wurde, begleitet von den friesischen „Cowboys“ der Zeit.

Nachdem die Weidewirtschaft bei steigender Nachfrage nach Getreide z. T. in eine Feldwirtschaft umgewandelt wurde, benötigte der Raum verstärkt Arbeitskräfte zu den saisonalen Arbeitsspitzen, vor allem zur „Grasmahd“ und Ernte, aber auch zu den Deichbauarbeiten. Die Kräfte stellte der Raum weitgehend selbst, und zwar in einer Art Pendlerbewegung von den ärmeren Gebieten aus in die Marschen.

Diese Wanderbewegung hatte entscheidenden Einfluß auf das Verhältnis von Landarbeiter zu Bauer. Denn entsprechend der Marktorientierung wurde auch das Kontraktverhältnis zwischen den Bauern und den Landarbeitern unter den Bedingungen von Angebot und Nachfrage ausgehandelt. Sprechender Ausdruck fand dieses Verhältnis in den „Arbeitermärkten“, über die es in einem Bericht aus dem Jahre 1892 heißt:

„Alle Sonnabende Nachmittag – in früheren Zeiten Sonntag Vormittag – ist in gewissen Orten, z. B. in Pinte und Pewsum, Arbeitermarkt. Da kommen in der Erntezeit die Schnitter aus der Geest mit ihren Geräten, Sichte, Hammer und ‚Haarstapel‘ und einem Bündel Kleider, manchmal auch begleitet von ihren Weibern, die das Binden besorgen sollen, und lassen sich von den Marschbauern auf acht Tage anwerben. Ist nach Ablauf derselben der Arbeiter mit seiner Stelle unzufrieden, so geht er am Sonnabend Nachmittag, der deswegen arbeitsfrei bleibt, wieder auf den Markt, um ein besseres Engagement zu sichern.“

Dieser Markt, gegen dessen Bezeichnung als „Sklavenmarkt“ sich der Ostfriese Arends schon 1820 wendete, entsprach den Gesindemärkten, die in den Städten zu bestimmten Tagen abgehalten wurden ebenso, wie den „Dienstpersonal-Vermittlungsbureaus“ Berlins vor dem Ersten Weltkrieg.

Der rationale und unpersönliche Charakter der auf diese Weise geschlossenen Arbeitsverträge aber mag mit ausschlaggebend gewesen sein für den in Ostfriesland stärker als im übrigen Nordwesten erlebbaren Gegensatz von Bauer und Landarbeiter.

Ländliches Tagewerk – Landwirtschaft im Wandel

Schon innerhalb kleiner Regionen wich die Entwicklung von Ackerbau und Viehzucht stark voneinander ab. Das betraf sowohl die Arbeitsmethoden wie auch das Arbeitsgerät. Die folgenden Ausführungen stellen darum auch keinen zusammenfassenden Überblick dar, sondern sollen nur einige Schwerpunkte der Landarbeit und ihren Wandel aufzeigen.

Die Düngung

Am Anfang allen seßhaft betriebenen Ackerbaues stand und steht die Sicherung der Regeneration des Bodens, schlicht gesagt: die Düngung. Die Beschaffung ausreichender Düngermengen war aber bis zur Einführung des Kunstdüngers mit großen Schwierigkeiten verbunden. Denn seit Ausgang des Mittelalters war die extensiv betriebene Viehhaltung einer Intensivierung des Getreideanbaues gewichen. Der Grund dafür war die starke Bevölkerungszunahme. Nur durch die leichter und preiswerter zu erzeugenden pflanzlichen Produkte waren die Menschen ausreichend zu ernähren.
Während sich die Viehhaltung auf das Gebiet der Marschböden konzentrierte, hielt man in den Ackerbaubereichen Vieh in der Hauptsache nur noch, um hinlänglich viel Dünger zu erlangen. Trotzdem heißt es z. B. in einem Buch, das sich mit der Verbesserung der hiesigen Landwirtschaft befaßt und im Jahre 1790 erschien: *„Fast überall in unserm Lande hört man Klagen über Abgang des nöthigen Düngers."* Diese Klagen galten besonders im Bereich der *Eschbodenkultur.* Er reichte westlich bis nach Holland hinein, östlich bis zur Weser und Aller, nördlich bis nach Friesland und südlich über Westfalen hinaus. Der Esch selbst stellte einen geschlossenen Komplex langstreifiger schmaler Äcker dar, die zum Schutze gegen Wild und Vieh von Wallhecken umgeben waren. In diesem Gebiet herrschte die sog. „Einfeldwirtschaft". Ohne Zwischenschaltung eines Fruchtwechsels oder einer

Kötterei Henkensiefken in Halsbek, Ldkr. Ammerland; Abfahren des Plaggendüngers auf den Acker

Brache wurde jahraus jahrein auf dem gleichen Feld Getreide, meistens Roggen, angebaut. Die Voraussetzung dafür bildete die Plaggendüngung.
Der Plaggendünger, der jährlich auf das Feld gebracht wurde, bestand aus Stallmist und der humosen oberen Schicht von Gras-, Heide- oder Moorböden, den Plaggen. Der Bedarf an solchen Plaggen, die als Einstreu für die Ställe dienten und mit dem Stallmist vermischt wurden, war sehr groß. Für eine Ackerfläche benötigte man Heide- oder Grasland bis zum Dreißigfachen seiner Größe; denn frühestens nach 20 Jahren konnte die einmal abgeplaggte Fläche erneut „abgebaut" werden. Die Plaggengründe befanden sich bis zur Aufteilung der Marken im vorigen Jahrhundert in Gemeinbesitz. Sie dienten u. a. auch dem Auftreiben des Viehs.

Gewinnung von Heideplaggen mit der „Plaggenhaue" oder -„sichte"

Die Heide- oder Grasnarben wurden mit dem Spaten oder der „Plaggenhaue" 3–6 cm tief abgeschält. Später erledigte man diese Arbeit auf größeren Höfen auch mit dem „Plaggenpflug" (s. S. 24), dessen Pflugmesser die Vegetationsnarbe abschälte. Mit den Plaggen gelangte auch immer etwas Sand oder Lehm in den Dünger. Durch diese Sandbeimischung erreichten Felder eine „Kulturaufschüttung" von teilweise über einem Meter. Im Verlauf der mehrhundertjährigen Geschichte eines Hofes von nur 15 Morgen Ackerland bedeutet das eine Menge von ca. 30 000 cbm verfrachteten Sandes als Nebenprodukt der Plaggendüngung, die jährlich 200–300 Fuder (=Wagenladung) umfaßte. Diese Arbeit war eine der wichtigsten im bäuerlichen Betrieb, durch die in entscheidendem Umfang unsere heutige Kulturlandschaft geprägt wurde.

Neben dem Stallmist der Tiefställe (rechts und links der Diele) spielte der Schafmist eine wichtige Rolle. Kein Wunder bei den riesigen Schafherden, die vornehmlich im 19. Jahrhundert über die Heide getrieben wurden. Wie hoch der Wert des Mistes eingeschätzt wurde, ergibt sich u. a. auch aus der Lagerung. Neben dem Misthaufen vor dem Hause gab es auch Miststätten innerhalb des Hauses. Diese befanden sich als flache Vertiefungen im vorderen Drittel der Deele, und hierin wurde der gesamte Unrat des Hauses gekehrt, der ebenfalls als wertvoller Dünger betrachtet wurde. Während des Winters bei schlechten Wegeverhältnissen lagerte hier auch der Stallmist, bevor er auf das Feld gebracht werden konnte. Vereinzelt gab es auch gesondert überdachte Mistställe.

Die Feldbestellung

Nachdem im Herbst der Mist auf den Feldern auseinander gestreut worden war, wurde das erste Mal gepflügt. Die gebräuchliche Pflugart außerhalb Ostfrieslands war der „Stellpflug“. Bei diesem ruhte auf dem zweirädrigen Vordergestell der Pflugbaum, mit dem die Pflugschar verbunden war. Mit Ausnahme der eisernen Beschläge, des Secheisens und der Schar, waren alle Pflugteile aus Holz gefertigt.

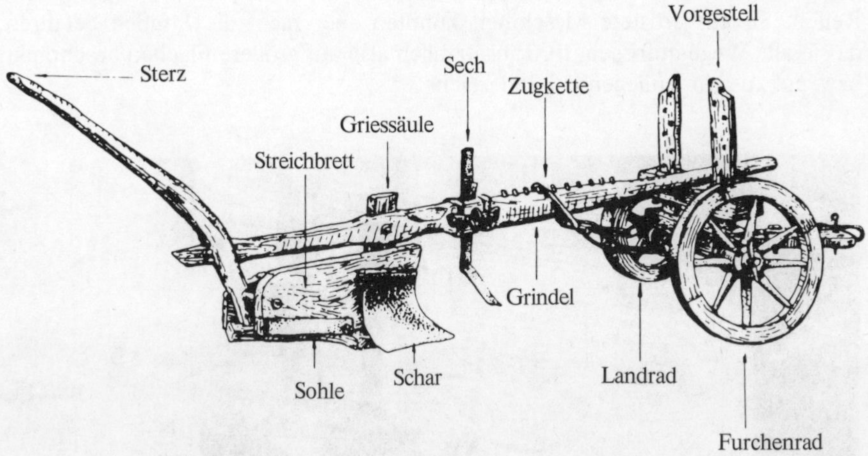

Stellpflug, 19. Jahrhundert

In den ostfriesischen und jeverschen Marschgebieten besaß der Pflug kein Radvorgestell, sondern hatte einen hölzernen Pflugfuß, dessen Höhe vorn am Pflugbaum verstellbar war.

Die Schwere des Pfluges und die Zahl der zum Pflügen benötigten Zugtiere war von der Bodenart, aber auch von der Größe des Hofes abhängig. Auf den schweren Marschböden gebrauchte man bis zu 6 Pferden, auf den leichteren Sandböden genügten zwei. Kleinere Bauern verwendeten als Zugtiere, wenn sie keine Pferde besaßen, Kühe.

Das Pflügen selbst war eine der schwersten Landarbeiten. Im Laufe eines zehnstündigen Arbeitstages, man begann zwischen 3 und 4 Uhr früh, legte der Pflüger eine Strecke von bis zu 30 km zurück, den Pflug dabei mit erheblichem Kraftaufwand in der Spur haltend.

Der gepflügte Ackerboden mußte wieder eingeebnet werden. Dazu bediente man sich der Egge. Ursprünglich waren die Zähne der Eggen ebenso wie deren Rahmen aus Holz. Dann ging man dazu über, die Zähne aus Eisen und später die ganze Egge aus diesem Material herzustellen. Erst nach dem Einebnen des Bodens konnte ausgesät werden.

Der hinter seinem Pflug schreitende Bauer blieb aber bis in die 50er Jahre unseres Jahrhunderts hinein das gewohnte Bild. Lediglich die Pflugformen hatten sich seit Ende des 19. Jahrhunderts gewandelt. In immer stärkerem Maße wurde Eisen als Material verwendet. Der eiserne Pflug wurde aber nicht mehr von Handwerkern hergestellt, sondern nach wissenschaftlichen Erkenntnissen in Fabriken konstruiert und produziert.

Nach dem ersten Weltkrieg wurden auf größeren Betrieben für das Pflügen erstmals Traktoren eingesetzt. Problematisch war dabei vor allem das Verhindern des „Durchdrehens" der Räder. Man baute für die Ackerschlepper deswegen eiserne Reifen. So ausgerüstete Maschinen konnten aber nicht die Straßen befahren, da sie alle Wege aufrissen. Ihr Einsatz blieb also auf größere Flächen beschränkt, bzw. auf zusammenliegende Ländereien.

Traktor „Felddank", Fa. Lanz; Baujahr 1924 Im Einsatz in Aerzen bei Hameln

Erst nach 1950 wurde in immer stärkerem Umfang der Traktor zur Universalmaschine, fast zum Symbol der neueren Landwirtschaft. Der Traktor war jedoch keineswegs der erste Versuch einer Mechanisierung des Pflügens gewesen, solche Versuche waren seit der Mitte des vorigen Jahrhunderts, dem Zeitalter der Dampfmaschine, unternommen worden.

Zur Geschichte des Dampfpflügens

Nachdem seit 1848 brauchbare Dampflokomotiven zur Verfügung standen, setzten Versuche ein, Dampfkraft auch bei dem Pflügen zu nutzen. Die Systeme, die von einem direkten Zug der Pflüge durch Lokomotiven ausgingen, scheiterten. Durchschlagenden Erfolg konnte erst das von John Fowler (1817–1898) in England entwickelte Zweimaschinensystem verbuchen, das sich 1862 auf der Londoner Weltausstellung erfolgreich gegen 10 andere Systeme behauptete. Ein Mitarbeiter Fowlers war der deutsche Ingenieur und Mitbegründer der DLG Max Eyth (1836–1906).

Durch ihn wurde dieses Pflugsystem in Deutschland propagiert. Im Jahre 1868 wurde der erste Dampfpflug in Deutschland eingesetzt, 1875 im Emsland auf den Gütern des Herzogs von Arenberg. Die Maschinen wurden bis 1914 weitgehend aus England importiert. 1907, kurz vor dem Beginn des „Traktorenzeitalters" in der Landwirtschaft, gab es 415 Dampfpflugbetriebe im Deutschen Reich.

Dampfpfluggespann, System Fowler

Bei dem hohen Kapitaleinsatz (ein Dampfpflug mit zwei Lokomobilen kostete um 1900 ungefähr 31 000 bis 36 000 Mark, ein Arbeiter verdiente damals pro Monat 80,– bis 100,– Mark) lohnte sich die Anschaffung erst ab einer Betriebsgröße von mindestens 400 Hektar oder für Lohnunternehmer wie die Firma Ottomayer, Bad Pyrmont. Die Verbreitung des Dampfpfluges blieb deswegen weitgehend auf die Gebiete des intensiven Rübenanbaus beschränkt, in Norddeutschland auf den Raum Hildesheim-Braunschweig und auf die Rekultivierungsflächen der Heiden und Moore.

Der Torf der weiten Hochmoorflächen des Emslandes und Oldenburger Landes (1/6 der Gesamtfläche) wurde bis in die Nachkriegszeit hinein entweder noch mit dem Spaten oder aber industriell abgebaut (WIESMOOR). Diese Art der Moorkultivierung wurde seit 1950 im Rahmen des „Emslandplanes" vom Tiefpflügen abgelöst.
Moore bis zu einer Mächtigkeit von 1,20 m werden mit dem darunter liegenden Sand im Verhältnis 2:1 durch Tiefpflügen vermengt. Das zunächst zerfurchte Land wird anschließend eingeebnet. Gleichzeitig werden Moor und Sand in der Krume gut durchmischt. Durch diese „Deutschen Sandmischkulturen" werden ertragreiche Ackerböden gewonnen.

Dampfseilpflug-Lokomotive „Heumar", Baujahr: 1929, 220 PS, 21 Tonnen Eigengewicht. Kohlenbedarf pro Std.: 160 kg. Wasserbedarf pro Tag: 1100 l

Eine Arbeitseinheit beim Dampfpflügen bestand aus zwei Lokomotiven, einem Pflug, einem Mannschaftswagen und einem Fuhrwerk zum Antransport von Wasser und Kohle. Das Personal bestand aus dem leitenden Pflugmeister, zwei Lokführern, einem Pflugsteuermann und einem Koch.
Die Lokomotiven standen mit einem maximalen Abstand von 600 m parallel zueinander, die Kabeltrommeln einmal rechts und einmal links auslaufend. Zwischen beiden ging der Pflug hin und her. Die Seilgeschwindigkeit lag, abhängig von Pflugart und Bodenbeschaffenheit, bei ca. 0,2 m pro Sekunde; ein Pfluggang dauerte somit ungefähr 50 Minuten. Mit Dampfpfeifsignalen verständigten sich die Lokführer miteinander, da die jeweils entlastete Maschine rechtzeitig wieder volle Leistung erbringen mußte, zwischendurch aber mit geringerer Dampfspannung (= weniger Kohle) auskam.
Die Arbeiter wohnten während der 100–120 Tage, an denen der Dampfpflug im Einsatz war, in den Wohnwagen. Der Pflug war dabei 6 Tage in der Woche im Einsatz. An den Sonntagen mußten die Maschinen gewartet werden. Diese „Wohnwagenära" ging in den 60er Jahren zu Ende.

Die Ernte

Mit der Erntezeit kam einer der Höhepunkte im bäuerlichen Wirtschaftsjahr, und das Arbeitsgerät, Sichel, Sense oder Sichte, wurde vielfach zum Symbol für die Landarbeit überhaupt.

Das älteste Schneidegerät für die Getreideernte ist die Sichel. Ihr Gebrauch ist bis in die Steinzeit hinein zu verfolgen. Seit dem ausgehenden Mittelalter wurde sie aber durch die Sensen und Sichten abgelöst. Beide Geräte wurden bis zur Einführung der Mähmaschine in Niedersachsen gebraucht.

Die Sichte, auch Kniesense genannt, kann man als Zwischenstufe zwischen Sense und Sichel bezeichnen. Verbreitet war dieses Gerät in der Hauptsache in Nordwestdeutschland. Ihren Gebrauch schildert eine Darstellung über Ostfriesland aus dem Jahre 1819: „Man haut (mit der Sichte) so nahe am Boden weg, daß die Stoppeln fast so kurz bleiben, als wären sie gemäht. Einen Stecken (Mahdhaken), unten mit einem eisernen Nagel, der als Haken dient, versehen, faßt der Sichter mit der linken Hand, hält solchen gegen das Korn und haut mit der Sichte einige Mal, immer vorwärts schreitend hinein, bis er hinlänglich viel zu einer Garbe hat, dann haut er rücklings gehend, mit der Sichte noch etwas ab und bringt mit der Sichte und dem Haken die Garbe auf den Fuß und legt solche, sich umschwenkend hinter sich.“ Da die Garben nun schon zusammen lagen, benötigte man für zwei Mäher nur einen Binder, der die Garben mit einem Strohseil zusammenband. Dieses war in der Regel Frauenarbeit.

Mähen mit der Sichte

Der Vorteil der Sichte gegenüber der Sense lag in der Möglichkeit, das durch große Nässe und Regen flachliegende Getreide mit Hilfe des Mahdhakens aufzurichten und zu mähen. Im Laufe des 19. Jahrhunderts schränkte sich das Verbreitungsgebiet der Sichte aber immer stärker ein, so daß bis zur Einführung mechanischen Mähens die Sichte nur noch in wenigen Gebieten verbreitet war. Die Sense war der Sichte vor allem im Hinblick auf die Arbeitsgeschwindigkeit überlegen. Ein weiterer Vorteil war der kurze Stoppelstand. Aus diesem Grunde wurde die Sense grundsätzlich für das Grasmähen benutzt. Bei der Getreideernte mußte sie mit einem sog. Ablegebügel versehen sein, der die fallenden Ähren auffing und dem Binder die Arbeit wesentlich erleichterte.

Im allgemeinen begann man um 6 Uhr morgens mit dem Mähen und blieb bis abends gegen 8 Uhr auf dem Felde. Das Essen wurde den Schnittern und Binderinnen, wenn sie auf weiter entfernten Feldern arbeiteten, gebracht. Getränke, vor allem das Erntebier, wurden in hölzernen oder irdenen Gefäßen mitgenommen.

Die gebundenen Garben wurden zu Hocken zusammengestellt. So konnten sie bis zur Einfahrt mit den Erntewagen nachtrocknen.

Während der Erntezeit mußten die Sichten und Sensen mindestens einmal täglich mit dem Dengelzeug geschärft werden. Dabei wurden die Schneiden der Sensen und Sichten auf dem Dengelamboß mit dem Dengelhammer flach geklopft. Durch das Klopfen wurden Scharten ausgeglichen und die Schneide gehärtet. Im Verlauf des Tages mußten sie noch häufiger mit dem Wetzholz geschliffen werden.

Getreideernte mit der Sense, Hümmling, Aufn. um 1930

Auch die Handarbeitsgeräte Sichte und Sense wurden seit der Jahrhundertwende in zunehmendem Maße durch Maschinen ersetzt. Zunächst waren es die einfachen Balkenmäher, die bei der Gras- und Getreideernte eingesetzt wurden. Ihnen folgten die Mähbinder, die Garben brauchten nur noch in Hocken zusammengestellt werden. Sie wurden dann in einem fast schlagartigen Wandel von den Mähdreschern verdrängt.

Ein Zeitvergleich macht die gewaltige Umstellung in der Landwirtschaft deutlich. Während man für die Ernte eines Hektars mit der Sense 112 Stunden benötigte, schaffte man das Einbringen derselben Getreidefläche mit einem pferdegezogenen Selbstbinder in 40 Stunden. Heute benötigt ein selbstfahrender Mähdrescher nur noch 1,8 Stunden, um einen Hektar Getreide zu ernten.

Die Getreidelagerung

Auf Leiterwagen wurde das Getreide eingefahren. Die Ladehöhe ergab sich aus der Höhe der Dielentore. Das Korn wurde ungedroschen in den Häusern gelagert. Die Lagerungsart war im Gulfhaus eine andere als im Hallenhaus. Im Gulfhaus erfolgte sie erdlastig. Vom Boden bis in den First hinauf konnte das Getreide gestapelt werden.

Getreidelagerung im Gulfhaus

Die Lagerung im Hallenhaus war dagegen dachlastig. Der Wagen fuhr auf die Deele, und durch die Bodenluke wurden die Garben hochgeforkt. Der nur lose aufliegende Balkenbelag ermöglichte – vor allem im Rauchhaus – ein Nachtrocknen bis zum Drusch.

Getreidelagerung im niederdeutschen Hallenhaus

Das Stapeln war eine schwere Arbeit. Die Männer übernahmen dabei meistens das Hochforken, die Frauen das Stapeln. Seit der Wende vom 19. zum 20. Jahrhundert wurden Aufzüge in den Häusern installiert, die die Arbeit wesentlich erleichterten.

Das Dreschen

Der Handdrusch

Auf vielen Höfen im nordwestlichen Niedersachsen wurde noch bis hin zur Jahrhundertwende mit dem Dreschflegel auf der Diele gedroschen. Das war die eigentliche Winterarbeit. Bis dahin war das Getreide nachgetrocknet, denn je trockener es war, desto leichter und ertragreicher war das Dreschen. Man begann schon sehr früh morgens, z. T. schon vor 3 Uhr. Die Garben wurden auf der Lehmdiele ausgebreitet, in zwei Reihen, mit den Ähren einander zugekehrt. Die Drescher standen sich gegenüber und gingen dann langsam, im Takt mit dem Dreschflegel auf die Ähren einschlagend, die Diele hinab und wieder hinauf. Danach mußten die Garben gewendet werden und der Gang wurde wiederholt. Das leere Stroh wurde wieder gebunden und weggepackt, das Korn zusammengekehrt. Nun konnten neue Garben ausgelegt werden.

Das Gerät, der Dreschflegel, war in seinen Maßen auf den Drescher abgestimmt. Gewöhnlich reichte der Stiel bis an das Kinn. Gewicht und Länge des Flegels, der durch Lederriemen mit der drehbaren Kappe des Stiels verbunden war, hingen von der Kraft des Dreschers ab. Je schwerer aber der Flegel sein konnte, desto reiner konnte ausgedroschen werden. Die Mühseligkeit dieser Arbeit ist heute schwer vorstellbar. Man rechnete, daß gut 30 Schläge mit dem zwei Kilo schweren Flegel pro Minute erfolgten, und darum auch kräftige Männer nur fünf Stunden während eines zehnstündigen Arbeitstages effektiv arbeiten konnten.

Dreschen mit dem Dreschflegel

Gewöhnlich ging darum die Arbeit auch nur bis zum frühen Morgen (6 Uhr) beim schwachen Schein der Dreschlaterne. Das anschließende Frühstück war schwer genug verdient.

Das ausgedroschene Korn mußte nun noch gereinigt werden, entweder durch Worfeln, aufwerfen der Körner bei geöffneten Scheunentoren, durch Wannen, schütteln der Körner in großen flachen Wannen oder mit Hilfe von Windfegen.

Auf den größeren Höfen wurde von Tagelöhnern gedroschen, und zwar im Akkord. Sie erhielten einen bestimmten Anteil des jeweils ausgedroschenen Korns. Dieser wurde meistens von der Obrigkeit festgesetzt, häufig in Abhängigkeit zum jeweiligen Marktpreis des Roggens.

Das Dreschen und Reinigen des Getreides bildete den größten Teil der winterlichen Landarbeit. Dieser hohe Zeitaufwand verhinderte darüber hinaus, zu Zeiten hoher Marktpreise ausreichend viel Korn verkaufen zu können. Darum wurden schon früh Versuche einer Rationalisierung dieser Arbeit gemacht.

Der Dreschblock

Im 17. Jahrhundert unternahm man zunächst den Versuch, das Flegeldreschen mit Hilfe von Mühlenantriebswerken zu mechanisieren (1670 Paddern, Kurland; 1700 Erzen, Amt Braunschweig). Kosten und Arbeitsergebnisse ließen aber eine weitere Verbreitung dieser Methoden zur damaligen Zeit nicht zu. Erfolgreicher waren Versuche, Techniken anderer Völker und Zeiten zu übernehmen und zu verbessern.

Dabei griff man vor allem auf Methoden zurück, die schon im Alten Testament der Bibel erwähnt werden: Austreten, Ausdrücken, Auswalzen. Diese Drescharten waren im gesamten Mittelmeerraum verbreitet und wurden dort seit Jahrtausenden angewendet. Die Propagierung erfolgte sowohl durch private als auch öffentliche Stellen. So ließ z. B. der Kanzelleyrath E. Carleson im Jahre 1750 einen Bauern aus dem damals türkischen Bulgarien nach Schweden kommen, der das Dreschen mit Hilfe des Dreschschlittens vorführte. Man experimentierte hier auch mit anderen Verfahren. In einigen Teilen Schwedens setzte sich die konische Dreschwalze als „Dreschmaschine" durch. Doch nicht nur dort.
Außerhalb des schwedischen Verbreitungsgebietes wurde diese Methode in den Niederlanden (Groningen und Westfriesland) und in Teilen Ostfrieslands eingeführt. Im Jahre 1819 schreibt ein Kenner der ostfriesischen Landwirtschaft: „Auf den Reiderländischen Poldern und den Groden in Jeverland und dem Norden Ostfrieslands bedient man sich statt des Flegels der Dreschblöcke oder Dreschwalzen, zum geschwinderen Ausbringen des Korns. . . . Alle Arten Korn lassen sich damit dreschen oder vielmehr ausdrücken, wie wohl nicht gleich gut."

Die Methode ist der beigegebenen Zeichnung zu entnehmen: Vor einen schweren, mit Eichenlatten beschlagenen zylindrischen Block wird ein Pferd gespannt. Die konische Form unterstützt die Kreisbewegung um den im Boden und im Dachgebälk befestigten Ständer, den „König". Der festgelegten Umdrehung entsprechend wird das Dreschgut ausgelegt. Nach mehrmaligen Rundgängen kann das ausgedroschene Stroh zusammengeforkt werden. Die ausgedrückten Körner werden mit einer umgedrehten Harke aus dem Dreschkreis gerakt und später gereinigt. Das Stroh wird erneut zu Garben gebunden.

Dreschen mit dem Dreschblock

Trotz der Einfachheit der Konstruktion ersetzte der Dreschblock die Arbeit mehrerer Flegeldrescher. Für die Taglöhner Ostfrieslands bedeutete die Verbreitung dieser „Maschine" eine erhebliche Einschränkung der Arbeitsmöglichkeiten während der Winterszeit. Da keine anderen Verdienstchancen vorhanden waren, war Armut und Hunger für viele Familien die Folge dieser technischen Neuerung. Man sah die Ursache der Verarmung in der „Maschine" selbst und forderte noch während des Revolutionsjahres 1848 das Verbot der Anwendung der Dreschblöcke durch die Obrigkeit. Der Staat aber war selbst an der Rationalisierung interessiert, und daher blieb die Anwendung ungehindert. Bis in das 20. Jahrhundert hinein waren die Dreschblöcke in Ostfriesland in Gebrauch, der Dreschblock des Museumsdorfes sogar bis 1970. In der Mehrzahl aber wurden sie seit den 90er Jahren des vorigen Jahrhunderts durch die mit Dampf- und später mit Motorkraft ausgestatteten Dreschzüge verdrängt, die ihrerseits seit den 50er Jahren von den Mähdreschern abgelöst wurden.

Die „Erfindung" des Dreschblockes macht deutlich, daß technische Neuerungen auch in der vorindustriellen Zeit mit ihrer „Holztechnik" Auslöser schwerer sozialer Konflikte sein konnten, ein Faktum, das eine zu romantische Sichtweise lange Zeit verdrängt hat.

Die Dreschmaschine

Während sich die Mehrzahl der Rationalisierungsversuche im 18. Jahrhundert an vorgegebenen Methoden ausrichteten, gingen einige Erfinder wirklich eigene Wege. Den letztlich richtigen Weg zeigte der Schotte Andrew Meikle, der 1788 seine Dreschmaschine patentieren ließ. Das Grundprinzip dieser Maschine bestand aus einer mit scharfkantigen Leisten versehenen, rasch umlaufenden Trommel, die das Getreide gegen einen ebenfalls mit Leisten ausgekleideten Dreschkorb drückte. An die Stelle der Leisten traten bei einem amerikanischen Patent von 1828 Stifte; der Grundgedanke blieb jedoch bis heute der gleiche.

Angetrieben wurden diese Maschinen zunächst von Göpelwerken (s. Nr. 34 und Nr. 20) und auch von Handkurbeln. Aber schon 1811 wurde in England eine Dampfmaschine als Antriebsaggregat eingesetzt, zehn Jahre später auch in Deutschland. Zu einer weiteren Verbreitung kam es in der zweiten Hälfte des 19. Jahrhunderts, als immer leichtere und besser arbeitende Dampfmaschinen konstruiert wurden.

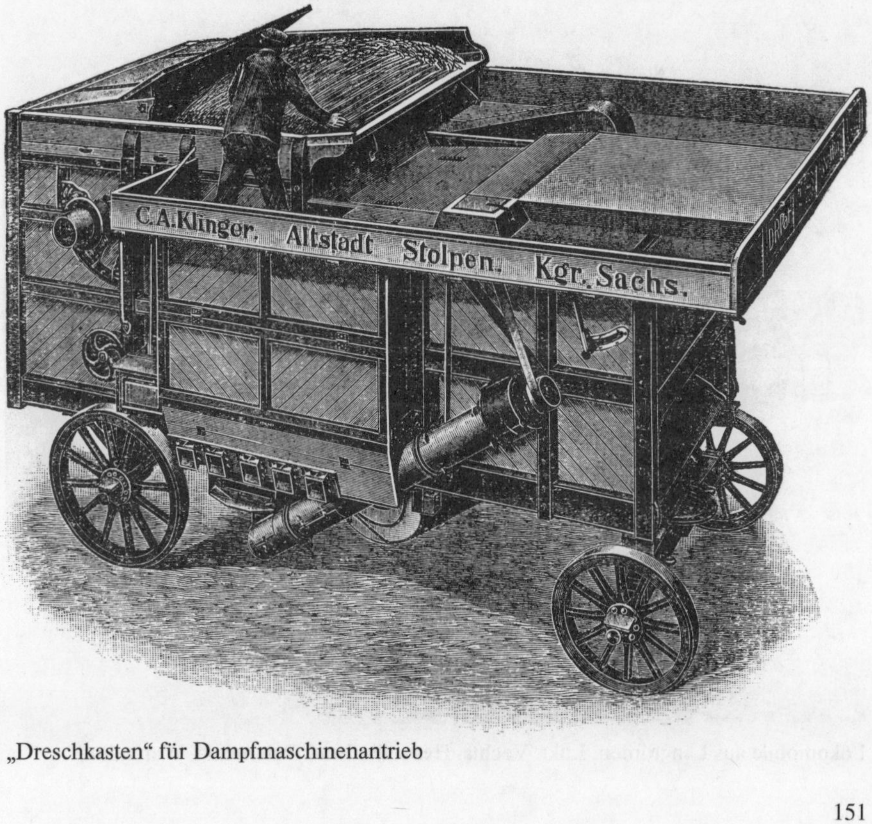

„Dreschkasten“ für Dampfmaschinenantrieb

Da vor allem die Dampfmaschinen einen ungewöhnlich hohen Kapitaleinsatz verlangten, blieb die Anschaffung zunächst auf große Güter beschränkt. Dann entwickelte sich aber rasch das System der Lohndruschunternehmen. Deren Voraussetzung waren transportable Dampfmaschinen, die Lokomobilen. Mit diesen Lokomobilen und den entsprechend fahrbaren Dreschmaschinen zogen sie von Hof zu Hof. Die Mannschaften wurden für die jeweilige Dreschsaison angeworben und bestanden, abgesehen von dem Maschinenmeister, aus ungelernten Arbeitern, die, wie früher auch die Flegeldrescher, im Akkord arbeiteten.

Die Schwere der Geräte brachte zunächst erhebliche Transportprobleme. Die Stellung von Zugpferden oblag dabei den Bauern. Nachdem aber seit den 20er Jahren schwere Traktoren gebaut wurden, ersetzte man die Lokomobilen vielfach durch Traktoren. Bis in die 60er Jahre hinein waren das die verbreitetsten Dreschmethoden. Die unglaublich rasche Verbreitung der Mähdrescher ließ dann in wenigen Jahren diese Methode völlig verschwinden.

Lokomobile aus Langförden, Ldkr. Vechta. Herstellerfirma: Petermann, Warendorf

Anspannung und Geschirr

Bis in das Mittelalter hinein war im Nordwesten Deutschlands fast ausschließlich das Rind als Arbeitstier gebräuchlich. Erst im Laufe der Zeit wurde das Pferd ebenfalls als Zugtier bei der Feldbestellung und zum Ziehen der Wagen eingesetzt. Diese Entwicklung führte seit dem 16. Jahrhundert zur weitgehenden Verdrängung der Rinder als Zugtiere. Auf kleinen Hofstellen wurden aber auch später noch, wenn Pferde fehlten, Kühe als Arbeitstiere vor Pflug und Wagen gebraucht.

Die Anspannungsart war bis zum Mittelalter hin bei Pferd und Rind gleich. Beide gingen unter dem *Joch.* Sielen- und Kummetgeschirre verbreiteten sich erst seit dem Mittelalter. Sie waren Errungenschaften der eurasischen Reitervölker und gelangten über die Slawen zu uns.

Pferdeanspannung

Der Unterschied zwischen dem Sielen- und dem Kummetgeschirr liegt in dem jeweiligen Belastungspunkt. Während das Pferd im *Kummetgeschirr* mit den Schulterblättern zieht, wird beim *Sielen- oder auch Brustblattgeschirr* die Brust hauptsächlich belastet. Beide Anspannungsarten haben Vor- und Nachteile, ihre Verwendung wurde jedoch nicht von wissenschaftlichen Überlegungen bestimmt, sondern entsprach regionalen Traditionen. So war in Ostfriesland, im oldenburgischen Friesland und im Hümmling das Sielengeschirr verbreitet, während in Oldenburg das Kummet verwendet wurde.

Schwerziehendes Pferd im Sielengeschirr

Das Sielengeschirr Ostfrieslands um 1800 beschreibt ein Reisender der damaligen Zeit folgendermaßen: *„Das Pferdegeschirr ist sehr einfach. Zum Zaum läßt man sich vom Schmied eine eiserne Stange als Gebiß machen, befestigt ein Seil daran und legt es dem Tier um den Kopf, so ists gut. Statt der schwerfälligen deutschen Kumpte hat man hanfene (hempen) Sehlen, zwei Gurten, einer vor der Brust des Pferdes, der andere auf dem Rücken liegend, durch zwei eiserne Ringe oder Leder zusammen gehalten. Das ist freilich nur bei der Beackerung der Fall; vor dem Wagen schirrt man die Thiere hübscher auf, hat Zaum und Sehlen von schwarzem Leder, mit Messing beschlagen, zierlich geflochtene Leinen u. dgl. kostbarer wie bei manchem deutschen Gutsbesitzer."*

Während ein Sielengeschirr einem Pferd durch einfaches Verstellen der Riemen angepaßt werden konnte, mußte man das Kummet für das jeweilige Pferd anfertigen lassen und konnte es durch nachträgliche Polsterung passend machen. Nur wenn das Kummet gleichmäßig auf der ganzen Schulter des Pferdes auflag, war das Pferd in der Lage, ohne Schäden seine ganze Kraft zum Einsatz zu bringen. Die Form des Kummets wurde entweder durch eine eiserne Feder vorgegeben, oder durch das Kummetholz. Die Kummetfeder wurde mit einem ledernen Haarpolster umkleidet, während das Kummetholz sichtbar blieb. Bei Arbeitsgeschirren wurde meistens das Kummetholz gebraucht, während man die Kutschgeschirre mit eisernen Federn baute. An den Seiten des Kummets sind

Schwerziehendes Pferd mit Kummetgeschirr

die Blatthaken angesetzt, an denen die Zugketten oder -seile befestigt wurden. Die Wagendeichsel wurde beim Sielengeschirr durch eine Extra-Schlaufe, die man dem Pferd um den Hals legte, gehalten. Beim Kummetgeschirr konnte die Deichsel am Kummet durch eine Kette hochgehalten werden.

Das Hintergeschirr ermöglichte es, den Wagen zurückzusetzen. Es mußte nicht unbedingt angelegt werden und war bei Sielen- und Kummetgeschirr in seiner Bauart gleich. Fehlte es, und sollte der Wagen zurückgesetzt werden, so lag alle Belastung auf dem Hals des Pferdes oder auf dem Schwanzriemen. Beides bedeutete für das Pferd eine Qual, so daß man allgemein auch in den Ebenen, in denen das Hinterzeug früher nur wenig gebraucht wurde, zu seiner Anwendung überging.

Rinderanspannung

War auch die Rinderanspannung auf den mittleren und größeren Höfen des nordwestlichen Niedersachsens seit dem Ende des 16. Jahrhunderts ohne größere Bedeutung, so spielte sie doch für die kleinen Nebenerwerbsbetriebe bis in unsere Zeit hinein eine Rolle.

Entsprechend spielen die Doppeljoche für schwere Ochsengespanne nur eine untergeordnete Rolle, während die leichten Kopfzuggeschirre, vor allem die gepolsterten Stirnjoche, neben Kummetgeschirren für Kühe verbreitet waren. Das Stirnjoch lag vor den Hörnern der Tiere, an den Seiten mit eisernen Ringen oder Haken zur Befestigung der Zugketten oder -seile versehen.

Kuhkummete, wie die Pferdekummete aus dem Widerristjoch entwickelt, waren den anatomisch anderen Voraussetzungen der Rinder gegenüber den Pferden angepaßt und, da sie lediglich als Arbeitsgeschirre verwandt wurden, auch in ihrer Ausführung betont einfach gehalten. Stirnjoch und Kummet konnten als Einzelanspannung im Gespann kombiniert werden, so daß Pferd und Kuh zusammen vor Pflug oder Wagen gespannt werden konnten.

Kuhgespann vor hölzernem Stellpflug, Vechta, nach 1900

Hauswirtschaft und Selbstversorgung

Am Herdfeuer

Das offene Herdfeuer war teilweise bis in unser Jahrhundert hinein die einzige Koch- und Wärmestelle des niederdeutschen Hallenhauses. Darüber hinaus diente es als wichtigste Lichtquelle.

Diese mannigfachen Funktionen ließen das Herdfeuer und sein Gerät zu Zeichen rechtssymbolischer Handlungen werden. So dienten die Herdstellen mancherorts als Grenzmarkierungen, und bei der Übergabe eines Hofes an einen neuen Besitzer (Grundherren!) wurde folgendermaßen verfahren: Der neue Herr (oder sein Vertreter) löschte das Feuer und zündete es erneut an; er nahm am Herde Platz, schob den Kesselhaken auf und ab, schlug danach ein Stück Holz aus dem Ständer, brach einen Zweig von den Bäumen des Hofes und grub ein Stück Erde aus. Bei strittigen Erbfragen konnte diese Handlung ausschlaggebend sein, denn wer sie nachweislich als erster ausgeführt hatte, galt als Rechtsnachfolger.

Aus der Bedeutung des Herdfeuers als Wärmequelle ergab sich die Hierarchie in der Sitzordnung. Den wärmsten Platz, hinter dem Feuer mit dem Rücken zur Herdwand, beanspruchte der Bauer und seine Frau. Ihnen zur Seite saßen die Großknechte und Mägde bzw. die ältesten Kinder. Auf dem zugigsten Platz, mit dem Rükken zum Einfahrtstor hatten die Jüngsten Platz zu nehmen. Das darf man aber nicht als Ausdruck eines zynischen Besitz- und Machtdenkens interpretieren, sondern ergab sich aus der auf eine optimale Sicherung der Arbeitskraft abzielenden Gesinnung. Denn kranke Eltern, das bedeutete in früheren Jahren – vor allem bei den vielen Heuerlingsexistenzen – oft genug die Verelendung der ganzen Familien.

Die Gerätschaften am Herdfeuer waren einfach und lassen sich leicht aufzählen. An der Herdwand befand sich der schwenkbare *Wendebaum* aus Holz oder Eisen, an dem der *Kesselhaken oder Hal* aufgehängt wurde.

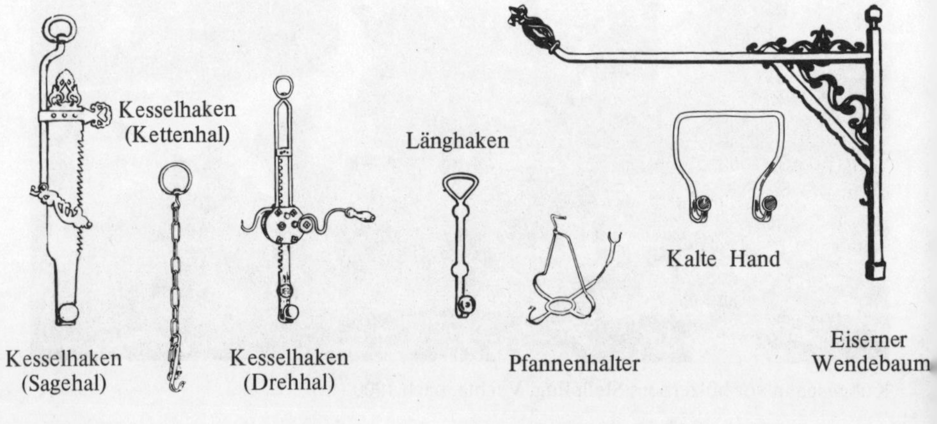

Der Hal war in der Höhe verstellbar. Dadurch konnte die Kochtemperatur geregelt werden. Der Wendebaum ermöglichte das Abschwenken des Kochtopfes oder Kessels von der Feuerstelle. In vielen Fällen hatte er eine solche Länge, daß der Kochtopf bis an den Eßplatz geschwenkt werden konnte (vgl. Haakenhof). Mußte man den heißen Kessel oder Topf von dem Hal herunternehmen, benutzte man die *kalte Hand“*. Pfannen schob man in den *Pfannenhalter,* der dann an den Hal gehängt wurde.

Dreibein

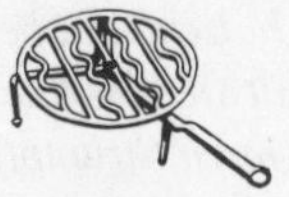

Brotroste

Dreibein und *Bratröste* wurden direkt in die Glut gesetzt. Während auf das Dreibein Kessel, Töpfe und Pfannen gesetzt wurden, dienten die Bratröste zum „Grillen“ von Wurst und Rösten von Brotscheiben.

Feuerböcke sorgten dafür, daß dickere Holzscheite, die schräg angelehnt wurden, genügend Luftzufuhr erhielten.

Über Nacht wurde die Glut zusammengerakt und mit Asche bedeckt. Dann wurde die *Feuerstülpe* darübergestellt. Sie verhinderte, daß durch herumlaufende

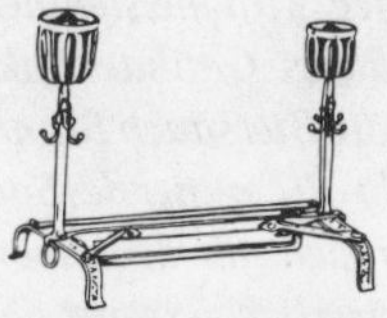

Feuerbock mit zwei Glutkörben („Komförken“)

Feuerstülpe

Tiere die Glut zerstreut und das überall herumliegende Stroh und Heu in Brand geriet. Erst seit der Erfindung der Zündhölzer ging man dazu über, das Feuer nachts zu löschen.

Am Morgen wurde die Glut mit Hilfe des *Blasebalges* oder des *Blasrohres* wieder entfacht.

Der Schlichtheit der Geräte entsprach die Einfachheit und Anspruchslosigkeit der Gerichte, die die Hausfrau hier zubereitete.

In der Schilderung des Tagesablaufes auf einem Bauernhof um 1800, der von dem Cloppenburger Arzt Johannes Bernardus Josephus König stammt, wird das deutlich:

Früh um 4 auch 5 Uhr steht alles auf, und jezt wird eine auch zwei Stunden gedroschen woran alle diensttaugliche Personen theil nehmen, dan wird das gedroschene Getreide gereiniget, und von den Stroh durch die weiblichen Mitglieder gefüttert, welche jezt auch

Melken und derartige Geschäfte verrichten, die männliche subjecte Schneiden theils Häksel füttern Pferde, u. d. gl. Spannen auch wohl an und gehen aufs Feld oder wo sonst ihnen ihr Beruf ruft, gegen 8 Uhr ist die Wirrthin mit dem Frühstück in Ordnung, nemlich eine Milch- oder Brey Suppe und Roggen- oder Buchweitzen Mehl, worinn Brot gebrokt wird, und Pfannkuchen, lezterer gewöhnlich von Buchweitzen Mehl, nachdem dieses Verzehrt, geht jeder an seine Geschäfte, und besondere Arbeit, der Schäfer Füllet seine Brodtasche, nimmt seinen Mantel und Strickzeug und wandert mit den Schafen in die Heide, dieser bleibt bis Nachmittag Spät aus, aber die übrigen stellen sich gegen 1 Uhr wieder ein um Mittag zu halten, und begeben sich gegen 3 Uhr bis Abend wieder zur Arbeit; wer nichts anders thut der Strikket doch, und selbst die neben den Pferden gehende Knechte Strikken an ihren Strümpfen.

Die Kost des Landmannes ist im eigentlichen Sinne Rauh Futter, die Morgentafel habe ich Ihnen schon Beschrieben, womit das AbendEssen großentheils übereinstimmt; des Mittags wird ein sogenanntes Gemüse, in der hiesigen Sprache „Mösken" aufgetischet, meistens mit Speck oder Fleisch; Dieses Gemüse aber wird in einer Menge Wasser gekocht und aufgesezt, welches Wasser noch mit Mehl oder Haber Grütze angerührt wird um dem ganzen mehr Bindung zu geben, bei alle 3 HauptMahlzeiten wird eine Menge Brod Verzehrt, theils so aus der Hand theils eingebrokt.

In den Zwischenzeiten wird von jedem nach Belieben Butterbrood gegessen, und das Brod mit sehr dikker Butter bestrichen.

Ausländische Getränke, ich meine Thee und Kaffee, wird meistentheils in allen Häusern aber nur von dem Bauern und dessen Frau, das übrige Gesinde trinkt theils abgeraumte Milch, ButterMilch, oder Wasser und in der Aerndte Bier: auch Branntwein trinkt nur der Bauer täglich 1 oder 2 Schluk, aber doch auch nicht alle, außer des Sonntags vor und nach dem GottesDienste, wo alles mehr oder weniger sich mit denselben eine Veränderung macht, wo auch viele Ehrbare HausWirthe den ziemlich gesegnet nach Hause kommen.

Was der Zeitgenosse nicht überlieferte ist die Mühseligkeit, die das Kochen am offenen Herdfeuer mit sich brachte, die unglaubliche Schwere der Arbeit der Hausfrauen. So sprechen schon die Gewichte der gußeisernen Töpfe für sich: mit bis zu 20 kg Eigengewicht – gefüllt bis zu 50 kg Gewicht – stellte das Hantieren mit ihnen selbst schon Schwerstarbeit dar. Noch deutlicher wird es, wenn die Pfannkuchenbäkkerei unter diesem Gesichtspunkt bewertet wird. Die Pfannen besaßen einen langen, abgewinkelten Griff, der zwar die Hausfrau etwas von der direkten Strahlungshitze des Feuers fernhielt, gleichzeitig aber das Hantieren mit den eisernen Pfannen nicht gerade erleichterte, deren Durchmesser immerhin bei 30 cm lag. Wenn nun in einem größeren Hof sich mehr als ein Dutzend Leute um die Pfannkuchenschüssel versammelten, so hatte die Köchin bereits einen ersten schweren Arbeitseinsatz hinter sich, der nichts mit dem heutigen Freizeit-Grillen über offenem Feuer gemeinsam hatte.

Das tägliche Einerlei wurde vor allem in der Winterszeit unterbrochen, wenn geschlachtet wurde. Dann gab es Frischfleisch, was sonst nur selten vorkam, da man Fleisch durch Räuchern oder Pökeln haltbar machen mußte. Vielfach entstand dabei eine Art Versorgungssystem, denn auch die Nachbarn erhielten jeweils einen Anteil, der natürlich durch eine entsprechende „Gegenlieferung“ vergolten wurde, da ja nicht mehrere am gleichen Tag schlachteten.

An besonderen Festtagen wurden an der offenen Herdstelle Waffeln gebacken. Dazu benutzte man das teilweise mit reichen Motiven geschmückte *Waffel- oder Kucheneisen,* durch das die Waffeln entsprechende Muster bekamen. Namen und Jahreszahlen sind aus diesem Grunde auch in Spiegelschrift in die Eisenflächen graviert.

Waffeleisen

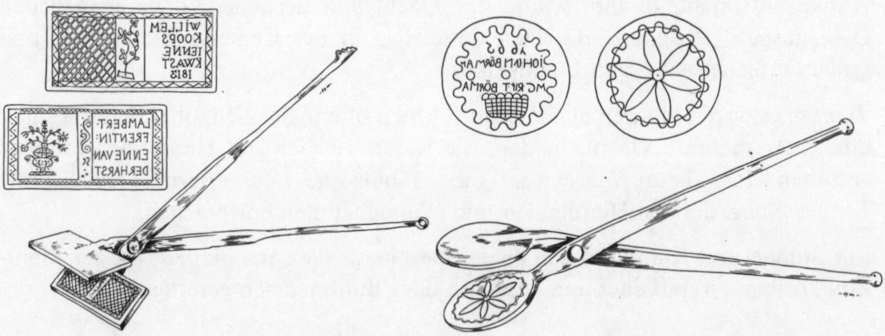

Nachdem der Kaffee als Hauptgetränk die Buttermilch und das Bier abgelöst hatte (nach 1800) wurden Kaffeeröster und Kaffeemühle zu wichtigen Küchengeräten und mit ihnen der Wasserkessel.

Da der Kaffee ungeröstet als grüne Bohne verkauft wurde, brannte die Hausfrau ihn je nach Bedarf selbst. Neben echten Kaffeebohnen wurden aber in großem Umfange auch Ersatzstoffe gebrannt, wie Gerste und Zichorie, mit denen man den Kaffee „verlängerte“ oder mit denen man ganz ohne Kaffeebohnen „Kaffee“ kochte.

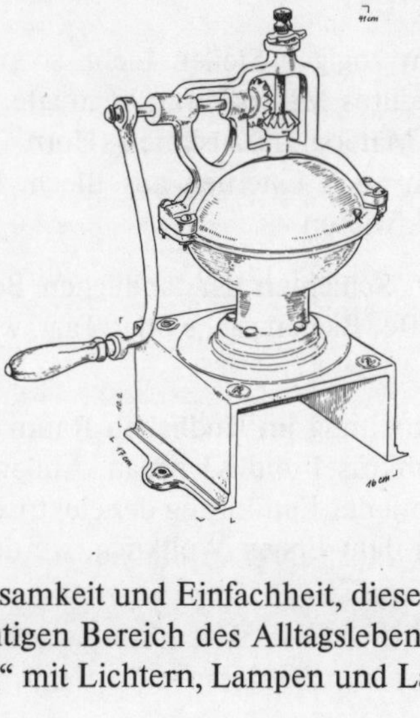

Kaffeemühlen

Sparsamkeit und Einfachheit, diese Merkmale gelten aber auch für einen anderen wichtigen Bereich des Alltagslebens auf dem Lande, für die „künstliche Beleuchtung“ mit Lichtern, Lampen und Laternen.

Da das Herdfeuer nur eine begrenzte Stelle des Hauses ausleuchtete, benötigte man transportable Lichtquellen, vor allem bei der Arbeit in abgeschlossenen Räumen.

Die älteste dieser Lichtquellen war der *Kienspan,* ein Stück harzreiches Holz. Er wurde entweder in den *Kienspanhalter* geklemmt oder auf dem *Kienleuchter* verbrannt. Die Kienleuchter waren aus Blech oder Drahtgeflecht, mit kleinen Feuerböcken versehen, auf die ein oder mehrere Kienspäne gelegt wurden.

Eine Verbesserung war demgegenüber der *Trankrüsel,* der den Öllampen der Antike entspricht. In ihm wurde der Docht von tierischen oder pflanzlichen Ölen gespeist (Rüböl z. B.). Der Vorteil lag in der längeren Brenndauer und größeren Sicherheit gegen Brandgefahr.

Trankrüsel waren in ihren einfachsten Formen offene Schalen, über deren Ränder eine oder mehrere Dochte ragten. Sie waren vielfach mit Hängevorrichtungen versehen. Für diese *Hängekrüsel* gab es hölzerne oder eiserne Gestelle, die *Lampenhahle,* die den Herdhahlen und Wendebäumen entsprachen.

Für Stuben und Kammern gab es darüberhinaus die *„Standkrüsel",* in der Mehrzahl kostbarer verarbeitet und aus Zinn oder Buntmetallen gefertigt.

Lampenhal

Kienspanhalter

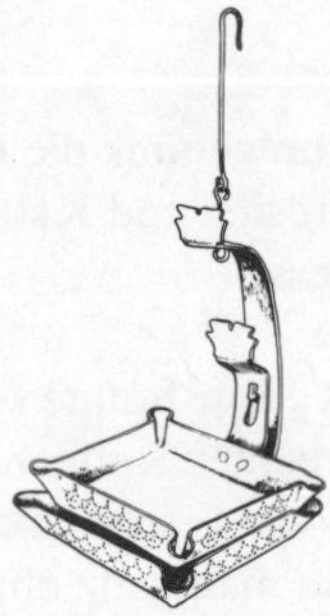

Trankrüsel

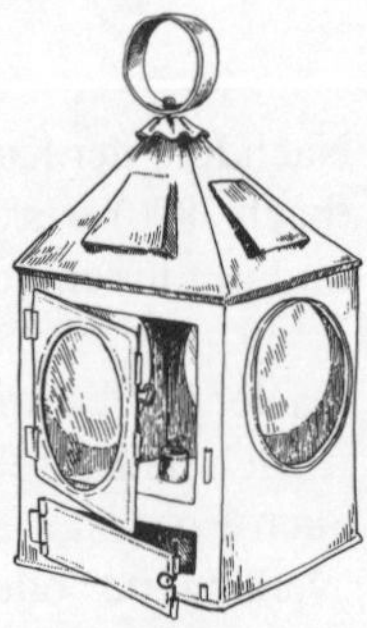

Laterne

Benötigte man außerhalb des Hauses oder an zugigen Stellen Licht, so nahm man *Laternen.* Solange Glas noch ein relativ teures Material war, begnügte man sich damit, nur eine Seite mit transparentem Material auszustatten (Horn, Tierblasen oder geölte Leinwand). Es gab jedoch auch Laternen aus Blech, Holz oder Ton, die lediglich Schlitze oder Löcher aufwiesen.

Kerzen fanden bei den unteren und mittleren Schichten der ländlichen Bevölkerung nur wenig Verwendung. Die Grundstoffe, Bienenwachs oder Talg, waren im Verhältnis zu Öl und Kienspan zu teuer.

Die *Petroleumlampe* fand dagegen rasche Verbreitung im ländlichen Raum (seit 1853). Sie gab entschieden mehr Licht als Trankrüsel und Kienspan. Außerdem war das Petroleum verhältnismäßig billig. Erst mit der Einführung der elektrischen Beleuchtung auf dem Land, größtenteils nach dem Ersten Weltkrieg, wurde sie von der elektrischen Beleuchtung abgelöst.

Bäuerliches Brotbacken

Seit etwa dem 8. Jahrhundert v. Chr. verbreitete sich im Zusammenhang mit dem zunehmenden Roggenanbau im nordwestlichen Europa das Backen gesäuerter Brote. Die einzelnen Regionen bildeten dann im Laufe der Zeit ihre jeweils spezielle Brotsorte aus. Im nordwestdeutschen Raum war das Schwarzbrot, auch Pumpernickel genannt, die allgemein übliche Brotsorte.

Hergestellt wurde das Schwarzbrot aus ungebeuteltem und in nur einem Mahlgang gemahlenem Roggenmehl. Da in diesem Mehl noch alle Nährstoffe enthalten waren, war die Lagerfähigkeit begrenzt. Darum wurde stets frisches Mehl verbacken, das zusammen mit Wasser und Sauerteig zum Brotteig verarbeitet wurde.

Der Teig wurde in *Backtrögen* oder *Mollen* geknetet, deren Größe abhängig war von der Zahl der mit Brot zu versorgenden Personen. Dazu zählten nicht nur die Mitglieder der Bauernfamilie und die Mägde und Knechte, sondern auch oft die Heuerlingsfamilien.

Bis zu drei Zentner Roggenmehl wurde auf den größeren Höfen verarbeitet. Dafür waren große Backtröge notwendig, die man durch das Aushöhlen dicker Eichen schuf. Längen bis nahezu vier Meter waren keine Seltenheit. Um die große Teigmenge bewältigen zu können, verzichtete man auf das Handkneten. Der stärkste Knecht oder der Bauer selbst trat mit bloßen Füßen den Teig und knetete ihn so durch. Vorher wurden die Füße gründlich gewaschen, so daß die Methode nicht für die Bezeichnung „Schwarzbrot“ verantwortlich zu machen ist.

Nachdem der Teig eine Stunde gestanden hatte, begann das Ausbroten, die Formung der Brotlaibe. Ihre Größe variierte zwischen 20 und 50 Pfund, in jüngerer Zeit zwischen sieben und zwölf Pfund. Nun war das Brot fertig, um in den Backofen geschoben zu werden.

Die Backöfen, in ihrer Grundform gleich, waren in Größe, Standort und zugehörigem Gebäude regional und sozial stark differenziert. Bei den größeren Höfen war der Ofen an die mit einem gewissen Abstand von den Wohnhäusern errichteten Backhäusern angebaut oder in ihnen untergebracht (Quatmannshof, Wehlburg), bei kleineren Höfen und in den Kolonistenhäusern der Moorgebiete war er z. T. im Haus selbst ein- oder am Haus angebaut. Auch völlig freistehende Backöfen, mit einer Plaggenschicht zum Schutz des Lehms bedeckt, waren nicht selten (Saterhaus).

Der Backofen selbst kann in drei Bestandteile gegliedert werden, in
1. den Herd, die rechteckige Unterlage, aus gestampftem Lehm oder Ziegeln,
2. die Wölbung, der kuppelartige Aufbau aus Lehm, später aus Ziegeln,
3. den Ofenmund mit der Ofentür.

In diesem Ofen wurde Holz oder Torf geschichtet und angezündet. Der Rauch zog durch den Ofenmund ab. Bei größeren Öfen befand sich in der Wölbung ein kleines Rauchloch, das beim Anheizen den nötigen Zug erzeugte und danach mit einem Stein verschlossen werden konnte. Hatte der Ofen die notwendige Temperatur erreicht, dann wurden die restliche Glut und die Asche mit einem Aschenkratzer hervorgeholt, der Herd mit einem nassen Sack gesäubert und das Brot mit dem Brotschieber „eingeschossen".

Danach wurde die Ofentür gut verschlossen und mit Lehm abgedichtet. Die Backdauer richtete sich nach Art und Größe des Ofens. Sie betrug bei Schwarzbrot ungefähr 24 Stunden.

Nun war das Brot fertig und konnte mit dem Brotschieber herausgenommen werden. Die noch verbliebene Hitze des Ofens nutzte man zum Trocknen von Obst oder auch mal, um feucht gewordene Federbetten zu trocknen.

Benötigte man zum Backen des Schwarzbrotes einen Ofen, so konnten Weißbrote und Kuchen auch ohne Ofen gebacken werden. Der Teig wurde dann unter einem umgedrehten eisernen Topf auf die Herdfeuerstelle gelegt, um den Topf wurde Glut gepackt, und in diesem provisorischen „Ofen" war der Teig nach wenigen Stunden fertig gebacken.

Teigtreten

Milchwirtschaft

Das Melken und die Weiterverarbeitung der Milch gehörte weitgehend zum Aufgabenbereich der Bäuerin und der Mägde. Morgens, z. T. schon zwischen 4 und 5 Uhr, begann das Melken.

Mit einem Büschel Stroh säuberte die Melkerin das Euter der Kühe. Beim Melken saß sie auf einem kleinen *Melkschemel,* den Eimer zwischen den Knien.

Die Milch wurde anschließend durch ein Leinentuch oder ein Haarsieb geseiht und so von den gröberen Staub- und Schmutzteilen gereinigt.

In flachen Schüsseln, *Milchsetten,* säuerte die Milch, und der Rahm setzte sich oben ab. War genug Rahm vorhanden, begann das Buttern. Benutzt wurde meistens das *Stampfbutterfaß.* Durch das Auf und Ab der durchlöcherten Scheibe trennte sich das Fett (die Butter) von der Buttermilch. Die Butter war in diesem Zustande noch sehr wasserhaltig und mußte erst noch geknetet werden. In größeren Betrieben benutzte man dazu eigene Tische mit *Butterwalzen.*

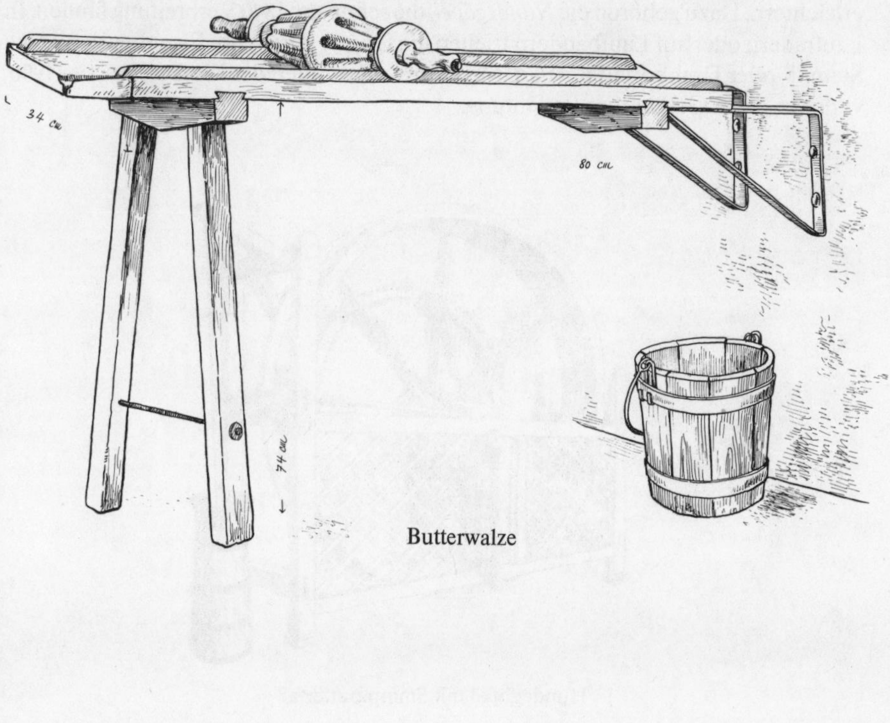

Butterwalze

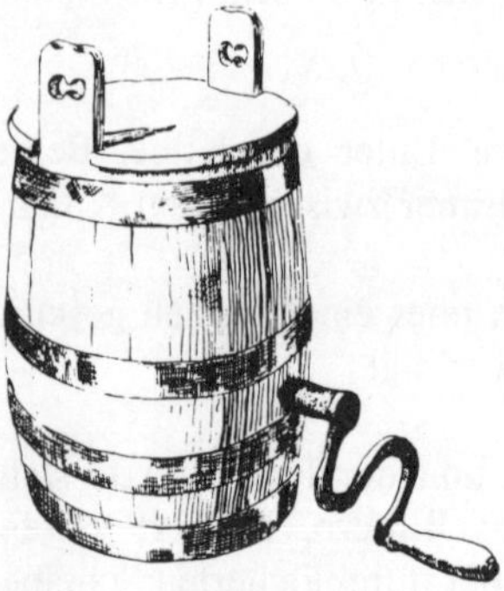

Drehbutterfaß

Butterstempel

Butterform

Durch Salzzugaben erreichte man eine höhere Lagerfähigkeit. In Fässern verpackt, konnte sie dann in weiter entfernte Gebiete transportiert und verkauft werden. Dieser Butterexport spielte seit dem Mittelalter eine bedeutende Rolle im Wirtschaftsleben des nordwestlichen Niedersachsens.

Neben den *Stampfbutterfässern* gab es noch *Drehbutterfässer* und *Butterwiegen.* Durch Neuerungen versuchte man die Arbeit vor allem in größeren Betrieben zu erleichtern. Dazu gehören die *Hundegöpel,* die schon um 1840 Verbreitung fanden. In Laufrädern oder auf Laufbändern trieben die Hunde durch ihre Eigenbewegung die Stampf- oder Drehbutterfässer an. Mit dem Aufkommen der Molkereien, um 1900, verloren diese Geräte ihre Bedeutung.

Hundegöpel mit Stampfbutterfaß

Spinnen und Weben

Bis in das 20. Jahrhundert hinein spielte die Eigenproduktion von Textilien eine nicht unwesentliche Rolle im Leben der bäuerlichen Bevölkerung. Zwar war die Bedeutung der Textilproduktion in den ländlichen Gebieten im Verlauf der Industrialisierung stark zurückgegangen, doch hatte man die Herstellung von Leinwand für den eigenen Gebrauch beibehalten.

Flachsverarbeitung

Im Frühjahr wurde der „Lein“ gesät und im Herbst, wenn die Samenkapseln an den Halmen braun geworden waren, konnte geerntet werden. Die ungefähr einen Meter langen Halme wurden nicht gemäht, sondern ausgerupft und in Bündeln zum Trocknen auf den Feldern liegen gelassen. Die nach einiger Zeit leicht angetrockneten Bündel wurden dann eingefahren, wobei die Erntewagen vielfach mit einem großen Laken ausgeschlagen waren, um die leicht herausfallenden Samenkapseln aufzufangen.

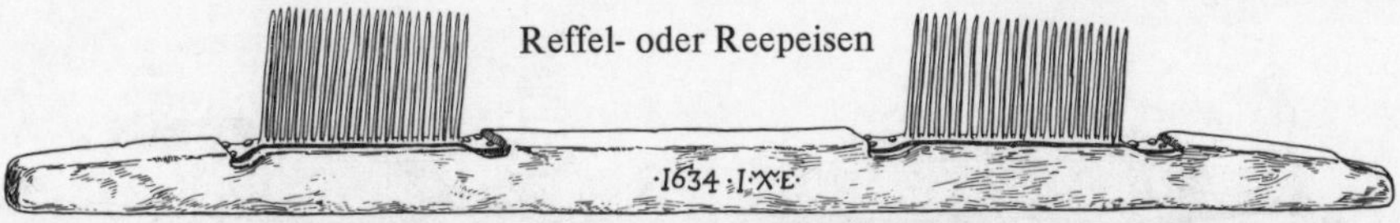

Reffel- oder Reepeisen

Die an den Halmen sitzenden Samen wurden daraufhin von den Stengeln gerissen, indem man den Flachs durch das *Reffel-* oder *Reepeisen* zog. Die Samenkapseln wurden durch Dreschen aus ihren Hüllen befreit und in den Ölmühlen ausgepreßt. Dadurch gewann man das Leinöl, das als Speiseöl verwendet wurde. Die Halme kamen anschließend in die Rottkuhlen, flache Wasserlöcher, in denen sie so lange lagen, bis die Klebstoffe in den Halmen aufgelöst waren. Nach einigen Tagen konnte der Flachs herausgenommen werden. Er wurde auf dem Feld abermals getrocknet und wiederum eingefahren.

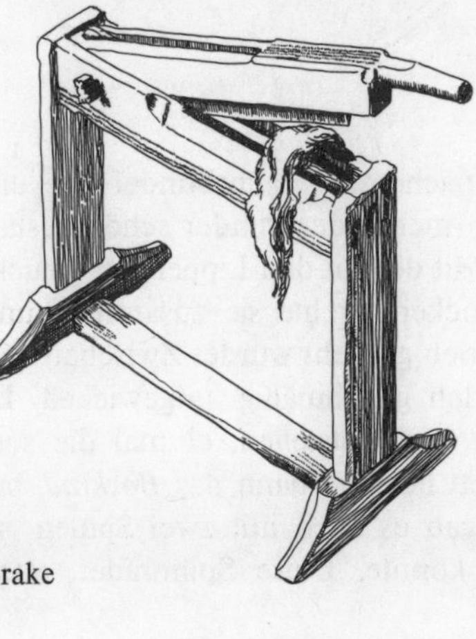
Brake

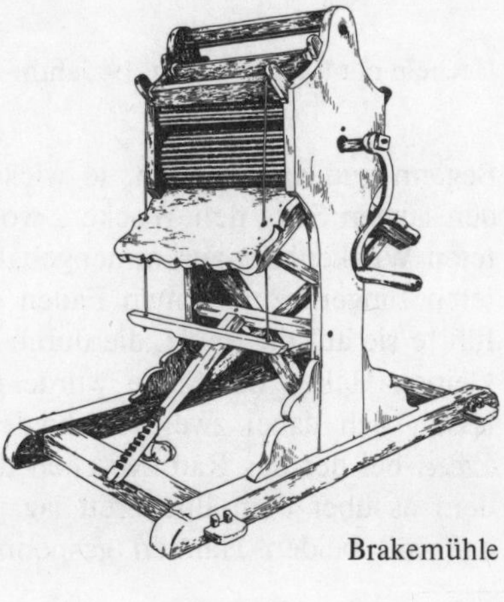
Brakemühle

Nun begann die eigentliche Verarbeitung. Auf den *Braken* wurde er von den groben holzigen Bestandteilen gereinigt. Durch das Herunterdrücken der hölzernen Schneide zerbrachen die holzigen Stengel. Für diese Arbeit standen auf Höfen mit größerem Flachsanbau im 19. Jahrhundert auch Maschinen zur Verfügung, *Brakemühlen,* bei denen der Flachs durch (zwei) geriffelte Walzen gedreht wurde.

Die noch lose an den Fasern hängenden Teile wurden nun am Schwingbrett mit dem hölzernen Flachsmesser abgeschlagen, so daß einzig die Bastfasern noch zusammenblieben. Auch für diese Arbeit gab es z. T. Maschinen, sog. *Schwingmaschinen,* die die Arbeit erleichterten.

Der netzartig verbundene Bast wurde schließlich auf den *Hecheln* durch verschieden eng stehende „Nadelbretter" gezogen, wobei sich die kurzen, minderwertigen Fasern, die Hede, von den langen Fasern trennten. Die bessere Hede konnte noch zu groben Garnen verarbeitet werden, die schlechtere nur zum Abdichten von hölzernen Gefäßen und ähnlichem. Der langfaserige Flachs wurde in dicken Strähnen locker verknotet und für die Zeit der Spinnabende zurückgelegt.

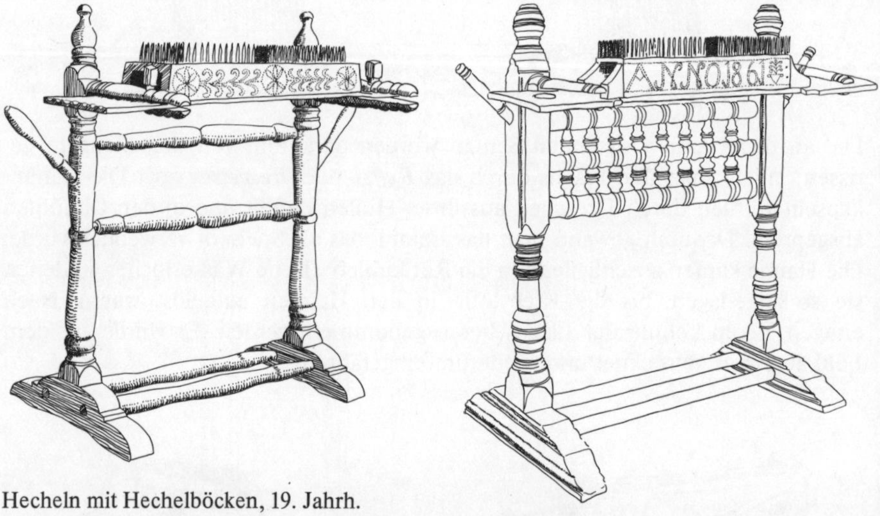

Hecheln mit Hechelböcken, 19. Jahrh.

Begann nun das Spinnen, so wickelte man zunächst die Flachsbündel lose um den langen Stab, den Wocken, wo er von dem mehr oder minder schön gestalteten Wockenblatt zusammengehalten wurde. Mit den an den Lippen angefeuchteten Fingern zupfte man Fäden aus dem Wocken, drehte sie zusammen und führte sie auf die Spule, die durch den Tretantrieb gedreht wurde. Zwischen den kleinen Haken der Spule wurde nun der Faden gleichmäßig aufgewickelt. Es lassen sich dabei zwei verschiedene *Spinnradtypen* feststellen, einmal die sog. *Ziege,* bei der das Rad zwischen dem Bockbrett lief und dann das *Bockrad,* bei dem es über dem Bockbrett lag. Spinnräder gab es auch mit zwei Spulen, so daß mit beiden Händen gesponnen werden konnte. Diese Spinnräder, auch

Hungerräder genannt, waren eine Erfindung der Zeit, als man noch durch Verbesserung der Geräte sich der Industriekonkurrenz zu erwehren suchte. Sie wurden daher weniger für den Bereich der Selbstversorgung angewandt, als vielmehr in den Haushalten, in denen der Lebensunterhalt mit Spinnen und Weben gesucht, aber selten ohne Hunger zu leiden gefunden wurde.

Die vollen Spulen wurden auf die *Haspel* aufgewickelt, wobei man die Spule hielt und mit der anderen Hand die Haspel drehte. Haspeln waren meistens mit Zählwerken ausgestattet, wodurch die Länge des Fadens festgestellt wurde. Nun erst war das Garn für den Weber vorbereitet.

Hatte der Webstuhl keinen festen Platz im Hause, z. B. in der Webkammer, so wurde er zuerst einmal vom Boden geholt und zusammengesetzt. Dann folgte die komplizierte Arbeit des Aufspannens der Kette, d. h. der Längsfäden. Auf dem leiterähnlichen Gestell waren die einzelnen Spulen, von denen die Fäden auf den Garnbaum des Webstuhls liefen. Von hieraus wurden sie durch den Kamm des Webstuhls gezogen und am Leinbaum befestigt. Nun konnte das Weben beginnen. Hin und her wurde das Schiffchen mit dem Garn für den Einschlag, die Querfäden, geschoben und mit den Pedalen die Kettfäden auf und ab gedrückt, bis der Leinbaum gefüllt und der Garnbaum leer war. Die fertige Leinwand wurde bis zum Sommer hin fortgepackt und dann auf die Bleiche gelegt, wo sie ihre weiße Farbe erlangte.

Webstuhl, dat. 1714

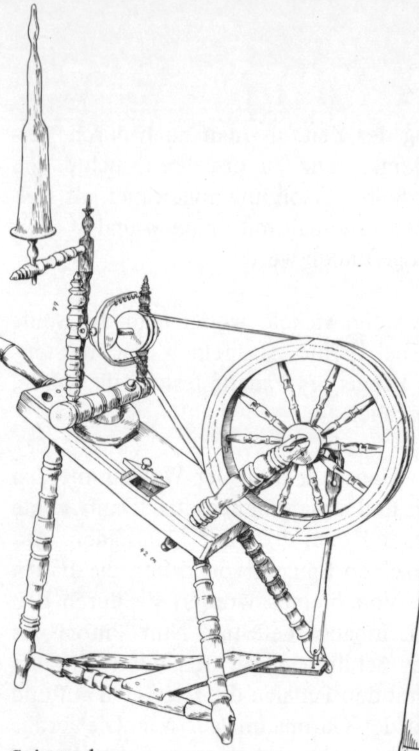

Spinnrad

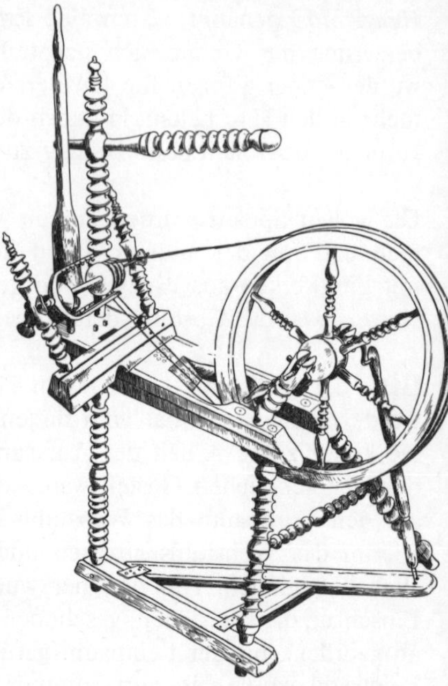

Spinnrad (Ziege)

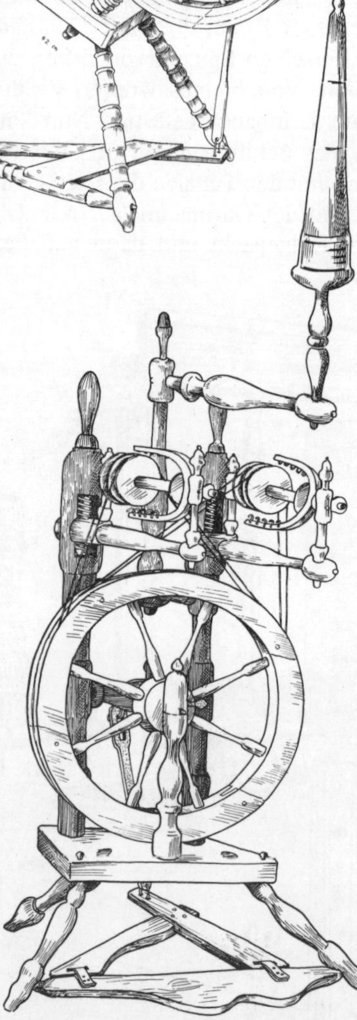

Spinnrad (Bockrad, Hungerrad)

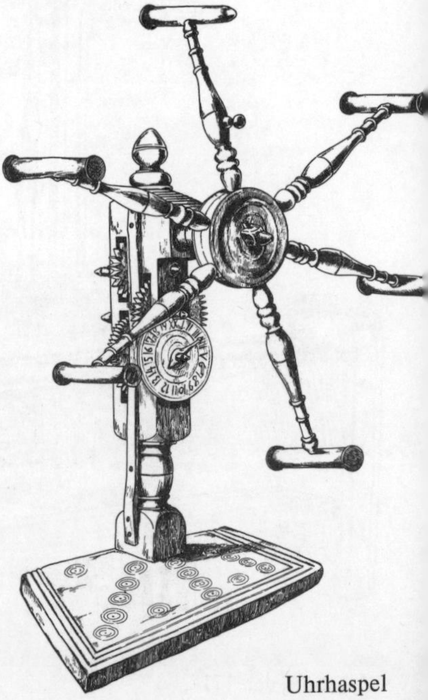

Uhrhaspel

Wollverarbeitung

In den großen Heidegebieten des Oldenburger Münsterlandes und des Emslandes wurde weniger Flachs angebaut, als vielmehr die Wolle der zahlreichen Schafe versponnen.

Waren die Schafe mit der in ihrer Form seit Jahrtausenden überlieferten *Schafschere* geschoren worden, so mußte die Wolle gewaschen werden. Mit *Wollkratzern* wurde die getrocknete Wolle aufgelockert, und dann aus der Hand am Spinnrad gesponnen. Ein Wockenstab wie beim Flachsspinnen war nicht notwendig. Bevor die auf dem Spulrad zu Kettfäden aufgespulten Garne verwebt wurden, wusch man sie noch einmal. Die Weiterverarbeitung entsprach der Flachsverarbeitung.

Im 19. Jahrhundert wurde die Schafwolle in den Heide- und Moorgebieten seltener zu Tuchen verwoben, sondern meistens verstrickt. In einem Reisebericht über den Hümmling um 1800 schreibt man dazu: *„Die Wolle ist nicht sehr fein, aber lang und sehr brauchbar. Sie hat nun hinwiederum die Einwohner zum Spinnen und Stricken gereizt. Alle Hände, fast ohne Ausnahme, sind damit beschäftigt. Die*

Schäfer mit Strickzeug, Hümmling um 1930

Weiber jedoch mehr mit ersterem, die Männer und Kinder mit letzterem. Bauer und Bäuerin, Knecht und Magd, die Kinder vom fünften Jahr an – alles spinnt und strickt bis zum Grabe. So wie die Acker- und Hausarbeit einen freien Augenblick gewährt, gleich wird nach der Spindel, nach der Nadel gegriffen. Der Knecht hinter dem Dünge- oder Erntewagen, die Magd hinter dem Vieh, die Schnitter und Schnitterinnen, wenn sie in die Arbeit gehen, oder von derselben heimkommen, der Schäfer bei seiner Herde, die Kinder vor den Haustüren – nie sind sie ohne diese Beschäftigung. In der schönen Jahreszeit versammeln sich Spinner und Stricker zu 40 und 50 im Schatten. Im Winter – so erzählen sie mir – versammeln sie sich auf gleiche Weise zu 20 oder 30 in einer Stube, um bei einem Ofen und bei einer Lampe so wohlfeil als möglich zu arbeiten.“

Im Verlauf der Industrialisierung verlor dann das Stricken, ebenso wie das Spinnen und Weben immer mehr an Bedeutung als Nebenerwerb und blieb schließlich auf die Selbstversorgung beschränkt, kam aber in Notzeiten wieder zur Geltung. Nach dem letzten Weltkrieg wurden noch einmal Spinnräder hervorgeholt, um dann wohl für immer zu verschwinden.

Das Färben

Spätestens seit dem 15. Jahrhundert bestand die Alltagskleidung der bäuerlichen Bevölkerung größtenteils aus Leinenstoffen. Da die weiße Naturfarbe dieser Gewebe sich schlecht für den täglichen Gebrauch eignete, begann man schon frühzeitig mit dem Einfärben der Stoffe. Die Art und Weise der Färberei der in den Haushalten hergestellten Leinwand war einfach und billig. Noch um das Jahr 1830 wurde z. B. auf folgende Art gefärbt: Aus flachen Teichen, die von Eichen und Erlen umstanden sein mußten, schöpfte man den Schlamm. Dieser bestand aus den zersetzten Teilen der gerbsäurehaltigen Blätter. Man strich ihn nun zwischen die einzelnen Lagen des zusammengefalteten Leinens. Die so behandelten Stücke wurden übereinander gestapelt, mit Steinen beschwert und blieben 5–8 Tage liegen. Dann wurden sie ausgewaschen, und die nun erdbraun eingefärbte Leinwand konnte zu Kleidungsstücken verarbeitet werden. In anderen Gegenden färbte man statt mit dem Blätterschlamm mit einem Sud, den man durch das Auskochen von Erlenblättern gewonnen hatte. Die teueren und komplizierteren Färbeverfahren wurden auf dem Lande erst verhältnismäßig spät angewandt. Dazu gehörte auch die Blaufärberei und der Blaudruck.

Der „Blaudruck“

Der Farbstoff für den Blaudruck, das aus Indien stammende Indigo, war seit dem Beginn des 17. Jahrhunderts in Deutschland bekannt, während die Drucktechnik um 1690 erstmals von dem Augsburger Jeremias Neuhofer mit Erfolg übernommen wurde, nachdem ihr Geheimnis lange von den Engländern und Holländern gewahrt worden war. In den Städten verbreitete sich der Blaudruck sehr rasch, doch erst im 19. Jahrhundert entstanden auch in den Kleinstädten und Dörfern Blaudruckereien, die im Lohnverfahren die auf den Höfen gewebte Leinwand bedruckten.

Aus der Vielzahl der vorhandenen Muster wählte der Kunde ein ihm zusagendes aus. Mit einer Messingmarke wurde nun sein Tuch gezeichnet, und der Färber konnte mit seiner Arbeit beginnen.

Zunächst wurde das Leinen gekocht und anschließend gemangelt. So vorbereitet wurde es auf den Drucktisch gespannt und die ganze Fläche der Größe der Druckflächen der Model entsprechend eingeteilt.

Auf die aus dem vollen Holz geschnitzten oder aus Metallstiften zusammengesetzten Druckflächen der Modeln wurde eine besondere Masse aufgestrichen. Diese Masse, der „Papp“, bestand aus Tonerde, Gummiarabicum, salpetersaurem Blei, Kupfervitriol, Grünspan und Schmalz und war farbabweisend. Den gleichmäßigen Auftrag dieser Masse auf die Model erreichte man mit Hilfe des „Chassis“, einer Art Stempelkissen. Dies wurde mit dem Papp bestrichen und mit dem Model abgenommen. Der Färber bedruckte nun die Leinwand.

Das Indigo mußte zunächst in einer Reibschale zermahlen werden. Zusammen mit Kalk und einem Reduktionsmittel (z. B. Eisenvitriol) wurde es in kaltem Wasser in den gemauerten Färbebottichen aufgelöst. Es brauchte nicht erhitzt zu werden. Über dem Färbebottich hingen an Flaschenzügen die „Sternreifen". Daran wurden die zu färbenden Laken befestigt. Nun konnte das Leinen beliebig oft in den Färbebottich getaucht werden. An der Luft oxydierte das in wäßrigem Zustand gelbliche Indigo und bekam so seine blaue Farbe. Je öfter das Leinen eingetaucht wurde, um so dunkler wurde es eingefärbt. Nach 6- bis 8maligem Tauchen war der dunkle Blaugrund erreicht. In einer schwachen Schwefelsäurelösung wurden die aufgedruckten Muster wieder aus dem Stoff herausgewaschen, und nun zeigte sich das weiße Muster auf dem blauen Grund. Durch besondere Chemikalien konnten neben den weißen Mustern auch gelbe, rote oder grüne Muster erzielt werden, die dem Druckpapp zugefügt wurden. Die Grundfarbe blieb jedoch immer das Blau. Anschließend wurde die Leinwand zum Trocknen aufgehängt.
In den meisten Fällen beherrschte der Färber aber nicht nur die Technik des „Blaudrucks", sondern konnte auch andere Farben verarbeiten. Diese mußten größtenteils zunächst aufgekocht werden. Dazu diente der kupferne Färbekessel. Darin wurden auch Garne gefärbt. Die gefärbten Stoffe wurden anschließend an das Trocknen geglättet. Dafür standen in vielen Färbereien große Mangeln, die, mit dicken Steinen beschwert, den Stoff glätteten. Der Rückgang der Hausweberei und die Veränderung der Mode hatten seit dem Beginn unseres Jahrhunderts auch das Aussterben der ländlichen Blaufärberei zur Folge.

Bedrucken der Stoffe mit dem Holzmodel und „Druckpapp"

Die Holzschuhmacherei

Zu den Berufen, die auf dem Lande vielfach von Heuerleuten nebenberuflich ausgeübt wurden, gehörte die Holzschuhmacherei. Das Material der Holzschuhe war Pappelholz und Linde. Für Männerschuhe wurde z. T. auch das zähere und schwerere Erlenholz verarbeitet.

Die einzelnen Arbeitsgänge lassen sich gut abgrenzen.

1. Der Stamm wird in Stücke zersägt, die ungefähr die Länge eines Holzschuhes haben.
2. Mit *Beil* und *Dechsel* wird der Stammabschnitt zerteilt und von der Rinde befreit.
3. Auf der *Spaltbank* wird die äußere Form herausgearbeitet. Arbeitete der Holzschuhmacher als sog. Störarbeiter, d. h. zog er mit seinem Werkzeug von Hof zu Hof, dann wurde auch dieser Arbeitsgang mit dem Dechsel bewerkstelligt.
4. Die so behauenen Werkstücke wurden nun paarweise in die *Bohrbank* gespannt und mit *Löffelbohrer* und *Hohleisen* ausgehöhlt.
5. Zum Schluß wurden die Holzschuhe in die *Zugbank* geklemmt und mit dem *Zugeisen* geglättet.

Die Holzschuhe gehörten zur allgemein üblichen Arbeitskleidung. Sie waren nicht nur billiger als Lederschuhe, sondern verhinderten auch ein Naßwerden der Füße bei den vielen Arbeiten auf feuchtem Boden.

Bis zum Ende des Zweiten Weltkrieges waren Holzschuhe die „normale" Fußbekleidung auf dem Lande.

Ländliche Brandbekämpfung

Der Schafstall aus Halter, Ldkr. Cloppenburg, beherbergt die Feuerspritzen. Denn wie bis in das 20. Jahrhundert hinein in den meisten kleinen Dörfern fehlt im Museumsdorf ein eigenes Spritzenhaus.

Wie viele andere Erfindungen wurde auch die Feuerspritze schon im Altertum von den Griechen und Römern benutzt. Neben den einfachen Handspritzen waren bereits damals Pumpen mit zwei Zylindern bekannt, die durch den Einbau eines Windkessels einen gleichmäßigen Wasserstrahl lieferten (ca. 100 v. Chr.). Handfeuerspritzen sind im nordwestlichen Deutschland seit dem 15. Jahrhundert bekannt, aber erst seit 1615 fahrbare Doppelzylinderspritzen mit Windkessel, die 1672 durch die Erfindung der gewebten Schläuche und eines Saugwerkes verbessert wurden.

Die Spritzen wurden zunächst nur in den größeren Städten gebaut und eingesetzt. Ihr hoher Anschaffungspreis verhinderte eine rasche Verbreitung.

Handspritze der Gemeinde Grothe aus dem Jahre 1892

Auf dem Lande blieben die ledernen Löscheimer und die Brandhaken die wichtigsten Hilfsmittel zur Brandbekämpfung. Beide Geräte dienten aber hauptsächlich der Verhinderung des Ausbreitens des Feuers durch Funkenflug. Mit den Brandhaken riß man die brennenden Strohdächer herab, während in einer langen Kette die Löscheimer von Hand zu Hand gingen und ihr Inhalt neue Brandherde ersticken half.

Seit dem ausgehenden 18. und beginnenden 19. Jahrhundert schafften aber auch ländliche Gemeinden Spritzen an. Den Stolz auf diesen Fortschritt verkünden u. a. zwei Messingschilde, die an der Spritze der Gemeinde Löningen angebracht waren:

Der Vorteil der Spritzen überzeugte die ländliche Bevölkerung, doch bildeten die hohen Preise der handgearbeiteten Geräte noch immer ein Hindernis für ihre Verbreitung. Regelnd griff die Obrigkeit ein, die im 19. Jahrhundert den Landgemeinden die Anschaffung von Spritzen vorschrieb.

So bestimmte z. B. die Osnabrücker Landdrostei am 14. Januar 1834 in einer Feuerordnung, daß jedes Kirchspiel eine große fahrbare Spritze anschaffen müßte und jedes Dorf und jede Bauerschaft eine kupferne Handspritze.

Die Verbesserung der Technik, die Verringerung des Preises und die größeren Erfolge seit der Möglichkeit des rascheren Einsatzes über die neuangelegten Wege trugen mehr zur Verbreitung der Spritzen bei als die obrigkeitlichen Verordnungen. Gleichzeitig schaffte die Gründung der freiwilligen Feuerwehren die organisatorischen Voraussetzungen für einen erfolgreichen Einsatz der Spritzen.

Wie sah ein solcher Einsatz aus?

Wurde ein Brand entdeckt, so schallte alsbald die Brandglocke vom Turm oder das Horn des Nachtwächters, und die Nachbarn sammelten sich zur Hilfeleistung. Der nächste Nachbar stellte das Gespann und im Galopp ging es zur Brandstelle. Spritzen, die ein eigenes Ansaugrohr besaßen, führen in die Nähe der Brunnen oder Löschteiche. Für Spritzen ohne eigenes Ansaugsystem bildete sich die lebende Kette der Nachbarn, deren Löscheimer sich in den Wasserbottich der Spritze ergossen. In die Pumpenarme wurden Holzstangen geschoben, und auf jeder Seite pumpten dann vier oder mehr Männer der Spritzenmannschaft. Die Förderleistung reichte aber meistens nur zum Schutz der Nachbargebäude aus, doch wurde dadurch mancher Bauer vor totalem Verlust geschützt, zumal nur wenige Gebäude einen besonderen Feuerschutz besaßen (s. Lehmspeicher Nr. 42). Erst die Einführung der sehr viel leistungsfähigeren Motorspritzen – noch in den 20er und 30er Jahren auf Hand- oder Pferdewagen montiert – ermöglichte eine über die Verhinderung der Ausbreitung des Feuers hinausgehende Brandbekämpfung. So wurden zwar die technischen Bedingungen der Abwehr verbessert, aber immer blieb die Gefahr den Menschen vor Augen, wie es häufig an den Inschriften ablesbar ist:

„ACH HERRE BEWAHRE DIES HAVS FVR FEVWER VND BRANDT“

Der ländliche Ziergarten

Der ländliche Zier- und Blumengarten, häufig ergänzt um einen Kräutergarten sowie Nutz- und Obstgarten, ist in besonders repräsentativer Form im Osnabrücker Artland verbreitet gewesen. Dieser „Bauerngarten“ zeigt in den noch erkennbaren und rekonstruierbaren Gartenformen sowohl Elemente des Barock- und Rokokogartens wie des Landschaftsgartens und Bürgergartens. Die Ordnung ergibt sich von der Achse her, die sich der Seitentür des Herdraumes im Wohnhaus zuordnet. Die Achse wird betont durch einen Mittelgang und seitliche Rabatten. Ihr zugeordnet werden Nebenachsen. Der Garten ist zur Landschaft klar abgegrenzt durch eine Heckeneinfriedung. Er ist wohl abgestimmt gegliedert und äußerst repräsentativ wirkend, insbesondere der Zier-und Blumengarten. Die Hauptelemente im Garten sind über Generationen gepflegt. Somit drückt der jeweilige Garten eine ganz persönliche Art aus. Es gab den sonnigen Sitzplatz in einer Felsgrotte am Rosenoval und den schattigen hausnahen, mit Efeu umrankten Laubenplatz unter einem Baum. Durchweg wurde der Besuch zum Stolz der Bauersfrau durch den Garten geführt. Dieser Gartenteil war im Sommer mit dem „Festsaal“ der Barockgärten vergleichbar. Höfische Gärten, vom Gartenarchitekten angelegt, konnten durchaus Vorbilder gewesen sein, denn der wohlhabende Bauer war in der Lage, Schloß- und Klostergärten oder auch die Gartenanlagen des Ministerialadels zu besichtigen. Er konnte auch die inzwischen weit verbreitete Gartenliteratur mit Gestaltungsanleitungen lesen, sich beraten lassen und Pflanzen und Blumen erwerben. Es gibt Rechnungsbelege, wonach um 1820 ländliche Ziergärten durch den Gärtner angelegt worden sind. Die Gärtner stammten aus der Heuerlingsschicht und übertrugen die Ordnungsprinzipien des adeligen und repräsentativen Bürgergartens auf den „Bauerngarten“. Sie lieferten auch selbstgezogene oder zugekaufte Bäume, Sträucher, Taxus und Blumenstauden.

Die langgestreckten Mittelrabatten und andere seitlich liegende, ebenfalls mit Buchsbaum eingefaßte Beete ließen den Blumengarten zur Pflanzenschau werden. In der Frühjahrssonne blühten Primel, Veilchen, Gemswurz und Goldlack sowie Schneeglöckchen, Krokus, Perlhyazinthe und Narzisse. Am Hause unter der Tropfkante des Daches rankte das schattenverträgliche, blaublühende Immergrün. Im Rasen befand sich das obligate Rosenbeet. Die eigentliche Hochsommer- und Herbstblüte wurde auf den zwei mittleren ca. 1 m breiten Rabatten erzielt. Hier, im „Parterre“, wechselten in Gruppen prächtige und ausdauernde Staudensorten: Polsterstauden, Akelei, Lungenkraut, Primel, Tränendes Herz, Glockenblume, Frühjahrs- und Herbstaster, Phloxarten, Brennende Liebe, Margerite, Schönauge, Pfingstrose, Taglilie und Schwertlilie, Eisenhut und Rittersporn, Sonnenhut, Lupine, Goldraute, Sonnenbraut, Goldfelberich, Indianernessel und Schleierkraut. Zu den zweijährigen Pflanzen gehörten Goldlack, Gartennelke, Mohn, Vergißmeinnicht, Bartnelke (Jelängerjelieber) und Stockrose. Dazwischen stand die Hortensie und auch die japanische Quitte (Cydonia). An Knollen- und Zwiebelgewächsen war am markantesten die Kaiserkrone, beliebt aber auch Lilien und Dahlien (Georginen). An sonnigen Standorten wurden Sommerblumen zwischengesät. Der Samen wurde meistens im Herbst selbst geerntet. Sie brachten weitere Vielfalt und boten sich als Schnittblumen an: Levkojen, Escholtzien, Löwenmaul, Tagetes, Astern, Reseda, Wucherblume und Strohblume. In den raumbildenden Abpflanzungen mit

Taxusanlagen im ländlichen Ziergarten des Artlandes und des Oldenburger Münsterlandes

Sträuchern waren der grüne und rote Haselstrauch, Jasmin (Pfeifenstrauch), Pfaffenhütchen, Flieder, Weißdorn, Schneeball und Hortensie sowie strauchartige Fruchtbäume wie Felsenbirne (Korinthenbaum), Holunder, japanische Quitte und Mispel (Wispeltütenbaum) verbreitet. Im Blumengarten wurden als Bäume ansonsten Obstgehölze gepflanzt. Die Aufzählung einiger Obstarten zeigt die Reichhaltigkeit der über ein ganzes Jahr zur Verfügung stehenden Früchte: Gelbe Spelge, Zwetschge und Reneclaude; frühe und späte Kirschen; Butterbirne, Beer Gries, Gute Graue und Klapps Liebling; Augustapfel, Goldparmäne, Graue Renette (Rebanker), Schöner Boskop, Spanskrautapfel, Paradiesapfel, Grafensteiner, Königlicher Kurzstiel (Siebenschläferbaum), Haferapfel, Roter Taubenapfel u. a. m.

Der zur Einfassung benutzte Buchsbaum - Lebensbaum genannt - ist von seinen Ansprüchen her eigentlich überall verbreitet. Er diente als Beeteinfassung und für kleingeschnittene Kugeln am Beetbeginn der Rabatten. Der Taxus (Eibe oder Taxus baccata) wurde allerdings mehr zu einer gartenarchitektonischen Wirkung benutzt. Der Taxus wurde in barocken Schloß- und Klostergärten für Mauerhecken, Nischen, Einzelformen und Figuren aus der Tierwelt vom Gartenarchitekten gebraucht. Schloßgärtner zogen die Taxuspflanzen zu Viereck- und Rundsäulen, Pyramiden und Kegeln, Kugeln und Bögen, Spiralen, Ringen und Schlangen und für Formen mit aufgesetzten Tieren, die vornehmlich Pfau und Schwan, Hirsch und Reh darstellten. Im Artland z. B. hatte jeder Hof einige Taxusformen und auch die dichtverwachsene Taxuslaube. Mindestens in der Mitte zwischen den langgestreckten Rabatten standen vier Taxus. Oft waren die Taxusanlagen so hoch wie die Traufrinne des Hauses oder als Laube geformt. Der Formenreichtum der über 200 Jahren alten Taxustypen ist auch das bestimmende Merkmal des bäuerlichen Architekturgartens im Artland. Im Oldenburger Münsterland sind großartige Taxusanlagen in nichthöfischen Gärten besonders bekannt auf dem Quatmannshofe in Elsten oder auf dem Hofe Meyer zu Nutteln bei Cloppenburg. Die Häufung der Taxusanlagen im Artland ist kein Zufall und die optimalen Wuchsbedingungen sind nicht alleiniger Grund des reichen Vorkommens. Denn die Taxusanlagen entsprachen in ihrer Form dem Repräsentationsbedürfnis der reichen Artländer Bauern. Bei der Umsetzung der Artländer Hofanlage „Wehlburg“ in das Museumsdorf Cloppenburg ist auch der bäuerliche Garten originalgetreu mit seinen landschafttypischen Bestandteilen angelegt worden (A. Bösterling).

Volkstümliche Möbel im ländlichen Raum

Der Begriff „volkstümliche Möbel im ländlichen Bereich“ umfaßt die Möbel, die im Verlaufe ihrer Entwicklung im Wohntrakt des Bauernhauses, aber auch in den Häusern der unterbäuerlichen Schichten Aufstellung fanden und deren Herkunft oder auch nur Verwendung im ländlichen Bereich nachzuweisen ist. Dabei fällt auf, daß alle Grundformen in der höfisch-bürgerlichen Sphäre vorgeprägt waren und von dort ihren wesentlichen Formenimpuls empfingen. Dies trifft sowohl für die Form als auch für die dekorative Auszier zu. Neben den im Raum zwischen Weser und Ems einheitlich erscheinenden Grundtypen des ländlichen Möbels hat es zu allen Zeiten auf wohlhabenden Höfen auch einzelne Ausstattungsstücke bürgerlichen Charakters gegeben, wie umgekehrt in städtischen Häusern auf dem Lande angefertigte Einrichtungen vorhanden waren. Daher ist die Bezeichnung „Bauernmöbel“ nicht korrekt.

In allen großen und mittleren Städten des untersuchten Gebietes waren die einzelnen Handwerkergruppen zu Zünften zusammengeschlossen. Genau fixierte Amtsartikel bestimmten alle Einzelheiten, zum Beispiel die Ausbildung, die Dauer der Lehrzeit, die Beschaffenheit des Meisterstückes, die Wahl der Amtsvorsteher sowie die Abgaben an die Zunftkasse. Diese Rechte und Pflichten wurden schriftlich niedergelegt. Die Zünfte schützten ihre Mitglieder nach außen, sie vertraten deren Rechte vor dem Magistrat der Stadt und der übergeordneten Regierung, und sorgten ebenfalls durch Zulassungsbeschränkungen von Gesellen und Meistern für ein einigermaßen gesichertes Auskommen der Zunftmitglieder.

Die Situation der Landtischler war dagegen eine völlig andere. In größeren Städten – wie Oldenburg oder Osnabrück – war ihnen der Zutritt zur Zunft verwehrt, und sie durften sich innerhalb einer um die Stadt gezogenen sog. Bannmeile nicht niederlassen und ihren Beruf ausüben. In kleineren Orten dagegen, die weit mehr auf eine enge Kommunikation mit dem sie umgebenden Lande angewiesen waren, konnten auch die Landtischler der Zunft angehören, ohne im Besitz des Bürgerrechtes zu sein. Außer den in den kurzen Amtsartikeln niedergelegten Bestimmungen geben amtliche Dokumente kaum Auskunft über die Lebens- und Arbeitsbedingungen der auf dem Lande tätigen Tischler. Hier können die überaus zahlreich vorhandenen Beschwerden der Zünfte jedoch Schlaglichter auf das Verhältnis von Land- und Zunfttischlern werfen. Ihre wirtschaftliche und soziale Situation war anscheinend so verschieden gelagert, daß es ständig zu Spannungen kam. Diese Differenzen waren in allen Gebieten ähnlich gelagert, unabhängig von der jeweils zuständigen Regierung des Landes, das im 18. Jahrhundert von Münster, Osnabrück, Hannover, Kopenhagen oder Berlin aus verwaltet wurde. Aus diesen Querelen geht hervor, daß sich die Stadttischler in einer ständigen Verteidigungsposition gegen die in ihren Bereich eindringenden Landtischler befanden, andererseits versuchten auch sie, den Arbeitskreis der ihnen so lästigen Konkurrenten zu beschneiden. Durch nahezu zwei Jahrhunderte blieb der Grund für die Streitigkeiten immer der gleiche: Durch die Ausschaltung der ländlichen Rivalen erhofften die Zünfte eine Erhöhung des Verdienstes ihrer Mitglieder. Man argumentierte mit dem Hinweis. die Landtischler seien nicht ausschließlich auf die Einkünfte aus ihrem Handwerk angewiesen, da sie als Nebenerwerb eine Landstelle bewirtschafteten, in den Städten dagegen fänden die Tischler wegen der vielen hier vorhandenen Werkstätten keine ausreichenden Arbeitsmöglichkeiten. Der Stadtmagistrat stand diesen Bitten der Zünfte durchweg ablehnend gegenüber. Für ihn waren gänzlich andere Gesichtspunkte dominierend. Eine Vielzahl von Handwerkern im Stadtbereich garantierte eine scharfe Konkurrenz und damit niedrige Preise für die Bevölkerung. Aus diesem Grunde konnten zum Beispiel sowohl die Landtischler als auch fremde Kaufleute die großen Märkte zu allen Zeiten mit Möbeln beschicken. In kleineren Städten dagegen waren die Grenzen fließender, und strenge Abgrenzungen ließen sich nicht durchführen, obgleich auch hier die Zünfte versuchten, ihre Rechte auszuweiten.

Die Erfassung der Landtischler als einen selbständigen Gewerbezweig, der nicht organisiert war, stößt naturgemäß heute auf große Schwierigkeiten, zumal in den Kirchenbüchern und Steuerregistern die Berufsangaben schwanken. Häufig ist nur die Bezeichnung „Heuermann oder Köter“ angegeben, wenn als Nebenbetrieb eine Schreinerei betrieben wurde. Das vorhandene spärliche Quellenmaterial macht jedoch deutlich, daß die Position der Landtischler zu allen Zeiten gefestigt war.

Stollentruhe: Die Kiste oder Truhe, ein von der Bodenfläche durch Stollen oder Kufen abgehobener Kasten mit dachförmigem oder flachem Deckel, war im ländlichen Raum vom Mittelalter bis zum 19. Jahrhundert das meistbenutzte Behältnismöbel. Es diente in erster Linie zur Aufbewahrung von Kleidern, Wäsche und Leinen. Das Grundprinzip der Stollentruhe ist, daß in die senkrecht gestellten als Stollen dienenden Bohlen durch Zapfen, Nut und Holznägel die waagerecht laufenden Bretter der Längs- und Schmalwände eingefügt sind. Wie in weiten Gebieten Mitteleuropas herrschte auch im Weser-Ems-Gebiet die Frontstollentruhe vor.

Die wenigen erhaltenen Stollentruhen gotischer Zeit sind mit reichem Eisenbeschlag ausgerüstet und wirken wie gepanzert. Während des 17. Jahrhunderts geriet der „flächendeckende" Eisenbeschlag immer mehr in Fortfall. Im 18. Jahrhundert dominierte im Weser-Ems-Gebiet zwar die Kasten-(Kufen-)Truhe, dennoch wurde auch noch die repräsentative Stollentruhe angefertigt. Im Bentheimer Gebiet und in Ostfriesland wurde die Stollentruhe sogar vom Mittelalter bis zur zweiten Hälfte des 19. Jahrhunderts kontinuierlich als Kistenmöbel beibehalten.

Kastentruhe: Um die Mitte des 16. Jahrhunderts setzte sich die norddeutsche Renaissance-Truhe, eine Kastentruhe auf Kufen, die ihren Ausgang wohl vom Rheinland und von Westfalen nahm, gegenüber der Stollentruhe immer mehr durch. Dieser Truhentyp mit seinem niedrigen Bodenabstand ermöglicht gegenüber den hochgestelzten Stollentruhen eine wesentlich bessere Raumausnutzung. Gleichzeitig mit dem neuen Ornamentschatz der Renaissance wird auch die neue Konstruktionsweise des Rahmenbaues auf die Möbel wie Truhe und Schrank übernommen; überwiegend wurden aber bei den Kastentruhen im Weser-Ems-Gebiet Vorder- und Seitenwand nicht auf Rahmen und Füllung gearbeitet, sondern das Rahmenwerk wurde auf massive, an den Ecken durch Holznägel oder durch Verzinkung miteinander befestigte Bretter aufgeblendet. Die zahlreichen Beispiele an Kastentruhen in Bürger- und Bauernhäusern sowie in Museen vermitteln ein eindrucksvolles, vielschichtiges Bild eigengeprägter origineller handwerklicher Leistung.

Schrank: Mit der Renaissance zieht ein neuer Möbeltyp auch in das Bauernhaus im nordwestlichen Niedersachsen ein, der Schrank, der in der Mundart die Bezeichnung „Schapp" führt. Bei den Schrankmöbeln wird je nach Entwicklung oder Funktion unterschieden zwischen dem Vorrats- oder Wirtschaftsschrank, der also nur dem bäuerlichen Wirtschaften diente, und dem Kleider- bzw. Kleiderwäscheschrank, dessen eine Hälfte zum Hängen der Kleider und dessen andere Hälfte zum Stapeln der Wäsche diente.

Wesentlich älter als der Kleiderschrank ist der Wirtschaftsschrank. In ihm pflegte u. a. auch das selbstgebackene Brot gehütet zu werden, und entsprechend dieser Funktion wurde er auch als Brotschrank bezeichnet. Die Vermutung einer Entstehung des Kastenschrankes durch Übereinanderstellen von zwei oder sogar drei Kastentruhen konnte niemals zu Recht bestehen. Der hochformatige Mehrzweck- oder Wirtschaftsschrank war schon fest ausgeformt, ehe noch die Kastentruhe allgemein verbreitet war. Der Wirtschaftsschrank des 17. Jahrhunderts im südlichen Weser-Ems-Gebiet erhielt seine charakteristische Fassadengliederung durch den in der Spätgotik vorgebildeten und durch den neuen Renaissancestil geprägten Typ der „Schenkschive" (vieltüriger Schrank), die aber im norddeutschen Bereich zu einer besonderen Variante, dem hochformatigen, zweitürigen Schrank mit Schubladen in der Mittelzone umgestaltet wurde. Dieser Typ fand im ländlichen Raum zumindest seit der Zeit um 1600 vielfachen Anklang und blieb in dieser Aufteilung der Schauseite als Brotschrank auch noch gegen Ende des 18. Jahrhunderts ein weitverbreitetes Möbel.

Kleiderschrank: Der älteste archivalische Beleg für die Anschaffung eines Kleiderschrankes im Bauernhaus des Weser-Ems-Gebietes führt zurück in das Jahr 1688. Datierte Kleiderschränke aus diesem Gebiet sind aus den Jahren 1684, 1696 und 1699 bekannt. Im allgemeinen ist ein Möbeltyp, ehe er in Eheverträgen, Testamenten oder Hofinventaren aufgeführt wird, bereits ein weitverbreitetes und allgemein gebräuchliches Möbelstück, so daß in dieser Landschaft der Kleiderschrank als neuer Möbeltyp sicherlich noch früher anzusetzen ist. Eingeschossige Kleiderschränke mit nur zwei Türen, aber mit vier Füllungsfeldern finden sich im rheinischen Gebiet als „Kölner Möbel" schon seit dem Ende des 16. sowie zu Anfang des 17. Jahrhunderts. Die relativ rasche Aufnahme und allgemeine Ausbreitung des Kleiderschrankes auf dem Lande läßt vermuten, daß der Kleiderschrank gegenüber der Truhe als angenehme Verbesserung zum Verwahren von Kleidern und Wäsche angesprochen werden darf, zumal in dem Kleiderschrank meist Sachen des ständigen Bedarfs und der ganzen Familie verwahrt wurden.

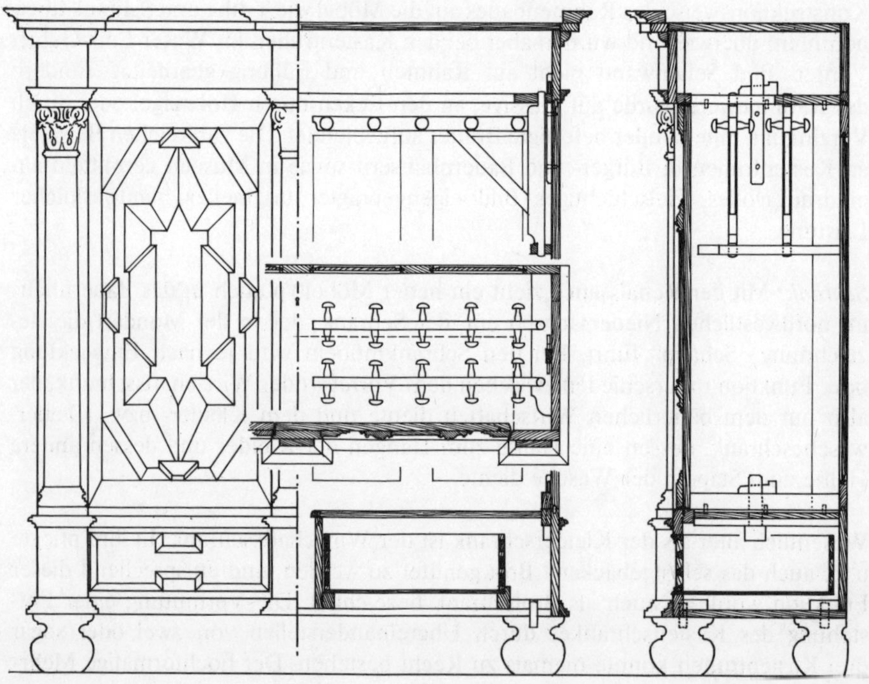

Die Truhe war dagegen Verwahrmöbel des ganz persönlichen Gutes.

Der zweitürige Kleiderschrank des 18. Jahrhunderts: In den Hansestädten des nordwestdeutschen Küstenbereichs wurde der zweitürige Kleiderschrank mit Kissenauflage zum „Status-Möbel“ des gehobenen Bürgertums; eine vergleichbare „Repräsentier-Funktion“ übernahm dies nach dem hanseatischen Leitbild ausgerichtete Schrankmöbel für die gehobene bäuerliche Schicht im nordwestlichen Niedersachsen. Der weitaus größte Teil aller Kleiderschränke dieser Art hat entsprechend dem Vorbild auf den Türen Füllungspolster, die dann in der Regel nach unten und oben ein- oder mehrfach zugespitzt sind. Bei fast allen Kleiderschränken mit Kissenauflage wurden die Türen von flachen Pilastern, Halbsäulen oder gedrehten Halbsäulen mit Schnitzkapitellen gerahmt.

Obwohl alle Schränke dieser Ausprägung in Eichenholz gefertigt wurden, konnte nachgewiesen werden, daß sie ursprünglich allesamt polychrom bemalt worden sind. Ausgerichtet waren sie in ihrem Flächendekor nach dem Vorbild des furnierten und intarsierten städtischen Dielenschrankes. In eigenschöpferischer Leistung wurden Schränke (sowie Koffer und Glasanrichten) mit Furnier- bzw. Furnierintarsienmalerei und polychromem Bandwerk in der Art des Vorrokoko oder mit Blumenmalerei verziert.

Anrichte: Eines der prunkvollsten und nach dem Kleiderschrank auch eines der teuersten Möbel im Bauernhaus Niederdeutschlands ist die offene Anrichte. Dies

repräsentative Küchen- und Kredenzmöbel ist vom 16. bis zum 19. Jahrhundert zweiteilig und fast ausschließlich zerlegbar gearbeitet worden. Möbelformen aus adeligen oder bürgerlichen Schichten, die der Anrichte vergleichbare Funktionen innehatten und anregend gewirkt haben, sind das gotische Büfett, der auch in Westfalen verbreitete Stollenschrank (Nachfahre des franz. Dressoir) sowie der Überbauschrank der Renaissance. Breitgelagerte Überbau- oder Kredenzschränke der Renaissance (als Möbeltyp vom Westen, von Burgund her eingeführt) sind in der Zeit um 1600 in Bremen, Hamburg und Schleswig-Holstein eine ausgeprägte Möbelform des reicheren Bürgertums. Der genaue Zeitpunkt der Entstehung oder Aufnahme der offenen Anrichte im bäuerlichen Bereich dürfte regional unterschiedlich anzusetzen sein. Durch Archivalien läßt sich die Anrichte für das südliche Weser-Ems-Gebiet seit der Mitte des 17. Jahrhunderts als Teil der Mitgift nachweisen, aus dem Ammerland sind datierte offene Anrichten aus dem Jahre 1621 und 1648 und aus dem Osnabrücker Nordland aus dem Jahre 1602 bekannt.

Glasschrank: Am Ende des 18. Jahrhunderts zieht ein neues Verwahrmöbel in die Stube und in den Küchenraum des hiesigen Bauernhauses ein, der Glasschrank, in den zeitgenössischen Quellen oft auch als „gläserne Anrichte“ oder „Anrichte mit Glastüren“ bezeichnet. Der verglaste Schrank, ein beliebtes Möbel vom Niederrhein über Westfalen und Niedersachsen bis nach Schleswig-Holstein und darüber hinaus, wurde aus Holland eingeführt und schließlich am Ende des 18. Jahrhunderts auch im Weser-Ems-Gebiet von den örtlichen, ländlichen Tischlern nachgearbeitet. Der „bäuerliche Glasschrank" verdankt also seine Entstehung einem niederländischen Vorbild aus einer gehobenen Sozialschicht. Der Glasschrank ist im Weser-Ems-Gebiet in der Regel zweigeschossig, zerlegbar, manchmal aber noch durch ein Zwischengeschoß mit Klappe erweitert. Fast regelmäßig ist bei diesem Schranktyp das Kopfgesims geschweift und zusätzlich häufig in der Art des gebrochenen Volutengiebels gestaltet worden. Andere Gestaltungsmerkmale sind die stets abgeschrägten Ecken von Ober- und Unterteil.

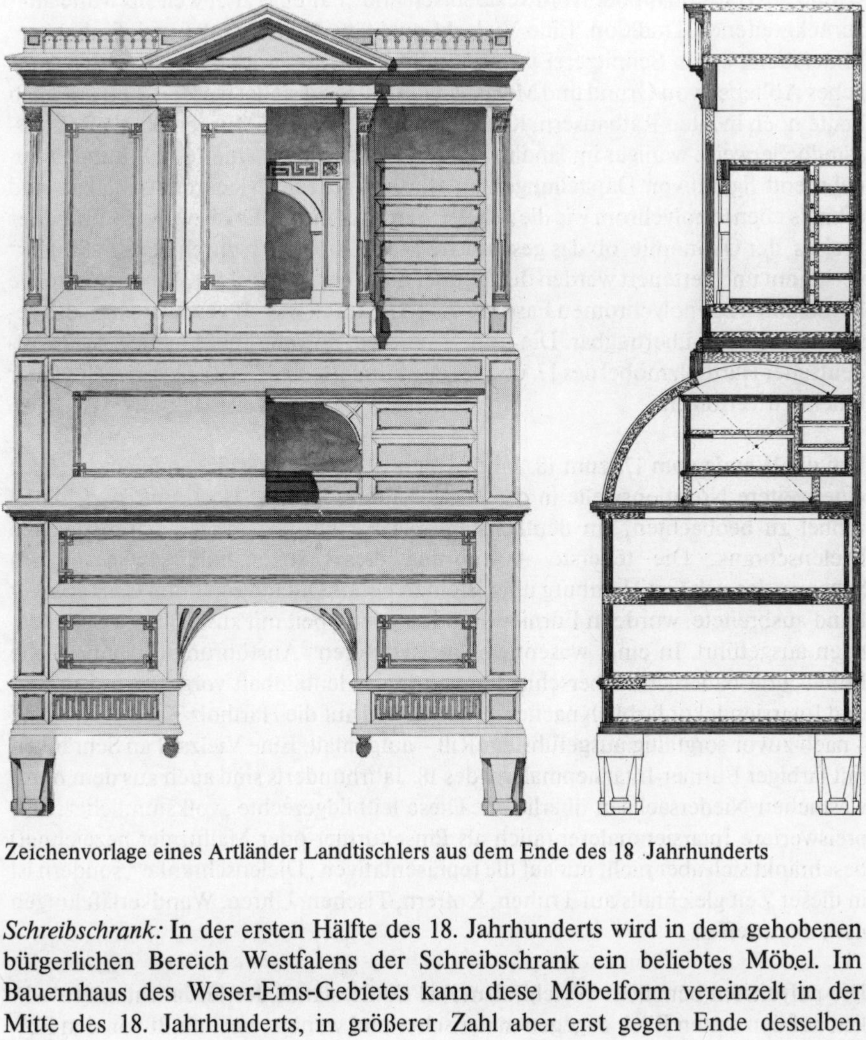

Zeichenvorlage eines Artländer Landtischlers aus dem Ende des 18 Jahrhunderts

Schreibschrank: In der ersten Hälfte des 18. Jahrhunderts wird in dem gehobenen bürgerlichen Bereich Westfalens der Schreibschrank ein beliebtes Möbel. Im Bauernhaus des Weser-Ems-Gebietes kann diese Möbelform vereinzelt in der Mitte des 18. Jahrhunderts, in größerer Zahl aber erst gegen Ende desselben

Einzug halten. Der Unterbau ist in der Regel wie eine Kommode mit drei Schubkästen versehen; nur dienen diese Schübe nicht mehr wie ursprünglich bei der Kommode zur Aufnahme von Wäsche und Kleidern; denn der Schreibschrank ist ein beliebtes Herrenmöbel geworden und dient auch dem Bauern zur Aufbewahrung all der wichtigen Dinge, die er für die „Buchführung" oder Verwaltung schnell greifbar haben möchte. Insofern gehört der Schreibschrank natürlich auch zur Möbelausstattung der „guten Stube". Die eigentliche Schreibplatte ist durchweg herausklappbar, manchmal ist sie aber auch herausziehbar und in der Art eines Zylinderbureaus konstruiert. Hinter der Schreibplatte in der Schreibtischzone sind zahlreiche Kästchen und Lädchen sowie oftmals auch Geheimfächer angebracht.

Das farbige volkstümliche Möbel: Die farbliche Fassung geschnitzter oder ungeschnitzter Hartholzmöbel Nordwestdeutschlands hat eine alte, weit ins Mittelalter zurückgreifende Tradition. Eine Vielzahl qualitätvoller Schränke und Truhen des Mittelalters, deren Schnitzerei farblich gefaßt oder deren Ornamente durch farbliches Abheben von Grund und Muster augenfälliger gestaltet wurden, sind uns auch heute noch in alten Rathäusern, Kirchen, Adelssitzen und Museen überliefert, verständlicherweise weniger im ländlichen Bereich. Die im 15. und 16. Jahrhundert zunehmend figurativen Darstellungen an Hartholzmöbeln Niederdeutschlands sind oftmals ebenso polychrom wie die zeitgleichen Skulpturen. Es ist zwar eine Frage des Preises, der Ökonomie, ob das geschnitzte Möbel zusätzlich durch den „Faßmaler" verschönt und verteuert werden durfte, aber nicht eine Frage des Könnens; denn die Farbtechnik zur polychromen Fassung der Skulpturen war ohne weiteres auf das geschnitzte Möbel übertragbar. Die frühen Wurzeln polychromer Fassung nordwestdeutscher Hartholzmöbel des 17. und 18. Jahrhunderts sind also tief bis ins Mittelalter hinein zu verfolgen.

Um die Wende vom 17. zum 18. Jahrhundert ist im nordwestlichen Niedersachsen eine weitere Novationswelle in der Ausgestaltung farbiger Hart- und Weichholzmöbel zu beobachten, am deutlichsten ablesbar am zweitürigen norddeutschen Dielenschrank. Die teuerste Ausführung dieses sogenannten hanseatischen Schapps, der sich von Hamburg über Bremen bis ins Oldenburger und Osnabrücker Land ausbreitete, wurde in Furnier- und Intarsienarbeit mit zusätzlichen Schnitzereien ausgeführt. In einer wesentlich „preiswerteren" Ausführung für bürgerliche Mittel- und bäuerliche Oberschichten wurde das leitbildhaft vorgeprägte Furnier- und Intarsiendekor farblich nachempfunden und auf die Hartholz-Kleiderschränke – nach zuvor sorgfältig ausgeführtem Riß – aufgemalt. Eine Vielzahl an Schränken mit farbiger Furnier-Intarsienmalerei des 18. Jahrhunderts sind auch aus dem nordwestlichen Niedersachsen überliefert. Diese leitbildgerechte „volkstümliche", also preiswertere Intarsienmalerei (auch als Pinselfurnier oder Malfurnier bezeichnet) beschränkt sich aber nicht nur auf die repräsentativen „Dielenschränke", sondern ist in dieser Zeit gleichfalls auf Truhen, Koffern, Tischen, Uhren, Wandvertäfelungen usw. anzutreffen.

Die polychrom bemalten Weichholzmöbel Ostfrieslands des 18. Jahrhunderts wirken auf den ersten Blick dagegen malerischer und weniger beeinflußt von den Furnier-Intarsienarbeiten dieser Zeit. Aber auch dieser Schein trügt. Selbst die durch leuchtendes Zinnoberrot gerahmten Akanthusblätter ostfriesischer Kleiderschränke des 18. Jahrhunderts lassen sich auf Intarsienarbeiten des 17. Jahrhunderts zurückführen; denn bereits Johann Christian Senckeisen bildet diese Ornamentik im Leipziger „Architektur-Kunst- und Seulen-Buch" aus der Zeit um 1700 ab und beschreibt es als eine in „Fornier" auszuführende Arbeit. Auch hier orientiert sich die Möbelmalerei am oberschichtigen Vorbild, an der Möbel-Intarsienkunst des 16. und 17. Jahrhunderts. Ebenso sind die Motive der Blumenkränze, der Blumengehänge, der Blumenvasen usw. anfänglich von den entsprechend intarsierten Möbeln der Renaissance übernommen worden, und sie verraten lange durch die Art des Bildaufbaues, durch ihre „Gegenständigkeit", das oberschichtige Vorbild der Intarsienmöbel.

Die dritte Neuerungswelle in der Möbelmalerei Nordwestdeutschlands beginnt mit dem Aufkommen des Biedermeiermöbels nach 1815, bekannt unter der Bezeichnung „Maserierung" oder „Holzmalerei" (d. i. die Absicht, die natürliche Struktur des Holzes, die Maserierung des Holzes, durch Malerei zu imitieren. Nach G. Himmelheber ist *„die erste und wichtigste Schmuckform des Biedermeier das Holz selbst. Die Struktur des Holzes, seine Maserung, wird möglichst wirkungsvoll zur Geltung gebracht. Gewiß war der Schreiner zu allen Zeiten bestrebt, die Wirkungen des Holzes, seine Fähigkeit oder seine verschiedenartige Struktur zu nutzen. Sie wurden jedoch bisher verwendet, um Flächen zu gliedern, zu unterteilen, gegen andere Formen abzusetzen oder um damit – bei der Intarsie – zu malen oder gar anderes Material vorzutäuschen (Marmor, Mauerwerk). Nichts davon im Biedermeier. Der Handwerker denkt in dem von ihm verarbeiteten Material. Der verwendete Furnier eines Möbels, und sei es noch so groß, stammt immer von einem einzigen Stamm. Er wird in der Breite zusammengesetzt, meist um eine Mittelfuge gestürzt, geht aber in der Länge einheitlich, ohne Unterbrechung, durch und zeigt damit das Aufwachsen des Baumes. Flächiges Denken im Werkstoff des Brettes also auch hier."*

Die seit dem 18. Jahrhundert in Nordwestdeutschland „modische" Holzart des Mahagoni ist jetzt zwar auch noch im frühen 19. Jahrhundert beliebt, nunmehr aber wechselt man über zu helleren Hölzern. Das Nußbaumholz und vor allem die Obstbaumhölzer werden jetzt bevorzugt; ihre hellen warmen Farbtöne und ihre lebhaft gemaserten Strukturen entsprechen dem Schmuckbedürfnis der Biedermeierzeit. Seit dieser Zeit und zunehmend in der 2. Hälfte des 19. Jahrhunderts beginnt auch der für die Möbelforschung bedauerliche Prozeß des Ablaugens des bemalten Hartholzmöbels, um die Maserung des Naturholzes zur Geltung zu bringen. Zahlreiche Verlage bringen Tafelwerke zur „Holzmalerei" sowie vorgefertigte Schablonen und vielfaches Handwerksgerät zur „Möbelmaserierung" heraus.

Durch den neuen Trend zum hellen, stark gemaserten Naturholz einerseits und infolge zahlreicher Erfindungen im Tischlereigewerbe zur Verbilligung der Naturholz- und Flächenfurnierherstellung andererseits, greift auch die „Maserierung" des Holzes, also die „Holzmalerei" immer mehr um sich und prägt das Wohn- und Wirtschaftsmöbel bis über die Jahrhundertwende hinaus. Auch das volkstümliche, preiswertere Möbel des Historismus bleibt dem Leitbild des Naturholzes verhaftet.

Materialien zur Volkskultur nordwestliches Niedersachsen

Eine Schriftenreihe des Museumsdorfes Cloppenburg

Die Reihe erscheint mindestens einmal, gegebenenfalls auch mehrmals im Jahr und kostet im Abonnement pro Nummer 15,– DM, Einzelnummer 25,– DM.

Wir wären Ihnen dankbar, wenn Sie uns auf beigefügter Bestellkarte Nachricht geben würden, ob Sie in Zukunft am Erwerb des Abonnements oder bestimmter Einzelhefte interessiert sind.

Heft 1, 1979	Helmut Ottenjann (Hrsg.)	Zur Bau-, Wirtschafts- und Sozialstruktur des Artlandes im 18. und 19. Jahrhundert
Heft 2, 1980	Hermann Kaiser	Herdfeuer und Herdgerät im Rauchhaus · Wohnen damals · mit einem Beitrag von Dieter Zoller: Die Herdstelle aus archäologischer Sicht, 3. Auflage
Heft 3, 1981	Marie-Luise Hopf-Droste	Das bäuerliche Tagebuch · Fest- und Alltag auf einem Artländer Bauernhof (1873–1919), 2. Auflage
Heft 4, 1982	Friedrich-W. Jaspers Helmut Ottenjann	Volkstümliche Möbel aus dem Ammerland · Stollentruhen · Kastentruhen · Koffertruhen (Textteil)
Heft 5, 1982	Friedrich-W. Jaspers Helmut Ottenjann	Volkstümliche Möbel aus dem Ammerland · Stollentruhen · Kastentruhen · Koffertruhen (Bildteil)
Heft 6, 1982	Hermann Dettmer	Volkstümliche Möbel aus dem Artland · Stollentruhen · Kastentruhen · Koffertruhen · Laden (Textteil)
Heft 7, 1982	Hermann Dettmer	Volkstümliche Möbel aus dem Artland · Stollentruhen · Kastentruhen · Koffertruhen · Laden (Bildteil)
Heft 8, 1982	Hermann Kaiser	Dampfmaschinen gegen Moor und Heide · Ödlandkultivierung zwischen Weser und Ems, 4. erw. Auflage
Heft 9, 1984	Hartmut Braun	Tänze und Gebrauchsmusik in Musizierhandschriften des 18. und frühen 19. Jahrhunderts aus dem Artland
Heft 10, 1986	Jan Jeurink	Die Trachten der Niedergrafschaft Bentheim, 1875–1950
Heft 11, 1986	Hermann Dettmer	Volkstümliche Möbel aus dem Artland · Hängeschränke · Wirtschaftsschränke · Brotschränke · Milchschränke
Heft 12, 1988	Karl-Heinz Ziessow	Ländliche Lesekultur im 18. und 19. Jahrhundert Das Kirchspiel Menslage und seine Lesegesellschaften 1790–1840 (Textteil)
Heft 13, 1988	Karl-Heinz Ziessow	Ländliche Lesekultur im 18. und 19. Jahrhundert Das Kirchspiel Menslage und seine Lesegesellschaften 1790–1840 (Dokumente und Kommentare)

Heft 14, 1989	Anke Schmidt	Der Zinngießer und seine Kunden. Artland · Altlandkreis Bersenbrück · angrenzende Gebiete (Textteil)
Heft 15, 1989	Anke Schmidt	Der Zinngießer und seine Kunden. Artland · Altlandkreis Bersenbrück · angrenzende Gebiete (Bildteil)
Heft 16, 1991	Karl-Heinz Ziessow, Utz Maas, Georges Frechet, Helmut Ottenjann, u.a.	HAND·SCHRIFT — SCHREIB·WERKE, Schrift und Schreibkultur im Wandel in regionalen Beispielen des 18. bis 20. Jahrhunderts
Heft 17, 1991	Elfriede Heinemeyer	Schreibgarnituren aus der Sammlung Kommerzienrat F. Soennecken
Heft 18, 1994	Hermann Dettmer	Volkstümliche Möbel aus dem Artland · Offene Anrichten
Heft 19, 1994	Hermann Kaiser	Ein Hundeleben · Von Bauernhunden und Karrenkötern · Zur Alltagsgeschichte einer geliebten und geschundenen Kreatur, 2. Auflage
Heft 20, 1994	Heinz-Günter Vosgerau	Töpferzentrum Wildeshausen · Nordwestdeutsche Keramik aus dem 17. bis 19. Jahrhundert · mit einem Beitrag von Albrecht Eckhardt
Heft 21, 1994	Gerhard Becker	Das Rechnen mit Münze, Maß und Gewicht seit Adam Ries – „Schuleinschreibebücher" aus Niedersachsen · Textband
Heft 22, 1994	Gerhard Becker	Das Rechnen mit Münze, Maß und Gewicht seit Adam Ries – „Schuleinschreibebücher" aus Niedersachsen · Materialband
Heft 23, 1995	Hermann Kaiser	Der große Durst. Von Biernot und Branntweinfeinden – rotem Bordeaux und schwarzem Kaffee. Trinken und Getränke zwischen Weser und Ems im 18./19. Jahrhundert
Heft 24, 1995	Hartmut Braun	Tanz- und Musikpflege des 18. und 19. Jahrhunderts im westlichen Niedersachsen

Verzeichnis der Bücher, Kataloge und Schriften aus dem Museumsdorf Cloppenburg

Kohlmann, Theodor: Altes Zinn aus dem westlichen Niedersachsen, Sammlung Museumsdorf Cloppenburg. Ausstellungskatalog. Cloppenburg 1972/1982.

Kohlmann, Theodor: Zinngießerhandwerk und Zinngerät in Oldenburg, Ostfriesland und Osnabrück, Göttingen 1972.

Segschneider, Ernst Helmut: Irdenware des Osnabrücker Landes, 19. und 20. Jahrhundert. Ausstellungskatalog. Cloppenburg 1973.

Deneke, Bernward: Volkstümlicher Schmuck aus Nordwestdeutschland mit einem Beitrag zur Geschichte der Gold- und Silberschmiede Byl-Leer von Hermann Kaiser. Ausstellungskatalog. Cloppenburg 1977.

Keiser, Herbert-Wolfgang: Der Bildhauer Paul Dierkes. München 1977.

Ottenjann, Helmut und Heinemeyer, Elfriede: Alte Bauernmöbel aus dem nordwestlichen Niedersachsen. In: Nordwestniedersächsische Regionalforschungen, Band 1. Leer, 1974; 2. neu bearbeitete und erweiterte Auflage 1978.

Segschneider, Ernst Helmut: Imkerei im nordwestlichen Niedersachsen. Ausstellungskatalog. Cloppenburg 1978.

Schute, Ursula-Maria: Alte Bürgerhäuser zwischen Weser und Ems. Hildesheim 1981.

Segschneider, Ernst Helmut: Alte Fliesen. Volkstümlicher Wandschmuck des 18. und 19. Jahrhunderts. Ausstellungskatalog. Cloppenburg 1981.

Ottenjann, Helmut und Wiegelmann, Günter: Alte Tagebücher und Anschreibebücher. Quellen zum Alltag der ländlichen Bevölkerung in Nordwesteuropa. Münster 1982.

Ottenjann, Helmut: Lebensbilder aus dem ländlichen Biedermeier. Sonntagskleidung auf dem Lande. Die Scherenschnitte des Silhouetteurs Dilly aus dem nordwestlichen Niedersachsen. Ausstellungskatalog. Cloppenburg 1984, 2. Auflage Cloppenburg 1989.

Ottenjann, Helmut: Mode – Tracht – Regionale Identität. Historische Kleidungsforschung heute. Referate des internationalen Symposiums im Museumsdorf Cloppenburg. Cloppenburg 1988, 2. Auflage.

Weichardt, Jürgen: Paul Dierkes – Skulpturen und Grafiken. Ausstellungskatalog. Cloppenburg 1988.

Ottenjann, Helmut: Bauernhäuser, Bauernstuben, Bauerngärten, Bauernkleidung (Zusammendruck von „Bauernhäuser zwischen Weser und Ems“ und „Lebensbilder aus dem ländlichen Biedermeier“). Cloppenburg 1989.

Forkel, Martina: Wohnen im „Stil“ des Historismus. Ausstellungskatalog. Cloppenburg 1990.

Kaiser, Hermann: Das alltägliche Brot. Über Schwarzbrot, Pumpernickel, Backhäuser, Grobbäcker. Ein geschichtlicher Abriß. Ausstellungskatalog. Cloppenburg 1989, 2. Auflage Cloppenburg 1990.

Cloppenburg, Landkreis: Tag für Tag 1800–1930. Frauenleben im Landkreis Cloppenburg. Ausstellungskatalog, Cloppenburg 1991.

Karrenbrock, Reinhard: Heinrich Meiering – Bernd Meiering. Zwei Generationen westfälischer Bildhauer. Ausstellungskatalog. Cloppenburg 1992.

Ottenjann, Helmut; Ziessow, Karl-Heinz u.a.: Die Kartoffel. Geschichte und Zukunft einer Kulturpflanze. Cloppenburg 1992.

Eiynck, Andreas; Kaiser, Hermann u.a.: Wanderarbeit jenseits der Grenze. 350 Jahre auf der Suche nach Arbeit in der Fremde. Ausstellungskatalog. Assen/Cloppenburg/Hoorn/Lingen 1993.

Galen, Hans und Ottenjann, Helmut (Hg.): Westfalen in Niedersachsen. Kulturelle Verflechtungen: Münster-Osnabrück-Emsland-Oldenburger Münsterland. Ausstellungskatalog. Cloppenburg 1993.

Ottenjann, Helmut: Alte Bauernhäuser zwischen Weser und Ems. Oldenburg 1979; 4. Auflage Cloppenburg 1993.

Fok, Oliver; Wendler, Ulf; Wiese, Rolf: Vom Klepper zum Schlepper. Zur Entwicklung der Antriebskräfte in der Landwirtschaft. Arbeit und Leben auf dem Lande. Ausstellungskatalog zur gemeinsamen Ausstellung der Freilichtmuseen Kiekeberg/Ldkr. Harburg und Museumsdorf Cloppenburg. 1994.

Göhmann-Lehmann: Freundschaft – ein Leben lang … Schriftliche Erinnerungskultur für Frauen. Ausstellungskatalog. Cloppenburg 1994.

Hase, Wolfgang und Dethlefs, Gerd: Damit mußten sie rechnen … auch auf dem Lande. Zur Alltagsgeschichte des Rechnens mit Münze, Maß und Gewicht. Ausstellungskatalog. Cloppenburg 1994.

Herrmann, Klaus (Hg.): Rund um die Knolle. Beiträge zur Geschichte und der Zukunft der Kartoffel. Sonderdruck zur gemeinsamen Ausstellung „Die Kartoffel“. 1994.

Schürmann, Thomas; Uekermann, Egbert: Das verkleidete Fenster. Die Kulturgeschichte der Gardine. 1800 bis 2000. Ausstellungskatalog. Cloppenburg 1994.

Nr. 1 und 2: Luftbild neuer Eingang des Freilichtmuseums, Ausstellungshalle „Münchhausen-Scheune" (1561) und Scheune Grönloh (1850)

Nr. 1 und 2: Ausstellungshalle „Münchhausen-Scheune" (1561) und Scheune Grönloh (1850)

Nr. 3: Bockwindmühle aus Essen, 1638

Nr. 4 bis 10: Hofanlage „Wehlburg“, 1750 – 1888

Nr. 8: Herdraum mit Kamin im Erbwohnhaus „Wehlburg“

Nr. 8: Stube im Erbwohnhaus „Wehlburg“

Nr. 8: Giebel des Erbwohnhauses „Wehlburg“, 1750

Nr. 9: Backhaus der Hofanlage„Wehlburg“, 1761

Nr. 14: Landarbeiterhaus aus Stapelmoorerheide (20. Jh.)

Nr. 14: Wohnküche des Landarbeiterhauses (20. Jh.)

Nr. 15: Gulfhaus aus Scharrel, 1822

Nr. 15: Wohnküche im Gulfhaus, Blick auf „Durkwand“

Nr. 19: Erbwohnhaus „Hoffmann", 1835

Nr. 19: Diele und Herdraum des Hoffmannshofes (19. Jh.)

Nr. 22 und 23: Kokerwindmühle aus Edewecht, 1879, und Heuerhaus aus Astrup

Nr. 23: Diele und Herdraum des Heuerhauses Astrup (18. Jh.)

Nr. 27 bis 34: Hofanlage „Quatmann", 1805

Nr. 33: Herdraum des Erbwohnhauses „Quatmann"

Nr. 36: Doppelheuerhaus aus Damme (1773 und 1811)

Nr. 38: Ministerialensitz (Ausstellungsgebäude) Arkenstede, 1684

Nr. 40: Fachwerkkirche von Klein-Escherde (1699)

Nr. 40: Grabmale (Grabstelen) der Friedhofsanlage (18. u. 19. Jh.)

Nr. 40: Inneres der Kirche von Kl.-Escherde

Nr. 39: Bauerschaftsschule Renslage, 1751

Nr. 41: Diele und Herdraum im Saterhaus (18. Jh.)

Nr. 42: Schafstall aus Molbergen (19. Jh.)

Nr. 43: Dorfteich und „Dorfkrug“ (18. Jh.)

Nr. 43: Kamin und Herdraum des „Dorfkruges“

Nr. 45 und 46: Müllerhaus (1741) und Kappenwindmühle (1764)

Nr. 45: Diele und Herdraum des Müllerhauses (1741)

Nr. 47 bis 52: Hofanlage „Haake“, Erbwohnhaus 1793

Nr. 48: Diele des Erbwohnhauses „Haake“, 1793